宋玉玲　摄

作者简介

张双棣，男，北京人，北京大学中文系教授，汉语史专业博士生导师。1944年2月生，1964年入北京大学中文系汉语专业，1969年毕业。1978年回北大中文系进修。1979年留古汉语教研室，担任王力教授的助手，协助王力教授从事科研工作，直到王力教授去世；并在教研室任教，从事汉语史方面的教学和研究工作。

张双棣汉语史研究的特点是：注重专书语言研究，注重专书语言研究与古籍整理研究相结合。主要著作有《淮南子校释》《淮南子用韵考》《吕氏春秋词汇研究》《吕氏春秋史话》《中华传统文化百部经典·吕氏春秋》《古汉语小字典》《古汉语大字典》（即出），合作《吕氏春秋词典》《吕氏春秋译注》《古代汉语知识教程》，主编《古代汉语字典》《古代汉语词典》（第二版），参加编写《王力古汉语字典》（执笔辰集、亥集）。

問學雜著

张双棣 著

语文出版社
·北京·

图书在版编目（CIP）数据

问学杂著 / 张双棣著. -- 北京 : 语文出版社,
2021.11
ISBN 978-7-5187-1418-6

Ⅰ. ①问… Ⅱ. ①张… Ⅲ. ①古汉语－文集 Ⅳ.
①H109.2-53

中国版本图书馆CIP数据核字(2021)第219010号

WENXUE ZAZHU
问学杂著

责任编辑　盛艳玲
装帧设计　徐晓森
出　　版　语文出版社
地　　址　北京市东城区朝阳门内南小街51号　100010
电子信箱　ywcbsywp@163.com
排　　版　北京杰瑞腾达科技发展有限公司
印刷装订　北京市科星印刷有限责任公司
发　　行　语文出版社　新华书店经销
规　　格　890mm×1240mm
开　　本　A5
印　　张　10.375　　插页 1
字　　数　289千字
版　　次　2021年11月第1版
印　　次　2021年11月第1次印刷
定　　价　48.00元

010-65253954(咨询) 010-65251033(购书) 010-65250075(印装质量)

目　录

铭记了一师的教诲

——纪念王力先生诞辰120周年

今年是王力先生诞辰120周年，收到王缉志先生的电话，他说，广西政协要出一本纪念王先生的纪念文集，要我写一篇纪念文章。我也正有这种意愿，自然就满口应允了。

前不久，见到邹士方先生去年在《文学报》上发表的一篇回忆王力先生的文章，其中有这样一段：

> 王力教授很喜欢让我为他照相，每次我把放大的照片送给他，他都十分高兴。记得我拍过一张他和他助手张双棣的工作照片，他十分满意；后来我放了一张十二英寸的送与他，他把它挂在自己的房间中。

邹先生所说的这幅照片，现正挂在我的书房内。这幅照片，是王先生去世后，王师母亲自从墙上摘下来，送给我留作纪念的。现在再

看这幅照片，心情还如同那时一样激动。这不禁让我回想起跟随王先生学习和工作的情形。

二十世纪七十年代末，教育部要抢救性地为老专家配备助手，协助他们工作。我有幸于1979年9月做了王力先生的助手，协助王先生从事科研工作。与其说是协助王先生工作，不如说是在工作实践中跟着王先生学习。我跟王先生一起工作七年，直到王先生去世。我在王先生家里有一个小的工作间，便于与王先生一起工作，也可以随时聆听王先生的教诲。

当时，王先生正在修订《汉语史稿》的语音史部分，说是修订，其实是重写。原来《汉语史稿》的语音部分是以《广韵》音系为纲，上考古音，下推今音。而现在要写的《汉语语音史》是按照时代分成先秦、汉代……明清、近代九章。每个时代都是用那个时代的语言材料进行归纳、分析。我就是按照王先生的要求，帮他找他不便到图书馆去找的资料。这对我是一种很好的训练。这期间，王先生多次对我讲，做科研，材料很重要，有了材料，才好做分析，得出的结论才靠得住。这就是王先生后来常说的，做科研工作，一是要占有材料，二是要有科学头脑。材料是基础，科学头脑是逻辑思维能力，二者缺一不可。王先生这个思想一直指导着我的科研工作。

王先生在写隋唐语音史部分的时候，他觉得唐代何超的《晋书音义》很有价值，要我对其中的反切做一些考察分析。王先生很耐心地告诉我如何分析每一个反切，从反切所体现的声母和用韵，去整理它的语音特点。我遵照先生的指导，写了一篇《〈晋书音义〉反切考》，这是我第一次写这类文章，自然写得有些粗疏。给王先生看，先生觉得还可以，还帮我做了简单的修改，并推荐给《语言学论丛》。《论丛》答应采用。此后不久，我见到《中国语文》发表了邵荣芬先生分析《晋书音义》的文章，比我写得详细深入，且得出的结论有些也近似。我就跟王先生商量是否将我那篇从《论丛》撤下来，王先生同意了我的意见。这篇文章虽然没有发表，但写作过程中，王先生对我的指导和教诲，是我受用终身的。

二十世纪八十年代初，王先生提倡汉语史研究要重视专书语言研究。他多次对我讲，汉语史研究要以专书语言研究为基础，要研究专书词汇、专书语法，把同时代的专书词汇、专书语法研究成果综合起来，就可以看出这一时代的特点。王先生鼓励我做一本专书研究。我当时提出是否可以做《吕氏春秋》，并提了几个理由，王先生说可以。于是我选定《吕氏春秋》做专书语言研究。因为考虑工作量太大，在协助王先生工作的同时，完成起来有些吃力，我就约了大学期间的三位同学一起做，王先生也很支持。我们先做校勘、译注的工作。首先要读懂古人的书。王先生跟我说："古人的书，尤其是先秦的书，大部分都有汉唐人的注释。因为汉唐离先秦不远，他们的注可以作为我们读先秦著作的钥匙，要重视这些注释。但在做语言研究的时候，也不能迷信这些注，古人往往缺乏历史的观念，不能从历史的角度解释词义。"王先生这些话，成为我专书语言研究的指导思想。我们做完《吕氏春秋译注》，将《前言》和部分样稿给王先生看，请王先生提提意见。王先生用铅笔改了几个字，并热情地为我们写了序，在序中给我们很多鼓励，这对我们是很大的鼓舞。我们接着做《吕氏春秋词典》。我将词典的基本构想呈请王先生指点。我们的构想是以上古音为纲，将词义系统与语法结构结合起来，也就是将词义描写与用法描写结合起来进行阐述，这样，可将语音、语法、词义融为一体。我将部分样稿拿给王先生看，王先生赞成我们的做法，特别提醒我们，确定复音词、确定词类是很麻烦的，一定要考虑周全些。王先生还对样稿做了修改，并欣然应允做这部词典的顾问。但特别遗憾并令人悲痛的是，王先生没有看到这部词典的出版就离开了我们。此后我又写出了《吕氏春秋词汇研究附吕氏春秋用韵及韵读》。可以说，我们的《吕氏春秋》语言研究是在王先生亲自指导下完成的。

还是二十世纪八十年代初，山西人民出版社要出王先生在清华国学院的研究生论文《中国古文法》。在整理旧稿时，看到上面有梁启超先生的评语，也有赵元任先生的批语。梁先生的评语多是赞扬的话，如在扉页上写的"精思妙悟，可为斯学辟一新途径"；赵先生的批语多是指出文章不足或提出建议，连一个标点都不放过。王先生说，梁先生的嘉许和鼓励，是让研究生树立信心，敢于攀登学术的高峰。赵先生的批语是让研究生更严格要求自己，使自己成为一个真正的学者。王先生特别提到赵先生的这个批语：“未熟通某文，断不可定其无某文法。言有易，言无难！”王先生指着这句话跟我说：“赵先生这句话讲得很深刻，讲了一个很重要的理论问题。我们做汉语史研究，切不可轻易说某个时代或某个地域没有某个语言现象，因为我们没有把那些材料都读完。要下一个结论，必须得有充分的证据。赵先生‘言有易，言无难’六个字，一直是我研究工作的座右铭，你也得记牢这句话。”王先生的教诲，也是我终身的座右铭。我在指导研究生时，也常用赵先生的六字真言告诫他们。

王先生以八十多岁的高龄，每天上午一坐就是四个小时，我觉得这样太累了。所以经常在十点钟左右扶他到客厅里坐坐，聊聊天，让他稍稍休息一会儿。聊天中，王先生除了讲讲他的故事，也常讲一些学术问题，虽然有时是只言片语，对我却是十分珍贵的。有一次聊起清代朴学，王先生说，清代乾嘉学者尊重材料，发议论都能以材料为依据。这就是所谓的朴学精神。王先生对段玉裁赞赏有加，说他功底深厚，头脑清晰，所以能写出像《说文解字注》那样的巨著。又说他有历史观念，能看出不同时代的词义变化，在当时是非常难得的。说到清人的师承关系，王先生认为学生向老师学习，继承老师的学术精神，对于学术的传承是很必要的，但不能一味地去照搬。王先生特别不赞成所谓“叛师”的说法。王先生认为，学生总按照老师的意思去说，学术就没有发展了。王先生强调创新，只有创新，学术才能不断发展。这些对我的教学和研究工作都具有指导意义。

记得有一次说到著作的出版，王先生说，对某些问题有新的想法，写出书来，不必等有百分之百的把握再出版，有百分之七八十就可以出版，出版后，还可以得到读者的意见，还可以修订提高。一下子做到十全十美，很难，甚至不可能。再者，这样也可以占先机，抢占市场。王先生这个看法，初听十分震撼，仔细一想，真是至理名言，让我茅塞顿开。我后来有的书，就是遵循王先生的话去做的，在不断的修订中逐步完善起来。

1981 年，教研室安排我给学生上古代汉语课，王先生同意了。他说，去接触接触学生，了解一下他们对古代汉语的想法。王先生又说，教学一定要和科研结合起来，大学跟中学不一样（王先生知道我教过几年中学），中学老师可以按照教育部的教材去教，大学老师则要靠自己的科研成果。中学老师是买书教学生，大学老师则是要写书教学生。王先生的话，太精辟了，一下子点到要害，把教学与科研的关系说得入木三分。王先生自身就是教学与科研完美融合的最杰出的典范。王先生的很多著作，都是教学的产物，如《汉语史稿》《中国语言学史》等，都是先做讲义，给学生讲授，在讲授过程中再充实提高，最后出版。王先生不但重视科研工作，也十分重视普及工作。他的书斋起名叫作龙虫并雕斋。王先生说他是龙虫并雕，所谓龙，是指科研成果、学术专著；所谓虫，是指普及性文章及一些文艺作品。他认为普及性的文章，对于普通大众更有实际意义，是不可缺少的。

王先生对语言学的执着与敬业精神，对我也是一种极大的教育。王先生一生致力于语言学的研究和教学，到八十岁时还豪迈地说："漫道古稀加十岁，还将余勇写千篇。"王先生说到做到，他八十岁之后完成了好几部著作，如《汉语语音史》《汉语语法史》《汉语词汇史》《康熙字典音读订误》，又修订了《中国语言学史》《清代古音学》，真是硕果累累。这些成果都出自他的勤奋工作。王先生对时间抓得很紧，从不荒废一点时间，每次出去开会回来，立刻就伏案工作起来。记得有一次，王先生上午要给研究生讲课，还要接待一位外籍学者，下午又要为一位美籍华人学者讲解唐诗并录像，时间安排得太紧了。我建议把上午的课改期，王先生执意不肯，很严厉地对我说："今天的事情就要今天完成，不要推来推去。时间就是要抓紧，不然一下子就跑过去了。"王先生如此高龄，每天仍工作六七个甚至七八个小时，一直到他去世之前。王先生自二十世纪四十年代一直想写一本理想的字典。1984 年，他以八十四岁高龄应中华书局之约，开始写作《古汉语字典》。每天伏案笔耕，直到1985年10月，王先生感觉体力不支，找来在教研室工作的他的学生帮他完成。大家让王先生好好休息一段，可他闲不下来，坚持自己完成手头的卯集，并且还要接着写亥集。1986年3月，王先生体力越发不好，总感觉疲劳。我跟王先生说，亥集您就别写了，我来写，他答应了。他在一个北京市文联3月21日写给他的信封上写给王师母："张双棣愿意替我写下去，我的眼睛不行了，又疲劳，干着急，但是今后做什么呢，一天到晚疲劳。"（这是王先生的绝笔，王师母后来将这个信封交给我保存。）3月27日，王先生就因病住进了友谊医院。5月3日，王先生永远离开了，离开了他的家人、他的学生、他钟爱的语言学事业。王先生对语言学事业，鞠躬尽瘁，成为我们永远的楷模。

王先生对我的教诲，我会永远铭记在心中，并传授给我的学生，使王先生的思想和学术永久地传承下去。

（原载《文史春秋》2020年第7期）

王力：中国语言学研究和教学的一代宗师

王力先生青年时期在清华大学国学研究院师从梁启超、王国维、赵元任、陈寅恪四位先生；在法国巴黎大学攻读实验语音学，获博士学位后返国。此后的半个多世纪里，王力先生一直在高等学校任教，并从事中国语言学研究。王力先生学识渊博，他的研究涉及中国语言学的诸多领域。在这些领域中，王力先生都有开创性的贡献。这在中国语言学界是罕见的。王力先生把自己的科研成果不断融入教学之中，使他的教学有鲜明的特色。他对教学兢兢业业，一丝不苟，为国家培养了一批又一批语言学专门人才，“是我国高等教育的杰出代表”（蒋南翔语）。

一

中国语言学有着悠久的传统，但现代语言学直到二十世纪才刚刚起步。王力先生在这块园地里辛勤耕耘了半个多世纪，在汉语语法学、音韵学、词汇学、汉语史、语言学史等各个方面都有新的开拓，共完成专著四十余种，论文近二百篇。

王力先生的汉语语法研究，特别注重汉语自身的特点、汉语与西洋语言的差异。自 1898 年马建忠的《马氏文通》问世以来，中国开始了汉语语法研究。但是，此后的一段时间里，主要是用汉语比附西洋语法，未能脱出模仿的窠臼。1936 年 1 月，王力先生发表《中国文法学初探》，对当时简单比附的研究方法提出了批评，倡导着力研究汉语语法自身的特点。王力先生说:“中国所特有的文法规律,往往为马氏所忽略。因为马氏先看西洋文法里有什么,然后看中国有无类似的东西。至于西洋所不分别者,他就往往不能在中国文法里看出来了。此后我们最重要的工作,在乎寻找中国文法的特点。”在这篇文章中,王力先生就中国文法研究中的几个原则问题及中国文法的几个突出特点,如词的次序、事物关系的表现等,发表了自己独到的见解。这篇文章为中国文法研究指出了新路,并提出了新的研究方法,在当时语法学界产生了巨大的影响,开了中国文法革新的先河。王力先生在二十世纪六十年代谈到这篇文章时说:“这仿佛是一篇‘宣言’,我在这篇文章里确定了我的研究方向和方法。”1937 年 1 月,王力先生又发表了《中国文法中的系词》。这篇文章对中国文法中一个重要问题做了系统深入的研究。王力先生运用科学的方法,对大量的语言材料进行了深入缜密的分析研究,从中发现,在汉语里,表明语和主体的关系可以用词序来表示,完全可以不用系词。王力先生详细分析了“为、是、非”等词的各种情况之后,得出了上古汉语没有系词的不刊之论。文章明确指出,汉语判断句不用系词是汉语语法不同于西洋语法的一个特别显著的特点。这个发现在当时汉语语法研究中具有重大意义。文章还进一步指出,语法是发展的,具有明显的时代性,从而提出研究语言史的新任务。朱自清先生称赞这两篇文章“提供了很多新概念,奠定了新的语法学的基础”。王力先生在此后的汉语语法研究中,发表了数十篇有创见的文章,出版了《中国现代语法》《中国语法理论》等有巨大影响的著作,建立了颇具特点的完整的汉语语法体系。

王力先生在汉语音韵研究上用力最勤,创获也最多。王力先生汉语音韵研究的特点是,注重汉语语音的系统性和发展的规律性。王力先生认为,世界上任何一种语言,它的语音都是有系统性的,语音发展的结果,破坏了旧的系统,同时形成了新的系统。我们研究汉语语音,就是研究它的系统性;我们研究汉语语音发展的规律性,就是研究它的系统性的发展。这是王力先生汉语音韵研究的指导原则。从 1937 年起，王力先生发表了一系列有影响的论文，其中《上古韵母系统研究》，考定了上古韵母主要元音的类别、韵母的开合洪细，特别重要的是，王力先生在这篇文章里提出了上古汉语脂微分部的新看法。王力先生受章太炎先生分部的启示，又看到南北朝诗人用韵脂部舌齿音合口呼归微部的事实，进而考定《诗经》脂微分用者占 3/4，合用者占 1/4；群经脂微分用者占 4/5，合用者占 1/5。特别是长篇诗分用不杂。于是得出上古音脂部和微部主要元音不同、应当分部的结论。王力先生说："段玉裁有脂真文三部，缺乏系统性；章炳麟、黄侃分为脂真质文物五部，稍有系统性，但是文部缺乏相应的阴声。我们把微部从脂部中分了出来，系统性很强，并且完全符合上古的语言事实。"脂微分部这一发现，是王力先生对上古音研究的重要贡献。在《上古汉语入声和阴声的分野及其收音》一文中，王力先生对瑞典汉学家高本汉认为上古汉语没有开口音节的错误假设及其所构拟的"[p]、[t]、[k]"和"[b]、[d]、[g]"清尾和浊尾相对立的说法做了深入的分析和批判，肯定了传统音韵学在语音系统的分析和概括方面的不可磨灭的功绩，维护了传统音韵学阴阳入三分，平上为一类、去入为一类的研究成果。这是王力先生对上古音研究的又一贡献，是他上古音体系的重要组成部分。王力先生的上古音研究，在二十世纪五十年代从考古转到审音。在《汉语史稿》的语音发展部分把古韵分为 11 类 29 部。对上古声调，他赞成段玉裁古无去声的说法，并且第一次将入声根据音长分为两类，即长入和短入。这样上古汉语的四声即是平、上、长入、短入。八十年代王力先生发表《古无去声例证》，进一步论证了古无去声、入声分为长短两类的思想。王力先生建立了他自己全新的上古音体系。这个体系，既吸收了传统音韵学的研究成果，又有现代语音学原理对上古音值的构拟，更主要的是融入了王力先生新的发现，这是一个博大精深的完整的上古音体系。

王力先生对汉语词汇也做了深入的研究，先后发表了《古语的死亡、残留和转生》《新字义的产生》《理想的字典》等一系列文章，探讨了词义的演变，特别注意用历史的观点研究词义的发展。1947 年发表的《新训诂学》对传统训诂学做了全面的总结和批判，主张打破小学为经学附庸的旧观念，建立新的汉语语义学。1978年完成的《同源字典》，是王力先生在汉语词汇学领域里的重要研究成果。语源研究，自东汉刘熙，到近代章炳麟、高本汉，一直被浓厚的主观臆测的迷雾所笼罩。王力先生对同源词的确定则十分谨慎，宁缺毋滥。他根据音义相同或相近、有古代训诂和文献依据等两个原则考求汉语词汇的语源关系，对每组同源词音义的历史发展都提出了可靠的证据，找到汉语词汇之间本质的内部联系。《同源字典》使汉语语源研究从迷雾中摆脱出来，走上了科学的道路。它是汉语语源研究不断前进的正确的基础。

半个多世纪的研究生涯中，王力先生在汉语语法、音韵、词汇等诸多方面都取得了举世瞩目的成绩，在国内外产生了深远的影响。

二

我国的高等学校担负双重的责任，既要培养人才，又要进行科学研究。王力先生的语言学研究始终是和教学紧密结合的。蒋南翔称赞他是“教学与科研相结合的典范”。

王力先生有一句名言：“大学教师要靠写书教学生，不能靠买书教学生。”这句话非常深刻地说明了高等学校科学研究与教学的密切关系，科学研究对搞好教学的重要意义。王力先生的几部重要著作，起初都是作为讲义出现，在教学中不断修订增补后才正式出版的。

王力先生在二十世纪三十年代后期开始研究现代汉语语法。他用普通语言学理论为指导，选择大家公认的能反映现代口语的《红楼梦》口语作为研究对象，发现了很多汉语语法的特征，提出很多新概念。王力先生认为，系词在汉语里是不必要的，而且句子不一定非有动词不可，这是汉语和印欧语的一个根本不同点。他提出了“谓语形式”的概念来解释汉语的某些句法，突出了汉语的特点，摆脱了印欧语的旧套。他还提出了递系式、处置式、能愿式、使成式、被动式、紧缩式等特殊句式。在对数目字和形容词比较分析之后，把数词另立一类。这是王力先生对汉语词类划分的一个新贡献。在做过深入研究并取得成果的基础上，王力先生开始在西南联大开设现代语法的课程。他在详细讲述现代语法规则的时候，十分重视语法理论的指导作用。他把二者有机地结合起来给学生讲解，使学生对语法有了全面的认识和深刻的理解，既能知其然，又能知其所以然。1940 年王力先生把他的研究成果作为讲义印发给学生。根据讲课中发现的或学生提出的问题，王力先生对原讲义另行排比，重加修订，并接受闻一多先生的建议，把这部讲义分成两部书：一部专讲语法规则，即所谓法；一部专讲语法理论，即所谓理。这就是 1943 年至 1945 年出版的《中国现代语法》和《中国语法理论》。

王力先生对汉语史的研究，是他在语言学园地里新的开拓，不但填补了汉语研究的一个空白，而且填补了高等学校语言课程的一个空白。鉴于国外一些大学都开设有本国语言史的课程，北京大学汉语专业自然应该有汉语史课，这对汉语专业的学生是非常必要的。由于王力先生早就倡导过研究汉语的历史，加上他在语音、语法、词汇各方面都做过深入的研究，有很深的造诣，所以他 1954 年刚调到北大，就立即承担了这门全新的课程。他一边研究，一边写讲义，一边给学生讲授。他随时把自己的研究成果讲给学生，通过课堂教学，再不断使自己的研究深入。王力先生的汉语史课有一个特点：因人施教。他一面给本科生上课，一面给研究生上课。给本科生主要是讲汉语历史发展的线索，讲语音、语法、词汇发展的规律性的结论。对研究生则主要是讲研究方法，从怎样收集材料，到怎样进行分析归纳，怎样引出结论，目的是培养他们的研究能力。王力先生的汉语史课，受到学生的普遍欢迎。课讲过一遍之后，王力先生集中精力进行整理修订。这就是 1957 年至 1958 年出版的《汉语史稿》。中国语言学中的一个新领域，大学汉语专业的一门新课程，就这样在教学实践中诞生了。王力先生的《汉语史稿》虽是一部“未定稿”，但它全面系统地总结了前人和他自己的研究成果，对汉语语音、语法、词汇的历史发展做了全面的描述，建立起汉语史研究的科学体系，是对汉语研究的开创性贡献。王力先生晚年，从 1978 年起，开始对《汉语史稿》做全面修订，完成了《汉语语音史》《汉语语法史》《汉语词汇史》三部著作。其中《汉语语音史》是在新的研究基础上写作的，建立起研究汉语语音史的新的构架。

王力先生不但重视科学研究与教学的结合，而且十分重视教学法的革新。古代汉语教学体系的建立是这方面最典型的事例。王力先生从 1958 年起担任古代汉语课，并领导北大中文系古代汉语小组对这门课进行教学改革，编写了讲义。1961 年 5 月，高等学校文科教材编选计划会议委托王力先生召集北京大学等部分院校的教师，在北大古代汉语讲义的基础上，编写一部全国统一的《古代汉语》教材。古代汉语课，过去在不同的高等学校，在不同的时期，有种种不同的内容、教法。有的学校当作历代文选来教，有的学校当作文言语法来教，有的学校把它讲成文字、音韵、训诂课。这种种教法，存在两种偏向：一种是完全承袭古人的一套，把它讲成文言文选读，老师讲一篇，学生会一篇，不讲就不会。另一种是完全讲成文字、音韵、训诂一类的理论课，学生虽然可以学到某些理论知识，但古书的阅读能力仍不能有明显提高。这两种偏向的出现，主要是对这门课的性质、目的和要求认识不明确造成的。因此，王力先生认为，首先要明确这门课是一门语言工具课，而不是语言理论课或文章欣赏课。作为工具课，它的教学目的是培养学生阅读古书的能力。为了达到这一目的，唯一有效的方法只能是文选与理论知识有机地结合起来。根据这样的认识，王力先生主编的《古代汉语》采取了文选、常用词、通论三结合的新体系。文选是纲，常用词、通论要尽量与文选密切配合。文选多采用历代的名篇，使学生多读多记，增强语感。常用词选取古书中最常见的词汇，学生掌握了这些词汇就等于掌握了一把钥匙，可以自己解决阅读中的某些问题了。通论的作用是给学生常用的古汉语理论知识和文化常识，使他们能运用这些知识解释阅读中遇到的语言文化现象。密切地把这三者结合起来讲授，可以收到事半功倍的效果。全国各高等学校多年来的教学实践表明，文选、常用词、通论三结合的教学体系对提高学生古汉语阅读能力是行之有效的。王力先生这次古代汉语教学改革是成功的，为古代汉语教学建立了新的模式。

三

王力先生在半个多世纪的语言学研究和教学实践中，积累了丰富的治学经验，他毫无保留地把这些经验传授给学生，指导他们不断取得新的成果。

王力先生常常对研究生说："科学研究并不神秘，第一是要有时间，第二是要有科学头脑。有时间才能充分占有材料，有科学头脑才能对所占有的丰富材料进行科学的分析。"任何一项科学的结论都不是凭空造出来的，都必须有大量的材料作根据。根据的材料越丰富，得出的结论才越可靠。王力先生语言学研究的每一个结论都是在大量占有材料的基础上得出的。光占有材料，没有科学的头脑去分析归纳，还是不能得出正确的结论来。曾经有一个研究生写了一篇学年论文，材料收集得很多，但方法不对头，很多结论都有问题。王力先生语重心长地对他说："一定要掌握科学的方法，否则材料再多，也徒劳无功。"谈到清代学者江永、戴震等人，王力先生说："他们受近代科学的影响，养成了缜密的思维和一丝不苟的精神，也形成了一整套科学的治学方法。拿这些方法用到小学研究上，所以会取得前所未有的成绩。"没有科学头脑，即使有用的材料俯拾皆是，也会熟视无睹，或者被各种现象弄得眼花缭乱，看不出其内在的规律性的东西。有了科学头脑，才能透过事物的表象揭示事物的本质。在揭示语言现象的本质时，王力先生特别强调要注意语言现象的通例和例外，绝不能用个别的例子去干扰普遍的规律。他最反对孤证和循环论证，认为那种方法都不是做学问的科学的方法，是应该摒弃的。王力先生 80 高龄之际，还给研究生讲"谈谈怎样读书""谈谈写论文"的专题，反复强调科学方法的重要性。1981 年，王力先生做过《我的治学经验》的演讲，从八个方面强调学术修养，概括起来就是：从事语言研究，要有广博的知识。王力先生说："我们研究语言学，必须掌握与语言学有关的科学知识，然后才能把语言研究工作做好。"

王力先生虽然是语言学的一代宗师，但他平易近人，对学生十分开明。遇到某些学术上有争论的问题，他总是平心静气地同比自己小几十岁的学生讨论磋商，决不把自己的意见强加于人。他经常教育学生既要善于继承，又要勇于创新。他说："我们应该继承前人的成果，但是，继承就意味着发展。唯有发展，才是最好的继承。如果学生总说老师说过的话，那科学就永远不能发展了。"他的一位学生写过一本书，其中有些观点跟他不一致，他仍欣然为这本书作序，并且说："我应该鼓励我的学生持不同意见。如果墨守师说，学术就没有发展了。近来有一种很坏的风气，凡不肯墨守师说的人叫做'叛师'。我认为，'叛师'的说法是妨碍学术发展的。"王力先生对自己的学生如此，对学术界持不同观点的人或其他"学派"，也同样宽宏大度。王力先生常说，学问乃天下之公器，是要靠大家去做的，有的甚至要几代人才能完成。因此，王力先生从来不搞学术的小圈子，也不赞成把学术界分成这个派、那个派。这正是真正大学者的高尚风度。郭绍虞教授赞王力先生说："即此美德，经师人师，是真学者，是好风格！"

（原载《北京大学学报（哲学社会科学版）》1998 年第 2 期）

王力先生的古汉语词汇研究

王力先生是我国现代语言学的奠基人之一，又是我国传统语言学的杰出传承者。王力先生有很好的普通语言学的素养，又有深厚的传统语文学的根基，因此他在汉语语言学的各个领域都有卓越的开创性的贡献，这在中国现代语言学家中是罕见的。王力先生的成就涵盖了汉语语言学的各个方面。他的成就是开创性的，同时也是继承性的。没有继承，开创就成了无源之水、无本之木。没有批判，继承就成了墨守成规、抱残守缺。王力先生没有读过中学，但在他的青年时期，读过大量的古代典籍。这为他以后的研究打下了深厚的国学基础。王力先生在法国取得博士学位，深入广博地学习了现代语言学理论，使他的视野宽阔，具有了用新的视角审视传统语文学的能力。所以他能取得卓越的成就。下面就王先生在古汉语词汇方面的理论及成就，谈一些粗浅的体会。

一、王先生强调语言的社会性原则，坚持用历史主义的方法去研究古汉语词汇。

王先生在他的著作中一再强调，语言是社会的产物，词的意义是受社会制约的，只有得到全社会的承认，它才能存在，才能起交际作用。我们解释古人的语言，一定要注意这种解释在当时社会中有没有普遍性，也就是说一定要注意语言的社会性原则。他认为望文生义、偷换概念等毛病都是忽视语言社会性的结果。他说："至于望文生义，那是此词本无此义只是从上下文推测它有这个意义，只能在这个地方遇到它，在别的地方再也遇不着它。这就不符合语言的社会性原则，这种解释就是错误的。”王先生经常举“信”字的例子。《孔雀东南飞》中有一句话“自可断来信，徐徐更谓之”，有人把这个“信”字讲成“媒人”。在这句话中似乎是可以讲通了，但这是望文生义。我们要问，如果这个“信”字有“媒人”的意思，为什么别的书、别的文章里都没有“信”当“媒人”讲的呢？这就牵涉到语言的社会性问题。语言是社会的产物，你说出来的话是要人家懂的，“信”字别处都没有“媒人”的意思，只在《孔雀东南飞》中用作这个意义，谁能懂啊？这个“信”字是“信使”的意思，也就是“捎信的人”的意思。又举“间”字的例子。《左传·庄公十年》：“齐师伐我，公将战。曹刿请见，其乡人曰‘肉食者谋，又何间焉？’”杜预注：“间，犹与也。”“与”就是参与的意思。释文：“间，间厕之间。”“间厕”就是置身其间的意思。但有人将“间”字解成“补充或纠正”，此处也许可以讲通，而别处都没有这个意思，这就不符合语言的社会性原则。

王先生又说：“偷换概念是望文生义的自然结果，望文生义的人们不会毫无根据地生出一个意义来，而往往是引经据典，然后暗度陈仓，以达到他们所要生的义。如果重视语言的社会性的原则，偷换概念的毛病就不会产生了。”《诗经·魏风·伐檀》有一句话“不稼不穑，胡取禾三百亿兮”，郑玄笺“亿，十万曰亿”。俞樾嫌太多，说“亿”通“繶”，是“束”的意思。他还举《广雅》“繶，束也”为证。这就是引经据典偷换概念。《诗经》“亿”字多次出现，都是“十万曰亿”的意思，这是上古典籍中主要的意思。而“繶”字，《周礼·屦人》注说“缝中紃也”，是饰履缝的丝绳。“繶”字的“束”义也很可疑，除字书外找不到用例。王念孙的《疏证》也是含糊其词，他说：“疏云‘谓牙底相接之缝，缀絛于其中’，亦系束之义也。”王念孙是偷换一次概念。俞樾又把“系束”的意思转换成量词的“束”，是又偷换一次概念。这样讲，谁能懂啊！

我们解释古书一定要尊重古人语言的客观实际。古人语言中所表达的意思是客观存在的，我们读古人的书就应该通过古人的语言去体会古人的思想，而不能相反，先确定古人有什么思想，然后按照这个思想去解释古人的语言。我们一定要认真体会古人语言的本意，不要思想里先有了框框，然后用这个框框去套古人的书，来为自己服务。这样最容易产生望文生义或偷换概念的错误，是非常有害的。

明确提出并大声疾呼用历史主义方法研究古汉语词汇的，王先生应该是第一人。所谓历史主义方法，就是要注意语言的时代性，也就是要注意词汇的历史演变。语言的时代性，也就是语言的社会性在不同时代的表现。早在二十世纪三四十年代，王先生就明确地提出，“我们研究语义，首先要有历史的观念”。又说“我们研究每一个语义，都应该研究它在什么时候产生，什么时候死亡”。王先生在数十年的古汉语词汇的研究中，不曾须臾离开这个原则方法。王先生晚年对这一原则方法，信之弥笃，持之弥坚。凡讲到古汉语学习和研究的时候，几乎无一次不强调历史观点。在《谈谈学习古代汉语》一书的序文中，王先生说：“学习古代汉语，没有什么秘诀，最根本的就是历史观点的问题。”为了阐明历史观点的意义，1982 年王先生特意写了一篇《说江河》的文章，文章中特别声明：“我写这篇文章的目的是要说明一个道理，读古书要有历史观点，要注意语言的时代性，要有发展的观点，要注意古今词义的差别。”王先生在这篇文章中用历史主义的利剑，拨开纷繁的表象，大气磅礴地说明江河的古义及其发展变化，为我们树立了典范。在文章中，王先生进一步强调，“为了建立历史观点，在上古书籍中，凡是江河似乎解作专名、通名都讲得通时，都应解作专名”。在另一篇文章中，王先生更谆谆告诉我们，“某一个时代，某一个词还没有这种意义，即使这样解释可以讲得通，也不能这样讲”。这是一个非常重要的原则，很多颠倒词义时代的错误，都是因为忽视这条原则造成的。后人可以沿用古义，而古人不能用后代产生的意义，因为那时还没有这个意义。所以切忌用后代的词义去解释前代古人的语言。这又牵涉到前面说的语言的社会性，古人没有后代产生的词义，他们怎么能懂呢？历史观点和社会性原则是一致的。

清代以前的语文学者，他们只是无意中偶尔讲到古今词义的比较，没有系统的历史观念。自乾嘉学者，才稍稍有一点历史观念。王先生称赞段玉裁说："他有历史观点，他常常能指出语义的发展过程，不限于解释先秦古义。"但他主要精力用在考经上，这种地方用力太少了，似乎只是他的余事。

王先生强调用历史观点研究词义时，还提出一些具体的要求，比如：

1. 研究词义的发展，要尽力避免远绍的猜测。王先生说："所谓'远绍'，是假定某一种语义曾于一二千年前出现过一次，以后的史料毫无所见，直至最近的书籍或现代方言中才再出现。这种神出鬼没的怪现状，语言史上是不会有的。"王先生举"该"字为例。《说文》："该，军中约也。""应该"的"该"和"该欠"的"该"似乎都可以勉强说是由"军中约"的意义引申出来的（段玉裁就是这样说）。但可怪的是，"应该"的"该"大约产生在宋代以后，"该欠"的"该"或者更后，而"军中约"的古义，即使曾经存在过，也在汉代以前早成死义，怎能在千年之后忽然引申出两种新兴的意义呢？王先生还举一个"党"字。《方言》："党，知也。楚谓之党。"有人说现代的"懂"就是汉代"党"的音变和遗存。"党"作"知"讲，二千年前只在《方言》中出现过一次，认为是楚方言，此后一直没有用例，"懂"字是明清以后才产生的，一千六七百年后"党"的"知"义突然复活了或者说是生了一个儿子，真是一种神奇的怪现象。这种"远绍"的怪事是不会发生的。

2. 研究词义的发展，不能离开语言实际，不能把可能的语义转变看作语义转变的现实。王先生举"回"字为例。《说文》："回，转也。""来回"的意义大约在唐代产生，"来回"的意义自然是从"转"的意义引申来的，因为走回头路必须转弯或者向后转。我们只能说当"回"字作"转"讲的时代已经潜伏着转变为"来回"的意义的可能性，我们不能说上古"回"就有了"来回"的意义。王先生的这种思想非常重要，现在不少人正是不懂这个道理或者忽略这个道理而在词义的理解或解释上犯错误。

3. 研究词义的发展，要有敏锐的眼光，能发现任何细微的变化而不放过它。王先生说："段玉裁的眼光最敏锐，譬如他注解'仅'字，就注意到唐代的'仅'和清代的'仅'不同，唐代的'仅'，是'庶几'的意义，段氏举杜甫诗'山城仅百层'为例。唐代的'仅'和清代的'仅'都是程度副词，很容易被认为一样，然而前者叹其多，后者叹其少，实际上恰得其反。"一般人对这种词义的细微变化，往往忽略过去，看不出演变的真相来。这种词义的细微的变化，正是需要学习或研究古代汉语的人们特别留心观察的。王先生曾反复强调，不但要注意词义的迥别，更要注意词义的微殊，这就需要具有敏锐的眼光。

用历史观点研究古汉语词汇，还包括对不同时代的词汇都给予同样的对待。早在二十世纪四十年代，王先生批评传统训诂学的弊端的时候，就提出了这种思想。他在《新训诂学》一文中指出，旧训诂学的最大弊端在于崇古，在于明经。他们只注重先秦经书中的古词古义，因为其目的在于阐明经义。要克服这种弊端，就必须将各个时代的语言材料同等看待。他说："我们应该把语言历史的每一个时代看作同等的价值，汉以前的古义固然值得重视，千百年后新起的意义，也同样值得研究。无论怎样俗的一个字，只要它在社会上占有了势力，也值得我们追求它的历史。"王先生又说："拿历史的观点来看，经义和俗义的价值，无轻重之分。对于每一种语义，都应该研究它在何时产生，何时死亡。"研究这些材料是为了明了汉语词汇发展的历史，发现其发展演变的规律。这样形成的新训诂学就不再带有教训意味而是一门纯粹观察、比较、解释的学问。为了批判旧训诂学，王先生明确提出"为史而治小学"的号召。王先生的这种思想，为汉语词汇史的研究指明了方向，奠定了基础。

王先生在二十世纪五十年代首先开设了汉语史的课程，并且出版了《汉语史稿》。这是我国第一部汉语史著作。其中"词汇的发展"实际上就是我国第一部汉语词汇史。在这里王先生首次深入叙述了汉语词汇发展的情况，提出很多精辟的新见解。八十年代，王先生全面修订《汉语史稿》，将其中的“词汇的发展”写成《汉语词汇史》。这样使汉语词汇史的体系更加科学、更加完善。在《汉语词汇史》中，第一章“社会的发展与词汇的发展”，着重阐明词汇的发展是随着社会的发展而发展的。王先生分别叙述了各个时代特别是封建时代的词汇面貌的情况。这一章实际上是汉语词汇发展历史的总纲。从“同源字”到“成语和典故”几章，主要是讲汉语词汇系统的发展。“同源字”“滋生词”两章取材于王先生当时的新著《同源字典》，是全新的内容，讲述词与词之间的密切联系，说明汉语词汇是聚族而居的。“古今词义的异同”以下四章讲词义的发展演变，讲意义与概念的关系等。这四章与《汉语史稿》“词汇的发展”名目相同，但内容有很多补充。最后五章讲鸦片战争前后汉语受外族语言的影响以及汉语对日本语、朝鲜语、越南语词汇的影响。从这几章的论述中，我们可以看到，汉语词汇的发展，除了自身的内部因素之外，外民族语言词汇的影响也是很重要的；汉语词汇受外民族影响的同时也影响着其他民族的语言。

王先生的汉语词汇史体系，抓住了词汇发展的最主要的和最根本的问题，是一种科学的汉语词汇史体系。但是，由于汉语词汇本身的繁复，又受到汉语历史词汇研究的现状的制约，这个体系只能算是初步的，还有很多需要进一步充实和改善的地方，比如很多内容还只是举例性的，还需要断代的描写和论述等。王先生晚年曾语重心长地说：“汉语史的研究，我只是开了个头，这是一个广阔的领域，绝不是一个人一时能够完成的，大概要几代人花几代时间去努力才行。”所以他要求我们多做基础的研究、专书的研究，要编写出专书词典（实际上王先生早在二十世纪四十年代就提出最好有人先编专书词典或作家词典作为基础）。只有这样，汉语词汇史的研究才能扎根于语言材料的沃土之中。在王先生的倡导下，专书词汇研究蓬勃地开展起来了。我们一定要遵循王先生的教诲，为汉语词汇史大厦的最终建立添砖加瓦。

二、王先生明确提出词汇也具有系统性。

早在二十世纪五十年代，王先生就指出："一种语言的语音和语法的系统性都是容易体会到的，唯有词汇的系统性往往被人们忽略了。"关于词汇的系统性，在此之前，不曾有人提及。王先生的提法，使古汉语词汇研究进入一个新阶段。王先生所说的词汇的系统性，从他的著作中，我们体会应该包括两个方面，一个是词与词之间有密切的联系，一个是一个词的若干个意义之间有密切的联系。这种词、词义联系的总和就构成了词汇的系统。

王先生关于同源词的研究，使我们看清了词与词之间的内在联系。王先生说："从前人们以为词汇里面一个个的词好像一盘散沙，其实词与词之间是有密切联系的。同源词就是词汇系统性的表现之一。"王先生又说："同源词，常常是以某一概念为中心，而以语音的细微差别，同时以字形的差别，表现相近或相关的几种概念。它们或是同时产生，或是先后产生，例如：草木缺水为枯，江河缺水为涸，为竭，人缺水欲饮为渴；卷的本义是膝曲，捲是卷起来，棬是曲木盂，拳是卷起来的手，鬈是头发卷曲；聚是聚集，凑也是聚的意思，车辐聚于毂为辏，物聚为簇、蔟，同姓氏聚居的人为族，树木聚生为丛。"从这里可以看到，汉语词汇是聚族而居的，汉语词汇是由一群一群联系密切的同源词构成的，而不是彼此毫无关系的松散的个体。

《同源字典》是王先生晚年的重要著作，对同源词做了全面系统的研究。此前章炳麟写过《文始》，这是现代意义的汉语同源词研究的首部著作，但它以《说文》独体字为语源的根据，违背了不拘字形的原则，同时方法上也有毛病，一是声音并不相近，勉强认为同源；一是意义相差很远，勉强加以牵合。瑞典汉学家高本汉写过一本《汉语的词族》，他不列初文，比章氏高明，但章氏的两个毛病他都存在，而且他的汉文能力很差，很多地方都讲错了。王先生深入总结了前人的经验教训，在理论上做了根本的改造。王先生说："为了写一部严谨的同源字典，必须严格坚持两项原则：（一）同源字必须是双声兼叠韵的；(二)同源字必须有充足的古代训诂的依据。”王先生彻底抛弃了字形的束缚，从音义两个方面判定字的同源关系，而且这音一定是先秦古音，因为同源字大多在先秦时代已经形成；这义一定有古代训诂的根据，而不是个人的臆测。王先生说：“为了避免章、高的覆辙，我将要谨慎从事，把同源字的范围缩小些，宁缺勿滥，以保持其科学性。”王先生的《同源字典》共收1031组同源字，涉及3154个字。这些同源字都有凭有据，信而有征，为汉语语源研究扫除了障碍。

词汇系统性的另一种表现，是词义的系统性。一个词的若干个意义之间，不是并列的，也不是毫无关系、杂乱无章的，它们之间存在着清楚的发展脉络，这主要是从本义到引申义的层层演变。在二十世纪四十年代的《理想的字典》中，王先生就以“朝”字为例深刻地阐明了这种词义发展的系统性。王先生说，《说文》云“旦也”，这是“朝”的本义。由此引申得二义，第一是范围扩大，“从旦至食时曰朝”(诗鄘风：崇朝其雨)，第二是意义转移，“见天子曰朝”(周礼大宗伯：春见曰朝。杜注：朝欲朝也，欲其来之早)。由“见天子”的意义引申，又得二义，第一是范围扩大，“子见父母亦曰朝”(礼记内则：昧爽而朝)，第二是意义转移，“君臣谋政事之处亦曰朝”(礼记曲礼：在朝言朝)。由“见君父”的意义再扩大，则“见所敬之人亦得谓之朝”(史记司马相如传：临邛令日往朝相如)。由“君臣谋事之处”的意义再扩大，则“官府听事处亦得谓之朝”(后汉书刘宠传：山谷鄙生，未尝识郡朝)。意义转移，则“每一家的君主时代亦得谓之朝”(如汉朝、唐朝)。如下表：

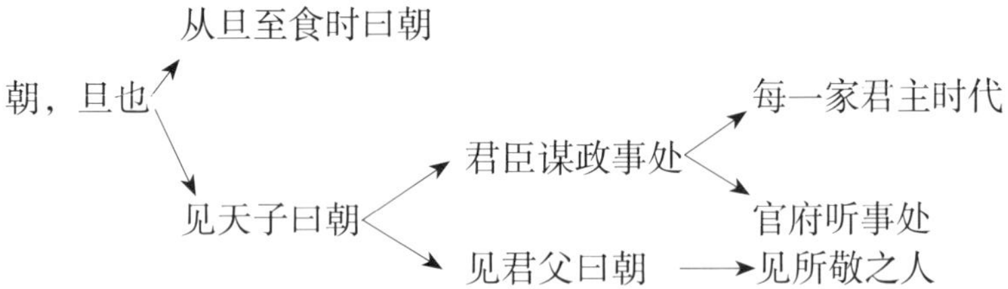

“朝”字的一切意义都是一脉相传的。有许多字也像“朝”字一

样，咱们可以替它画出一棵谱系树。王先生替“朝”字画出的谱系树，就是“朝”字的词义系统。如果每个字都画出了谱系树，那么词义系统就可以显现出来了。以后的几十年，每讲到词汇研究，王先生必定强调词义的系统。他认为掌握词的本义最为重要，因为词的本义是词义系统的纲，抓住这个纲，纲举目张，纷繁的词义就变得简单而有条理了。

王先生对于与词义的系统性相关的词义的概括性也十分重视。词义的系统性要靠词义的概括性来支撑，一个词的意义，不是它在所有上下文中意义的罗列，上下文中所体现出来的意义，要按词义引申的远近归纳概括。这样词义的发展脉络才清晰，词义的本质才能得到反映。只有充分考虑词义的概括的本质，词义的系统性才能显现。

王先生对词义系统的阐释，使得词汇研究不再局限于单个的词义的微观的考察，而是向宏观的整体的词义系统迈进了。

三、王先生深刻阐述了词是声音、意义和形态结构的结合体，第一次明确提出联系语音、语法来研究词汇的新思想。

早在二十世纪四十年代，王先生就指出：“语言学可分为三个部门，一、语音，二、语法，三、语义。但语义学并不能不兼顾到它与语音和语法的联系。关于语音和语义的关系，前人已经注意到……至于语法与语义的关系，向来很少有人注意到。”到五十年代，王先生更进一步指出：“词是极端复杂的一种语言现象，它是意义、声音和形态结构的整体。我们如果不全面研究这三方面的因素，我们就不能发现一个词的特征。”王先生这个论断十分重要，他为词汇研究揭示了重要的研究方法。

联系语音研究语义，清儒已经注意到，并取得很大的成绩。王先生特别赞赏王念孙“就古音以求古义，引申触类，不限形体”的话，认为这是千古名言，并且说：“整个语言文字的研究，都应依据这个原则。抓到语音就抓到了根本。”又说：“从语音的联系去看词义的联系，这是一条研究汉语词汇的非常广阔的道路。如果用谨慎的科学的态度在这一方向上推行钻研，将来的收获一定是大的。”王先生的古汉语词汇研究始终贯彻他的这个思想，他的同源词研究就是联系语音研究语义的具体体现。

除了同源词之间的语音联系之外，王先生还注意到某些单音词的语音联系。他说：“单音词与单音词之间也有语音联系，那就是反义词，或是被古人了解为反义或有某种关系的词。至于这中间有无严密的规律，就有待于进一步的研究了。”

联系语法研究语义，这是王先生首倡的。王先生说：“语法与语义的关系，向来很少有人注意到。”王先生纠正《新方言》释《孟子》“舍皆取诸宫中而用之”的“舍”字为现代方言中的“啥”（即何物的意思），就是联系语法结构来说明的。王先生说：“‘何物皆取诸宫中而用之’一类的句子不合上古语法，‘什么都’只是近代语法的产品，唐以前是没有的，更何况先秦？”王先生还举字典里把“適”注成“往”的错误，说：“上古的‘往’字是一个纯粹的内动词，‘往’的目的地是不说出或不能说出的；上古的‘適’字是一个外动词或准外动词（有人称为关系内动词），‘適’的目的地是必须说出的。‘往’等于现代官话的‘去’，‘適’等于现代官话的‘到……去’。这是语法的不同影响到语义的不同。”王先生在《汉语滋生词的语法分析》一文中，更着重阐明了语法和语义在发展中的密切关系。王先生认为，一个词的语法范畴发生了变化，同时也会影响到词义发生变化；或者词义发生了变化，词的语法范畴也会跟着发生变化。他说：“某物的某一属性通过滋生的渠道，可以变成该物的名称。这样，也就是变了语法范畴，即形容词或动词变成了名词。例如：甘滋生为柑，疏滋生为梳，虐滋生为疟。”名词变成动词的情况也是一样。

把词作为语音、语义、语法结构的整体，从三方面的密切联系去研究古汉语词汇，越来越成为学术界的共识。

四、王先生对古汉语词（字）典编纂理论与实践做出了重要贡献。

词典编纂是词汇学理论与词汇研究成果的集中体现。王先生十分重视词典编纂的工作。他晚年曾说："编写一部字典，这是我的宿愿。"他发表了一系列关于词典编纂方面的论文和谈话，如《理想的字典》《关于古汉语字典的编写问题》《字典问题杂谈》《词的本义应是第一义项》《古汉语字典序》等，《了一小字典初稿》《王力古汉语字典》（前四集）则是他词典学思想的实践。

王先生关于词典问题的论述，主要集中在两个方面，一个是历史主义原则，一个是语义学思想。具体体现在义项的确立与排列以及书证举例。无论是释义还是举例，历史观点是第一重要的指导原则，同时义项的排列要体现词义的系统。

在《理想的字典》中，王先生提出要"明字义孳乳，分时代先后"。所谓明字义孳乳，就是理清字义引申的脉络；所谓分时代先后，就是要有历史观点，分清字义产生的时代，克服古今字义杂糅的现象。王先生说："如果把几千年的一切字和一切义都毫无分别地排列着，就等于把历史的观念完全抹杀了。""有时新兴意义竟放在古义之前，例如《辞源》、《辞海》'翦'字下，皆先列剪刀之义，后列齐断之义。这是把字义的源流颠倒了。"王先生最反对这种倒果为因的现象，他在以后的多篇文章中一再批评字典中出现的这种现象。王先生主张，本义应该是第一义项，因为本义是最原始的意义，其他意义都是由本义引申出来的。引申义要根据产生的时代先后排列。这样才能给人以词义发展的清晰的认识。

关于释义，王先生特别强调释义的准确性，他反对在释义中出现被释字，反对一字释一字。王先生说："字典对于每一个字，应该假定是读者所不认识的，若注解中有被注的字，就等于用读者所不认识的字作注，虽注等于不注。这就太违背字典的原则了。"对于旧字典一字释一字的缺点，王先生说，原则上说解释的字与被解释的字应该是同义词，然而同一时代的同一语言，同义词非常之少，以一字释一字是很难办到的事。理想的字典，应该处处避免浑言，若要避免浑言，必须先尽量避免以一字释一字。因此，王先生主张要尽量以多字释一字，这是为了克服释义的含混不清，求得释义的准确精当。作为字典，王先生主张对于一些所谓的新见解应该采取稳妥慎重的做法。王先生说，我们编字典，一定不要好奇，不要标新立异，而要稳妥。新的见解除非有了十分确凿的证据，否则就不要用。因为字典是为大家立个典范，好标新立异，以致采用错误的说法，影响就很不好。（举俞樾伐檀三个通假字为例）

字典的一个重要内容是书证，也就是举例。王先生一再说，一部没有例子的字典就是一具骷髅。王先生把"知举例"作为现代字典进步的重要标志。他说，《康熙字典》除了僻字僻义之外，差不多每一个字的每一个意义都有例子。在这一点上，《康熙字典》确有很大的贡献。王先生还特别提出，举例最好举始见书的例子。他说，如果史料不是伪书，某义产生于某书，虽不能说它就在某书产生的时代同时产生，至少可以说距那个时代不会早很多。人们了解一个字的某个意义是从什么时代开始具有的，这很重要。这样，就不至于用后代的意义去解释比较早的书籍，造成望文生义的错误。王先生的这个思想，在不少人的头脑中还没有引起足够的重视，现在的某些字典，还是很不注意书证的时代，有的甚至在凡例中明言不考虑举例的时代先后，以通俗易懂为准，这是很不好的做法，尤其是对于古书读得不多的学生，危害更大。

王先生还对字典编写提出一些具体的要求，这里就不多说了。

这里特别要提到王先生的最后一篇文章和最后一部著作都是关于古汉语字典的。王先生的最后一篇文章是《古汉语字典序》，最后一部著作是《王力古汉语字典》前四集。这是王力先生词典学思想的最集中体现。

在这篇序言中，王先生列出这部字典的八大特点：一、扩大词义的概括性；二、僻字归入备考栏；三、树立历史观点，注意词义的时代性；四、标明古韵部；五、注明联绵字；六、在每部前面先写一篇部首总论；七、辨析同义词；八、列举一些同源词。王先生说：“上述八个特点，这是字典革新的尝试，希望这样一部字典能比一般字典给予读者更大的方便。”在这篇序言中，王先生还说：“我写这一部书，还有一个目的，就是纠正一些字典辞书的错误。”他列举了《辞源》中的46个例子，就其在释义及书证方面违背时代性原则、释义不当、误用古注等问题，做了深入简明的论述。

在《字典》的前四集中，每一个字，都充分体现了王先生的古汉语词汇研究成果及他的词典学思想，是词典编纂的一座丰碑。对《字典》这四集，我们不能只把它当作字典去查检，而应该作为一部古汉语词汇学专著去认真阅读，用心思去体会王先生的思想。这样做了，一定会有很大的收获。

（原载《纪念王力先生百年诞辰学术论文集》，商务印书馆，2002年，略有改动）

论假借*

一

假借，是汉语和汉字发展过程中一种很重要的现象。弄通假借，对于真正读懂古书，特别是研究汉字和字义的发展，是很重要的。清代学者朱骏声说：“不知假借者，不可与读古书。”[①] 王引之说：“至于经典古字，声近而通……学者改本字读之，则怡然理顺，依借字读之，则以文害辞。”[②] 他们说的都是很对的。

那么，什么是假借呢？历来有种种说法。许慎说：“假借者，本无其字，依声托事，令长是也。”[③] 朱骏声说：“假借者，本无其意，依声托字，朋来是也。”[④] 他们都只说到了假借的一个方面。王引之说得就比较全面，他说：“许氏《说文》论六书之假借曰：‘本无其字，依声托事，令长是也。’盖无本字而后假借他字。此所谓造作文字之始也。至于经典古字，声近而通，则有不限于无字之假借者。往往本字见存，而古本，则不用本字而用同声字。”[⑤] 我们说，假借就是意义上毫无关联的词，只是由于语音上的联系而借用文字形式来表示自己意义的一种现象。

根据本字的有无，假借可以分为两大类，一类是没有本字的假

* 本文是在王力先生指导下写成的，谨向王先生致诚挚的谢意。

① 见《说文通训定声·自叙》。

②⑤ 见《经义述闻·经文假借》。

③ 见《说文解字·叙》。

④ 见《说文通训定声·转注》。

借，一类是有本字的假借。

所谓没有本字的假借，就是没有为语言中的某些词造字，而是借用同音词的文字形式表示这些词的意义。这种现象，在文字产生的最初阶段，是一种必然的现象。因为那时文字少，而语言中的词汇比字数多，最简便的方法，就是借用已有的同音字表示这些词的意义。陈梦家先生说："象形、假借、形声并不是三种预设的造字法则，只是文字发展的三个过程。"又说："武丁时代形声还不大发达，用象形字作为音符的假借类型还是占了优势。"① 这明确指出了没有本字的假借是文字产生初期的一个发展阶段。

没有本字的假借，大致可以分为三种情况：

第一种情况是，一个词本没有文字形式，从一开始就假借另一个同音词的文字形式来表示自己的意义，以后一直沿用，而假借字的本义渐渐淡薄了。后来既没有为这个词造字，也没有为那个同音词另造字。

"我"字的本义是一种锯类的工具，借来表示没有文字形式的第一人称代词，如"我伐马方。"（乙五四〇八）一直沿用到现在。

"而"字的本义是脸上的胡须（《说文》："而，颊毛也。"），借来表示没有实在意义的连词。

第二种情况是，一个字被借用后，为了文字表达得精确，又为这个字的假借义表示的那个词造了一个字，作为这个字的区别字。

"辟"字的本义是法，借来表示没有文字形式的"躲避""开阚""邪僻"等词的意义，这样，"辟"字就具备了几个互不相干的意义。后来，为了防止意义混淆，又加形旁，造"避"字表示"躲避"（《战国策·赵策》："天子巡狩，诸侯避舍。"），造"阚"字表示"开阚"（《周易·系辞》："阖户谓之坤，阚户谓之乾。"），造"僻"字表示"邪僻"（《荀子·劝学》："故君子居必择乡，游必就士，所以防邪僻而近中正也。"）。不过，有时还用原来的假借字"辟"，而不用后起的区

① 见《殷墟卜辞综述》第二章第二节。

别字“避”“闢”“僻”。如《左传·成公五年》:“伯宗辟重，曰:‘辟传。’”《孟子·梁惠王上》:“欲辟土地，朝秦楚。”又:“苟无恒心，放辟邪侈，无不为已。”这种没有本字的假借字跟后起的区别字之间不能再认为是一种假借关系。作为“法”讲的“辟”字和“避”“闢”“僻”等字之间没有直接的联系，这中间存在一个没有本字的假借的阶段。这个历史阶段是不能被忽视的，不能认为“辟”字直接假借为“避”等字，不能认为“避”等字是“辟”的本字，因为“辟”字开始借来表示“躲避”等词的意义的时候，“避”等字还没有产生呢!

这种情况的例子很多，如“启”字的本义是开门，借来表示“晴天”，“王固曰:‘今日其雨，羽辛丑启。’”(菁七)后加“日”旁造“晵”字来表示“晴天”的意义。

“戚”字的本义是大斧一类的武器,《诗经·大雅·公刘》:“干戈戚扬，爰方启行。”假借为“忧戚”的意义,《庄子·大宗师》:“哭泣无涕，心中不戚。”后来加“心”旁造“慼”字表示“忧戚”。

第三种情况是，一个字被借用后，不是为假借义表示的那个词造字，而是为这个字的本义所表示的那个词造字。

“孰”字的本义是食物加热到可吃的程度,《左传·成公二年》:“胹熊蹯不孰。”借来表示选择的疑问代词“哪一个”的意思,《论语·微子》:“四体不勤，五谷不分，孰为夫子？”后又加“火”造“熟”字表示“孰”的本义。

“衰”字本义是蓑衣(《说文》:“草雨衣……从衣象形。”)。假借为衰弱、衰减的意思,《战国策·赵策》:“日食饮得无衰乎？”又:“而臣衰。”后加“艸”旁造“蓑”字表示“衰”的本义,《诗经·小雅·无羊》:“何蓑何笠。”

“求”字古文象皮衣的形状，本义是皮衣。假借为寻找的意思,《孟子·梁惠王上》:“如缘木求鱼。”后又加“衣”旁造“裘”字表示“求”的本义,《论语·公冶长》:“愿车马，衣轻裘，与朋友共。”

“何”字本义是“负荷”的意思,《诗经·小雅·无羊》:“何蓑何笠。”假借为疑问代词，表示“什么”,《左传·僖公四年》:“以此攻城，何城不克？”后来既没有为这个疑问代词造字，也没有为当“负荷”讲的词造字，而是借用荷花的“荷”字（《说文》：“荷，芙蕖叶也。”）表示“负荷”的意义，《论语·微子》：“以杖荷蓧。”这是较前几例更为复杂的地方。

所谓有本字的假借，就是人们不写表示这个词的意义的本字，而是借用一个意义无关的同音词的文字形式来表示这个词的意义。这种有本字的假借，可以分为两种情况。

第一种情况是，借一个同音词的文字形式表示本字的意义，以后仍然用本字。

“剥”字的本义是剥开，假借为“攴”（击也），《诗经·豳风·七月》：“八月剥枣。”

“信”字的本义是真诚，假借为“伸”，《孟子·告子上》：“今有无名之指屈而不信。”

“麋”字的本义是鹿一类的动物，假借为“眉”，《荀子·非相》：“伊尹之状，而无须麋。”

“惠”字的本义是仁慈，假借为“慧”，《列子·汤问》：“甚矣，汝之不惠。”

“俘”字的本义是俘虏，假借为“宝”，《左传·庄公六年》：“齐人来归卫俘。”

这种假借，属于临时借用。正是这种假借给我们阅读古书造成了很大困难。如果不知道古书中是假借，只是因形取义，就难免望文生义，酿出很多错误。比如《诗经》中的“八月剥枣”，有人不知道“剥”是“攴”的假借字，是打的意思，照字形讲成“剥开”，那么为什么在八月剥枣子呢？就不好理解了。如果知道假借为“攴”，就很好懂了。再比如《左传》中的“归卫俘”，如果不知道“俘”是“宝”的假借字，就不好理解杜预的注，为什么“宝物”叫“俘”呢？知道了“俘”是“宝”的假借字，就很好懂了。古时“俘、宝”声音很近，是存在着假借的条件的，而且《公羊传》《穀梁传》又都作“宝”，这样一印证，就可以断定是“宝”的假借无疑了。清代的学者指出了很多这种假借，解决了很多古书中的疑难问题。

第二种情况是，假借字代替了本字，本字废而不用了。有时又为假借字造一个后起的区别字。

“桼”字的本义是树上流下来的树漆，后来借用表示水名的“漆”字表示这个意义。本字“桼”废而不用了。

“猒”字的本义是吃饱、满足，古文字象一只狗张着嘴吃肉，后来借用表示“压”的意义的“厭”字表示这个意义。汉严忌《哀时命》：“时厭饫而不用兮。”《左传·隐公元年》：“姜氏何厭之有？”本字“猒”废而不用了。后来又为借来表示吃饱的“厭”字造了一个“食”旁的区别字“饜”。“猒、厭、饜”三者的关系是很清楚的，“厭”和“猒”是假借字和本字的关系，“厭”和“饜”是古今字的关系。

有的时候，假借字占了主要地位，但本字还用，基本上形成了假借字和本字并行的局面。譬如“彊”字的本义是弓有力，又为强盛、强壮，常假借本义是米中小虫的“强”字来表示，《孟子·梁惠王上》：“晋国，天下莫强焉。”《左传·文公十年》：“三君皆将强死。”而“彊”字仍用，《管子·地员》：“赤垆历彊肥。”《墨子·辞过》：“其为食也，足以增气充虚，彊体适腹而已矣。”

从假借字被借去表示的词的数目看，假借又可以分为一个字借来表示几个词和几个字借来表示一个词两类。前一类如前边说过的“辟”字被借来表示“躲避”“开阚”“邪僻”等几个词。后一类，譬如“女”字的本义是未出嫁的女子，“汝”字的本义是水名，都假借来表示第二人称代词，《论语·为政》：“诲女知之乎？”《韩非子·内储说》：“吾以汝知之，汝徒未知之也。”又譬如“塗”字的本义是泥，“涂”字的本义是水名，都借来表示“道路”，《论语·阳货》：“遇诸塗。”《周礼·夏官·司险》：“设国之五沟五涂。”后来又为“道路”一词造“途”字。

以上种种假借，不管哪一种情况，假借字所表示的那个词和本字所表示的那个词的读音必须相同或基本相同。两个词的语音相同或基本相同是借用文字形式的先决条件，也是假借的原则。所谓基本同音，是指声韵相同而声调不同，或者双声而韵母很近，或者叠韵而声母很近。不过，这种基本同音的情况，在假借的时候，必须发生音转。假借字必须读本字的声音。这一点，我们应该特别慎重，没有发生音转的，不能认为假借。我们这里说的语音相同，指的是古音，而不是今音。语音是发展的，古时相同的音，现在可能不同音了。比如“直”“特”两字，古时是同音的，都是定母、职部，因此可以假借。《孟子·梁惠王上》：“直不百步耳，是亦走也。”正是假“直”为“特”。现在这两个字不同音了，“直”的声母是 zh，韵母是 i；“特”的声母是 t，韵母是 e，声韵都不同了。古时不相同的音，现在可能同音了。比如“寘”“置”两字，古时是不同音的，“寘”是照母、锡部，“置”是端母、职部，一般是不能通用的。由于语音的发展，现在变得同音了，声母都是 zh，韵母都是 i，而且经常通用了，甚至索性把“寘”作为“置”的异体字看待了。因此，我们不能用今音考察假借。清代学者在研究古音的基础上去考察假借，有很多新的独到的见解。了解古音，是确切弄懂假借的一个基础。朱骏声说：“不明古音者，不足以识假借。”① 他说的是有道理的。

从前边提到的种种假借，可以看出词义和字义在假借过程中的关系是这样的，比如 hui（惠）和 hui（慧）是两个同音词②，这两词的意义是完全不同的。“惠”字被假借来表示 hui（慧）这个词的时候，只是借这个字，不是借那个词，hui（惠）这个词仍然是“仁慈”的意思，并没有“智慧”的意思。而“惠”字的字义除了“仁慈”之外，又增加了“智慧”一义。通过对词义和字义在假借中关系的分析，我们可以看出：（一）假借不是词汇的变动，只是文字运用位置的移动；（二）假借不使词义发生变化，只使字义发生了变化，字义比原来增加了；（三）文字运用位置的移动、字义的增加，是以词的语音相同为媒介

① 见《说文通训定声·自叙》。

② 为说明方便，这里暂用今声。

的。我们知道，词义发展的手段是引申，通过引申，可以在原有意义的基础上产生新的意义。假借只使字义发生了变化，而字义增加的那一意义是另一个词原来已经具备的意义。由此看出，引申首先是词汇的事，假借主要是文字的事。

二

上边谈了假借的情况，但还要着重指出一点，很多不是假借的情况，往往被人们误认为假借；不是本字的后起字，被误认为本字。这种情况，古已有之，但至今没有引起大家足够的注意。

许慎的《说文解字》是我国第一部系统整理汉字的字典，是一部很重要的著作。过去有些人过于迷信它，认为《说文》中有的都是本字，不敢认为其中有的是后起字。他们不知道从最早的甲骨文到《说文》已经有将近两千年的历史，其间汉字发生了很多变化。从假借阶段（指没有本字的假借）到形声阶段，很多后起的形声字出现了，这使得文字记录语言更加精确了。我们不能颠倒汉字发展的历史，把《说文》中的这些后起字误认为本字，把后起字产生的时间人为地提前。朱骏声的《说文通训定声》（以下简称《定声》）是一部很有价值的书，但它认为“假借必有本字”，把《说文》中很多这种没有本字的假借字的后起区别字都当作本字看待了。比如《定声》说，“然”假借为“嘫”。我们知道，“然”字的本义是“烧”，《孟子·公孙丑上》：“若火之始然。”借来表示“然诺”的意思，《孟子·梁惠王上》：“王曰：‘然，诚有百姓者。’”后来才为“然诺”的意思造“嘫”字。《说文》中有“嘫”字，解为“语声也”。尽管朱骏声看到“经传皆以然为之”，但没有认识到“嘫”是后起字，还说“嘫”是“然诺”的本字，“然”是“嘫”的假借字。这样一来，好像“然、嘫”是同时产生、同时并存的一样。这就忽略了当“烧”讲的“然”字跟“嘫”字中间存在着一个没有本字的假借的阶段。朱骏声在很多地方都忽略了这一阶段。再比如《定声》说，“畔”假借为“叛”。“畔”字的本义是“田界”，借来表示“背叛”的意思，《论语·阳货》：“公山弗扰以费畔。”可是《说文》中有“叛”字，表示“背叛”的意思。朱骏声尽管说“经传多以畔为之”，还是认为“叛”是“背叛”的本字，“畔”是“叛”的假借字。从“经传皆（多）以某为之”，正好看出朱骏声认为是本字的那些字是后起字。如果不是这样，经传为什么都摆着本字而不用，全用假借字呢？

再有一种情况，是把引申误认为假借。《说文》中有为一个词的引申义造的区别字。有人把这种区别字误认为本字，把原来那个字说成是假借字。《定声》正是这样做的。《定声》说，“道”假借为“导”。“道”字的本义是道路，引导、疏导、开导是“道”的引申义。《左传·隐公五年》：“请君释憾于宋，敝邑为道。”《左传·襄公三十一年》：“不如小决使道。”《国语·楚语》：“教之诗而为之道。”于这几个意义，经传多以“道”为之，正说明“道”当时已经具备了这几个意义，而“导”字是为这些引申义造的区别字。只因为《说文》有“导”字，朱骏声才把它认为本字了。

还有一个很平常也很典型的例子。《定声》说，“监”假借为“鑑”，实为镜。大家都知道，“监”字古文字象一个人低着头对着器皿中的水照。这是“监”的本义。又引申为照的东西（远古没有镜子，只是在器皿中放上水，用水来照。《说文》说，“鑑，大盆也”，正是说的这个意思）。后来为这个引申义造了一个“金”旁的区别字“鑑”。从“鑑”字从“金”看，这大概是铜镜产生以后的事了。徐灏说：“鑑，古祗作监，从皿以盛水，其后范铜为之，而用以照形者，亦谓之鑑[①]。”于“鑑”的意义，经传多以“监”为之，正说明“鑑”是“监”的后起区别字，而不是“监”的本字。“镜子”的意义，先秦古籍中不用“监”字即用“鑑”字，《左传·庄公二十一年》：“王以后之鞶鑑予之。”《诗经·邶风·柏舟》：“我心匪鉴。”“镜”字更是后起字了，《诗经》《左传》的时代还没有产生这个字。只是《说

① 见《说文解字注笺》。

文》中有“镜”字，朱骏声才认为它是本字。于是只好说“监”是“鑑”的假借字，“鑑”是“镜”的假借字。

班固的《汉书》好用古字。很多情况是这些字的引申义后来有了区别字，而班固没有用，仍用了古字。颜师古注《汉书》的时候，忽略了这种情况，或者是只从当时文字的使用情况出发，把很多古字和为它的引申义造的后起区别字的关系当成了假借关系。比如他注《元帝纪》的“中冬，雨水大雾”时说，“中读曰仲”。他认为“仲”是本字，“中”是假借字。其实这是一种误解。“中”字的本义是“中间”，作为“排行第二”的意思，是它的引申义。“仲”字正是为它的这个引申义造的区别字。由于“仲”字很早就基本上取代了“中”字，所以误认为是假借了。又比如注《高帝纪》的“汉王齊戒，设坛场”时说：“齊读曰齋。”“齐”的本义是禾麦吐穗上平也，引申为齐整、严肃。这个意义用于祭祀之前的准备。后来另造“示”旁的“齋”字来表示。“齋”字只是“齐”的引申义的后起区别字，并不是“齐假借为齋”。另外，他注《汉书》时数十次说“说读曰悦”。其实，“说”的本义就是“喜悦”。《说文》说：“说，说释也。”段玉裁注：“说释即悦怿，说悦、释怿皆古今字[①]。”（作为“谈说”讲是“说”的别义）后来由于“说”多用于“谈说”一义，而为“喜悦”的意思造“悦”字。因为当时“悦”作为“喜悦”讲已经取代了“说”字，所以颜师古才认为“悦”是“说”的本字。

古时的这些问题，在现在的一些辞书以及一些给古书做的注解中，仍然没有引起注意，而是把它们因袭下来了。这些辞书或注释很喜欢用“通”字，按一般理解，这应该是说某字是某字的假借字。其实不然，有很多不是假借的情况也包括在里边了。1979年版《辞海》（语词分册）正是这样做的。《辞海》之所以这样做，可能并不是单纯地照搬古注，而是把今天的汉字作为一个横断面来处理的。它这样处理，也有两个好处：一是，对现代人理解字义有方便的地方，如说

① 见《说文解字注》三上。

“龟通皲”，人们可以一目了然地知道“龟”在这里不是“水龟”的意思，而是“皲”的意思。二是，行文上比较简练。但是，作为一部囊括古今的大型辞书，这样处理是欠科学的。汉字是发展的，字义也在发展，我们的辞书应该说明这个发展，至少不要模糊了甚至搞乱了这种发展。

用历史的观点看问题，我们就会很容易发现：第一，《辞海》认为是假借字的那个字，当时它本身就已经具有这个意义，并不是借用来的。有的时候，那个所谓的本字甚至在当时还没有产生，那么，怎么去和它“通”呢？譬如《辞海》说：“竟通境。《礼记·曲礼上》：‘入竟而问禁。’”“竟”字的本义是乐曲终了。从这个意义很自然地引申出边境的意思，因为边境正是一个国家的领土终了的地方。春秋时代，“竟”字已经具备了这个引申义。如果说它在这里是假借了“境”的意思，那是不合乎历史事实的。况且，“境”字在当时还没有产生。《说文》中没有“境”字（《说文新附》收了），徐铉说：“境，疆也。经典通用竟[①]。”“境”字作为“竟”的引申义的区别字，到汉代才产生（始见于顺帝永和四年张平子碑[②]）。这样看，“竟”“境”的关系、发展线索就清楚了。

《辞海》在“不龟手”一条下注：“龟通皲，使手不冻裂，《庄子·逍遥游》：‘宋人有善为不龟手之药者。’”“龟”字假借为“皮肤冻裂”的意思是没有本字的假借，“皲”字只是它这个假借义的后起区别字。在《庄子》时代并没有“皲”字（《说文》没收，《说文新附》才收），这怎么去“通”它呢！

前边说过的“孰、熟”，《辞海》也说“孰通熟”，引用的是《礼记》等书的例句。我们说，在解释先秦古籍时不能说“孰通熟”。这是因为，（一）“孰”本身当时具有“食物加热到可吃的程度”这个意义（这正是它的本义），（二）“熟”字在当时还没有产生（这个“熟”

① 见《说文解字》十三下新附。

② 见宋洪适《隶释》。

字最早见于《玉篇》)。

第二，那个所谓“本字”在当时虽然存在，但它是别的意义，并不具备“假借字”所要借的那个意义。譬如《辞海》说：“直通值。价值。《史记·平准书》：‘乃以白鹿皮方尺，缘以藻缋，为皮币，直四十万。’”作“价值”讲，唐代以前只用“直”。那时，“值”并没有“价值”的意义。《说文》：“值，措也。”段注：“值，持也。”如果像《辞海》那样注，“直通值”，那么《史记》的“直四十万”，该怎么解释呢？“直”本身就有“价值”的意义，为什么还非得去借别的词的意义呢？“值”字，《辞海》作“价值”讲的时候，用的例句是《聊斋志异·王成》：“钗值几何？”那是很晚的了。因为它找不到唐以前的例句。新版《辞源》引《元氏长庆集四·旱灾自咎贻七县宰》：“未蒙所偿值，无乃不可言。”好像“值”字在唐代就已经有“价值”的意义了。其实《全唐诗》等本子都作“直”，看来是《辞源》弄错了。

再譬如《辞海》说：“被通披。《左传·襄公十四年》：‘被苫盖。’”先秦古籍中作为“披着”讲都用“被”字，也就是说，“被”字在当时就具备这个意义。而“披”字当时并不具备这个意义。《说文》：“从旁持曰披。”意思是从旁边拿着叫披。如果依照《辞海》，“被苫盖”又作何解释呢？

还有，《辞海》说：“从通纵。《诗经·齐风·南山》：‘横从其亩。’”“从”本义是相从，表示两人一前一后地走。从这个意义很容易引申出跟“横”相对的意义。“从”在《诗经》时代已经具备了这个意义，《诗经》中几次这样用。而“纵”当时主要是“放纵”“纵使”的意义，《说文》说：“纵，缓也，一曰舍也。”“纵”作为跟“横”相对的意义讲，是后起的意义，这怎么能说“从”通“纵”呢？

第三，完全颠倒了假借关系。那个所谓“假借字”所要假借的意义正是它自己的本义，而所谓“本字”正好是它的假借字。《辞海》在“烝”字下一开始就说出它的本义是“火气上行”，没有说“烝通蒸”，这是很对的。可是在“烝矫”一条下却又说：“烝通蒸，谓蒸之使柔。矫，谓矫之使直。《荀子·性恶》：‘故枸木必将待檃括烝矫然后直。’”“烝”字的本义是火气上升，《荀子》正是用的这个意义。“蒸”字的本义是麻骨（蒸，从艸，烝声），它表示火气（热气）上升的意义，是假借义，所以不能说“烝通蒸”。

《辞海》说：“内通纳。纳入。《荀子·富国》：‘婚姻娉内，送逆无礼。’”其实，“内”字的本义正是纳入，而不是假借“纳”的意思。当“内”引申为“内外”的“内”之后，本义另借“纳”字表示（《说文》：“纳，丝湿纳纳也。”）。《辞海》把这种关系弄颠倒了。

那么，辞书和注释遇到上述情况应该怎样处理呢？我们觉得这样做是否好些：

1. 对为本义造的区别字，可以说，某，某的本字。如：埶，熟的本字。

2. 对为引申义造的区别字，可以先释义，再说后作某。如：竟，边境，后作“境”。

3. 对为没有本字的假借字造的区别字，可以先说后作某，再释义。如：厌，后作“餍”，吃饱，满足。

4. 对容易颠倒假借关系的，可以先释义，再说后借某字。如：内，纳入，后借“纳”字。

5. 对词义发展变化的，可以先释义，再说后用某。如：直，价值，后用“值”。

（原载《辞书研究》1980 年第 2 期）

《吕氏春秋》词汇简论

《吕氏春秋》是战国末期的一部著作。它不但是研究周秦思想文化的重要依据，而且是研究周秦之交语言面貌的珍贵资料。这主要是因为，一、它的成书年代确定。吕不韦在《序意》中说："维秦八年，岁在涒滩，秋甲子朔。朔之日，良人请问十二纪。"这里的秦八年一般认为是秦始皇即位八年，即公元前 239 年。[①] 确定语言资料的年代，是进行语言研究的重要条件，它可以避免一些材料真伪、年代先后的不必要的纷争。二、它是用当时的通语写成。吕不韦在书成之后，曾"布咸阳市门，悬千金其上，延诸侯游士宾客有能增损一字者予千金"。[②] 这个举动，吕不韦固然有他的政治目的，但这在客观上说明了《吕氏春秋》的语言是诸侯游士宾客及市人都能看懂的，是用当时行用的通语写成。由于以上两点，研究《吕氏春秋》的语言可以使我们看到周秦之交通语的基本面貌之一斑，这对于汉语史的研究是很有意义的。

本文只就《吕氏春秋》的词汇做些初步的讨论。下面简要谈五个问题。

一

《吕氏春秋》的词汇十分丰富。全书有单音词 2972 个 [③]，复音词

① 还有些不同的解释，但大抵在二、三年之间。

② 见《史记·吕不韦列传》。

③ 笔者曾与人合编了《吕氏春秋索引》《吕氏春秋词典》，本文的数据是根据这两部书统计的。全书有单字 3019 个，其中有 47 个只出现在复音词中，不单独成词，如邯、薅等。

2017个，总共近五千词。单音词中，名词最多，达1371个，动词次之，有1298个，形容词又次之，有464个，其他类词共有272个。[①]从这些数字中，我们清楚地看到，《吕氏春秋》中动词的数量很大而形容词的数量相对小得多，这与《吕氏春秋》的语言风格关系很大。《吕氏春秋》的语言既准确生动，又质朴通俗。动词的大量运用，各种动作表现得很精细，使语言有一股活灵灵的生气，比如光表示徒手动作的动词，书中就有36个之多，如"持、操、捉、把、扶、携、抱、抚、拊、扣、控、指、援、摇、曳、推、据、拔、抽、插、掣、扬、抑、采、捽、搏、拱、揖、承、举、释、牵、投"等。形容词运用较少，不给人以堆砌辞藻的浮华感受，而表现出一种质朴的风格。

《吕氏春秋》词汇中，有些是当时产生的新词，例如：

遗老 《吕氏春秋》出现3次，意思是前朝的臣民。《慎大》："命周公旦进殷之遗老，而问殷之亡故。"先秦的其他著作均未发现这个词。《孟子》有"遗老"连文的形式，《告子》下："养老尊贤，俊杰在位，则有庆……遗老失贤，掊克在位，则有让。"这里的"遗老"是词组，是遗弃老者的意思，与《吕氏春秋》不同。"遗老"应是战国末期产生的新词。

音乐 作为一个复音词，先秦著作中只《吕氏春秋》出现5次，如《大乐》："音乐之所由来者远矣。"它的意义与单音词"乐"是相同的。《吕氏春秋》中有时单用"乐"，如《古乐》："故乐之所由来者尚矣。"

徒步 徒和步都是步行的意思，偶有连文，《墨子》中出现6次，《鲁问》："上说王公大人，次匹夫徒步之士。""徒步之士"指不能乘车而只能步行的平民。到战国末期，"徒步"凝固为一个词，指平民。《吕氏春秋》出现1次，《有度》："夫以外胜内，匹夫徒步不能行，又况乎人主！"《战国策》也有1例，《齐策一》："士之高者乃称匹夫徒步而处农亩。"到汉代，"徒步"一词用得渐多，《汉书·公孙弘传》：

---

① 兼类词分别统计入所兼各类。

“(弘)起徒步，数年至宰相封侯。”

二

词汇的核心是意义，考察词汇，词义是重要的内容。《吕氏春秋》2972个单音词，其中表现为单义的1691个[①]，占单音词总数的57%，表现为多义的1281个，占43%。单义词中名词的数量最大，有881个，其次是动词，有536个，再次是形容词，有172个，其他词类则较少，共102个。单义名词中大部分是人名、地名、动植物名、器物名、人体器官名、星宿名等，这些词的单义性都比较强，大部分在先秦时代都是单义的。

词义从单义向多义发展，说明人的认识的深化、语言的成熟。《吕氏春秋》中多义词已经相当丰富。1281个多义词中，两个意义的有566个，三个意义的有352个，四个意义的有184个，五个意义的有86个，六个意义以上的有93个。这个情况说明，意义越多，词数越少。《吕氏春秋》的多义词大多集中于二、三、四个意义之间。[②]不过，最多的竟达到九个意义，例如：

节 ①竹节。《古乐》：“取竹于嶰谿之谷，以生空窍厚钧者，断两节间。”又泛指植物长枝叶的地方。《审时》：“后时者，短茎疏节。”②骨节。《本生》：“三百六十节皆通利矣。”③事情的关键。《察传》：“夫乐，天地之精也，得失之节也。”④节令，时节。《明理》：“阴阳失当，四时易节。”⑤符节。《首时》：“楚王说之，与将军之节以如秦。”⑥马箠。《适威》：“若御良马，轻任新节，欲走不得，故致千里。”⑦节制。《论人》：“节嗜欲。”⑧节省，节俭。《原乱》：“节器

---

① 在《吕氏春秋》中表现为单义，不一定在先秦就是单义词，因为受材料的限制，有的意义在《吕氏春秋》中可能没有出现。

②《吕氏春秋》的词义并不能包含先秦的全部词义，有些词义，在先秦可能是很常见的，《吕氏春秋》中却没有反映，如“池”的护城河义，《吕氏春秋》就没有出现。

用。”⑨节操，节慨。《高义》：“子囊之节，非独厉一世之人臣也。”

考察《吕氏春秋》的词义，我们发现书中运用了本义的词为数很多，有1747个，占单音词的58.8%，不少本义是后代很少运用的古义，例如：

秋 《孟夏》：“麦秋至。”义为谷物成熟。与《说文》相合，《说文》：“秋，禾谷孰也。”

扇 《知接》：“上盖以杨门之扇。”义为门。与《说文》“扇，扉也”一致。

测 《下贤》：“昏乎其深而不测也。”高诱注：“测，尽也。”《说文》：“测，深所至也。”段注：“深所至谓之测，度其深所至亦谓之测，今则引申之义存而本义隐矣。《吕览》‘昏乎其深而不测。’高云：‘测，尽也’。此本义也。”

祭 《孟秋》：“鹰乃祭鸟。”《季秋》：“豺则祭兽戮禽。”义为杀。沈兼士先生说：“盖古代血食，祭之事必资于杀，故祭之语亦当原于杀。卜辞、《说文》祭字均从又持肉，即告杀之义。”① 古文字作，象以手持肉，者，肉之滴血，示初杀之义。《说文》“祀也”是引申义，《季秋》祭、戮互文，均为杀义。

《吕氏春秋》的词义中，有些意义是战国末期新产生的意义，例如：

被 《说文》认为“被”的本义是寝衣，这是根据《论语》及孔注。《论语·乡党》：“必有寝衣，长一身有半。”孔曰：“今之被也。”《诗经·小星》毛传说：“衾，被也。”孔疏说：“今名曰被，古名曰衾。”从这里可以看出，先秦称为衾，汉唐称为被。“被”字在先秦的著作中出现很多，但几乎都是动词，为披着、遭受义，“被”的本义到底是什么？《左传》的两例给人以启示，《昭公十二年》：“雨雪，王皮冠，秦复陶，翠被，豹舄，执鞭以出，仆析父从。右尹子革夕，王见之，去冠、被，舍鞭，与之语。”这里的“被”，王下雪出门时

①《粊、杀、祭古语同原考》，见《沈兼士学术论文集》，1986年中华书局版。

着上，到达后脱下，可见不是被子。杨伯峻先生《春秋左传注》说："若今之斗篷或清时妇女所着之披风。"杨先生的解释是正确的。被是像斗篷一类的衣服，这正是它的本义。由此引申出动词披的意义，再引申为遭受。因为披着的斗篷躺卧时可以盖在身上，于是引申出衾被的意义。这一意义是在战国末期产生的新义。《吕氏春秋》以前的著作中"被"几乎无衾被的意义。[①]此义《吕氏春秋》中二见。《节丧》："含珠鳞施，玩好货宝，钟鼎壶鑑，舆马衣被剑戈，不可胜其数。"这里的"被"应是衾被之义，《韩非子·内储说上》的一段文字可作佐证："齐国好厚葬，布帛尽于衣衾，材木尽于棺椁。"两书所讲的内容相同，《韩非子》的"衣衾"正是《吕氏春秋》的"衣被"，"被"就是衾的意思。

闻 本义是听，字从耳。到战国末期词义发生转移，由用耳听转为用鼻嗅。《吕氏春秋·权勋》："龚王驾而往视之，入幄中，闻酒臭而还。"这个意义，同时代的书中还有出现，《韩非子·内储说下》："对曰：'顷尝言恶闻王臭。'王怒曰：'劓之。'"《战国策·楚策四》："其似恶闻君王之臭。""闻"的嗅义是战国末期新产生的意义。

刺 本义是直击，《说文》："直伤也。"段玉裁说："针黹曰刺绣，用橋曰刺船……皆其引申之义也。""刺船"就是撑船。"刺"的这个引申义应该是在战国末期产生的，此义在《吕氏春秋》中出现 1 次，《异宝》："刺小船，方将渔。"此外，《庄子·渔父》尚有 1 例："乃刺船而去。"《渔父》也应是战国末期的作品。汉初的《淮南子》中此义用得渐多，《说山》："御可以教刺舟。"《诠言》："善游者不学刺舟。"到汉末大概已成为常见义，高诱于《吕览》《淮南子》各例均无注，而注语中亦出现"刺船"一语，《主术》注："桡，刺船棹也。"

《吕氏春秋》词义中，还保留有一些僻义，例如：

染 常用义是染色，这是先秦著作中屡见的，《吕氏春秋》中也有《当染》一篇。但《吕氏春秋》中"染"另有"豉酱"一义，《当

① 宋玉《招魂》有 1 例，"翡翠珠被，烂齐光些。"王逸注："被，衾也。"

务》："于是具染而已。"高诱注："染，豉酱也。"这一义为他书所未见，其为引申或假借亦无确考。

培　本义和常见义都是培土，《吕氏春秋》中有"房屋后墙"一义，《听言》："某氏多货，其室培湿，守狗死，其势可穴也。"此义先秦他书均未见，《淮南子》中有用例，《齐俗》："颜阖，鲁君欲相之而不肯，使人以币先焉，凿培而遁之。"注："培，屋后墙也。"字又作"备"，《齐俗》："则必有穿窬、拊楗、抇墓（抽箕）、踰备之姦。"注："备，后垣也。"[①]

三

《吕氏春秋》中同义词和反义词都比较丰富，这反映了语言的精密和成熟。

《吕氏春秋》有同义词413组，从音节上看，有三种情况：

1. 单音词和单音词构成。这是同义词的主体，共328组。

2. 双音词和双音词构成。例如：

革车、戎路　《贵直》："与吾得革车千乘也，不如闻行人烛过之一言。"《孟秋》："天子居总章左个，乘戎路。"

婴儿、儿子　《察今》："见人方引婴儿而欲投之江中。"《异宝》："儿子必取抟黍矣。"

节俭、俭节　《节丧》："节俭者以为陋。"《安死》："是故先王以俭节丧死也。"

3. 单音词与双音词构成。例如：

道、路、道路　《介立》："将有适也，而饿于道。"《爱类》："贤人之不远海内之路，而时往来于王公之朝。"《劝学》："君子之行于道路，其有父者可知也。"

螾、丘蚓　《应同》："黄帝之时，天先见大螾大蝼。"《孟春》："蝼

① 以上二词的僻义或许为当时之方言。

蜩鸣，丘蚓出。”

《吕氏春秋》的同义词不是一朝一夕形成的，也不是由一种途径形成的，大致有这样四种情况：

1. 方言进入通语而形成。例如：

百姓、黔首 百姓本指百官之族，到春秋战国之交已普遍指平民、庶民了。“黔首”起初是秦国的方言词，《汉书·艺文志》说“秦谓民为黔首”。战国末期进入通语，《吕氏春秋》中出现21次，可以作主语、宾语、名词性中心语及构成联合结构等，运用很灵活。例如《振乱》：“当今之世浊甚矣，黔首之苦不可以加矣。”

舟、船 《方言》说：“自关而西谓之船，自关而东谓之舟。”[1]战国末期以前很长一段时间汉语的中心在关东，“舟”自然成为通语。战国后期，秦日趋强盛，势力不断东移，因此秦国的方言词语进入通语也是很自然的事。《吕氏春秋》中“船”和“舟”的地位完全平等了，在同一段文章中，“船”与“舟”可互用，例如《知分》：“荆有次非者，得宝剑于干遂。还反涉江，至于中流，有两蛟夹绕其船，次非谓舟人曰：‘子尝见两蛟绕船能两活者乎？’船人曰：‘未之见也。’次非攘臂祛衣，拔宝剑曰：‘此江中之腐肉朽骨也。弃剑以全己，余奚爱焉？’于是赴江刺蛟，杀之而复上船，舟中之人皆得活。”

2. 古语词与今语词形成。例如：

格、至 这两个词在殷周之际的常用义是到来。到战国末期，“至”仍是常用词，而“格”的到来义已死去，成为历史词。《吕氏春秋》中出现1次，《孟夏》：“虫蝗为败，暴风来格。”“格”在当时是作为古汉语成分与“至”形成一对同义词。

3. 新生词与固有词形成。例如：

苑、囿 这两个词都指帝王畜养禽兽的场所。《重己》：“昔先圣王之为苑囿园池也，足以观望劳形而已矣。”高诱注：“大曰苑，小曰囿。”《周礼·囿人》郑玄注：“囿，今之苑也。”贾公彦疏：“古谓之

---

① 段玉裁说“古人言舟，汉人言船”，欠妥。

囿，汉家谓之苑。”《说文》：“苑，所以养禽兽。”“囿，苑有垣也。”段玉裁注：“古今异名，许析言之，郑浑言之。”苑、囿浑言无别，只是时代不同。《尚书》《诗经》《论语》《左传》《周礼》《孟子》《墨子》《庄子》《荀子》等书均有“囿”而无“苑”①，《吕氏春秋》《韩非子》始见，“苑”应是战国末期产生的新词。

4. 同源词形成。例如：

破、弊、败 在破损、毁坏的意义上三者同义。《本味》：“伯牙破琴绝弦。”《分职》：“今民衣弊不补。”《音初》：“还反涉江，梁败。”它们的语音联系密切，弊、败並母双声、月部叠韵，破与弊、败滂並旁纽，歌月对转，它们应是同源词。

《吕氏春秋》的单音同义词有一个显著的特点，大部分具有语音上的相同联系。两词一组的同义词中，声韵均相同或相近的有30组，占单音同义词的9%，例如：

依、倚 影母双声、微歌旁转。《权勋》：“车依辅，辅亦依车。”《制乐》：“故祸兮福之所倚。”

罢、免 並明旁纽、歌元对转。《仲冬》：“可以罢官之无事者。”《处方》：“杀之免之。”

声相同或相近的有53组，占16.2%，例如：

成、熟 禅母双声。《仲夏》：“果实早成。”《仲春》：“麦乃不熟。”

通、达 透定旁纽。《分职》：“人主之不通主道者则不然。”《重己》：“有慎之而反害之者，不达乎性命之情也。”

韵相同或相近的有66组，占20.1%，例如：

苟、偷 侯部叠韵。《不苟》：“虽贵不苟为。”《义赏》：“虽今偷可，后将无复。”

束、缚 屋铎旁转。《悔过》：“过天子之城，宜橐甲束兵。”《用民》：“自缚其主以与文王。”

多词一组的同义词中，两词之间有相同语音联系的有22组，占

---

①《左传》《庄子》中偶有“苑”字，仅用于人名、风名。

7%，例如：

舍、释、弃 舍、释审母双声、鱼铎对转。《具备》：“所舍者小鱼也。”《顺民》：“孤将弃国家，释群臣。”

两两之间有相同语音联系的有24组，占7.3%，例如：

旦、朝、晨 旦、朝端母双声，旦、晨元文旁转。《孟春》：“昏参中，旦尾中。”《知士》：“朝暮进食。”《为欲》：“晨寤兴，务耕疾庸。”

多词均有相同语音联系的有10组，占3%，例如：

更、改、革 均为见母，改、革之职对转。《召类》：“更易其法。”《贵信》：“且二君将改图。”《执一》：“天地阴阳不革，而成万物不同。”

综上所述，有相同语音联系的，共有205组，占单音同义词的63%。另据考察，反义词有相同语音联系的占单音反义词的39%，比例与同义词几乎正好相反。这可以说明，意义相同或相近，语音上有相同联系的就多些，反之，差异就多些。

《吕氏春秋》中有反义词258对，依据其对立的情况，可以分为三类：

1. 名物的对立。①时空的对立。如：昼、夜，《达郁》：“臣卜其昼，未卜其夜。”上、下，《大乐》：“阴阳变化，一上一下。”②人际关系的对立。如：师、徒，《诬徒》：“师不能令于徒。”③事物的对立。如：天、地，《去私》：“天无私覆也，地无私载也。”祸、福，《不苟》：“故其功名祸福亦异。”

2. 性质、状态的对立。如：长、短，《用众》：“故善学者，假人之长以补其短。”劳、逸，《察贤》：“任力者故劳，任人者故逸。”此类数目最多，因为表示性质的词基本上都可以有它的对立面。

3. 行为动作的对立。如：出、入，《忠廉》：“夫捽而浮乎江，三入三出。”

《吕氏春秋》中反义词运用的特点是经常成对出现。这样就增强了矛盾方面的对比效果，使语言更加鲜明和强烈。例如《观世》：“此治世之所以短，乱世之所以长也。”《知分》：“疾不必生，徐不必死。”

由于它们在句中所处位置相同、用法相同，因此就形成一种整齐的句式，产生一种整齐的语言美。

《吕氏春秋》的反义词经常连文，这种连文的反义词，声调上呈现一种规律性，即按平上去入四声排列。《吕氏春秋》中反义词连文的 97 对，其中声调相同的 30 对：

平平[①]：存亡 阴阳 尊卑 师徒 君臣 兴衰 安危 亲疏（疏亲）[②] 言行 穷通 东西（西东） 高卑

上上：取与 取舍 远近 父子 水火 上下 纵舍 动静

去去：治乱 去就

入入：日月 日夜 夙夜 白黑 利害 得失 滑易 内外（外内）

声调不同的 67 对，其中单纯按平上去入的次序排列的有 52 对：

平上：寒暑 情伪 先后 前后 微巨 长短 高下 男女 文武 饥饱

平去：轻重 天地 愚智 登降

平入：朝夕 贫富 朝暮 清浊 荣辱 穷达 兴废 强弱 坚脆 难易 工拙 赢绌 名实 虚实 同异 劳逸 南北 尧桀

上去：喜怒 毁誉 长幼 左右 勇惧

上入：美恶 好恶 巧拙 厚薄 赏罚 损益 举错

去入：昼夜 晦朔 燥湿 细大 爱恶 祸福 胜败

另外，还有 10 对与此次序相反：

上平：浅深 死生 往来 古今 是非

去平：寿夭 晏阴

入平：疾徐 吉凶

入上：怯勇

还有 5 对顺次序与逆次序并存：

长少—少长 贱贵—贵贱 多少—少多 兄弟—弟兄 小大—大小

从以上情况可以看出，按平上去入顺序排列的是与之相反的逆次

---

①这里指上古声调，下同。

②括号中是书中出现的次序颠倒的形式。

序的5倍多，这恐怕不是一个偶然的现象。同时，我们可以进一步推知，上古汉语是确实存在平上去入四声的。

四

先秦汉语以单音词为主，但到战国末期，复音词已有相当发展。《吕氏春秋》有复音词2017个，可谓十分可观了。

《吕氏春秋》的复音词，从音节上看，以双音词为主，共有1730个，三音以上的为数不多，有287个，其中主要是人名（包括封号、谥号），如宓子贱、靖郭君、敦洽雠糜等。

从自然状况上看，专名的比重很大，人名、地名、官爵名、乐律名、书名、节气名、动植物名以及其他专名共有1144个，占复音词总数的56.7%，一般复音词有873个，占43.3%。这种情况与《吕氏春秋》保留大量历史文化有十分密切的关系。

从词类上看，主要是实词，虚词极少[①]，只有25个。实词中名词最多，有1651个（其中一般名词507个），动词179个，形容词162个。从这个数字可以看出，《吕氏春秋》复音词绝大部分是名词，即使除去专名，一般名词也比动词加形容词的总和还要多。

从构词上看，有单纯词和合成词两类，单纯词分为叠音词和联绵词，共78个，合成词分为复合式、附加式、重叠式。《吕氏春秋》单纯词数量不多，仅占复音词的4.1%，其中形容词性的单纯词尤少，这跟《吕氏春秋》质朴的语言风格关系极大。

我们着重讨论一下《吕氏春秋》复音词的构词情况。

单纯词中，叠音词有28个，其中6个是引用《诗经》《周易》的：祁祁、莫莫、济济、赳赳、蘖蘖、愬愬。其余22个，可分三类，一类是描绘形貌的，如《本味》："汤汤乎若流水。"一类是模拟声音的，如《古乐》："其音若熙熙、凄凄、锵锵。"一类是动物名称，如

① 我们依传统把副词、代词归在虚词之内。

《本味》:“肉之美者，猩猩之唇，獾獾之炙。”

联绵词有 50 个，其中 23 个有双声或叠韵的关系，例如：

饕餮 恶兽名。透母双声。《先识》:“周鼎著饕餮，有首无身。”

扶疏 枝叶茂密。鱼部叠韵。《辩土》:“树肥无使扶疏。”

27 个没有双声或叠韵的关系，例如：

蟋蟀 昆虫名。《季夏》:“蟋蟀居宇。”

哭历 空疏，不细密。《士容》:“骨节蚤成，空窍哭历，身必不长。”

合成词中，复合式包括五种格式：

联合式 其中有名词、动词、形容词。名词有 224 个，其构成成分为“名＋名”有 179 个，“动＋动”有 25 个，“形＋形”有 20 个，例如：

《尽数》:“今世上卜筮祷祠，故疾病愈来。”

《安死》:“此其中之物，具珠玉、玩好、财物、宝器甚多。”

《孟春》:“无聚大众，无置城郭。”

联合式名词，一般都是由同义词连文凝固而成，也有个别的是由反义词连文凝结而成，这种情况，《吕氏春秋》中共有 5 例，例如：

《不侵》:“薛之地小大几何？”

《应同》:“赵简子可谓知动静矣。”

动词有 138 个，其构成成分均为动词，例如：

《顺说》:“管子得于鲁，鲁束缚而槛之。”

《慎大》:“武王乃恐惧，太息流涕。”

形容词有 77 个，其构成成分均为形容词，例如：

《论人》:“离世自乐，中情洁白。”

名词、动词、形容词都有偏义的情况，例如：

《制乐》:“宰相，所与治国家也。”

《谕大》:“父子兄弟相与比周于一国。”

《别类》:“故以聪明听说，则妄说者止。”

这种偏义复音词的产生，大概是由于汉语复音化趋势使作者追求双音形式的结果。

《吕氏春秋》联合式复音词以名词为最多，动词次之，形容词最少。名词的构成，除部分名词由动词、形容词连文构成外，均由同词性的成分构成。

联合式复音词构成成分的次序有时可以对调，《吕氏春秋》中有这样的复音词12对。这种次序对调的复音词，有的意义完全不同或有明显差别，如：弟子、子弟，前者指学生，对老师而言，后者指晚辈，对父兄而言。《诬徒》："达师之教也，使弟子安焉。"《当染》："王公大人从而显之，有爱子弟者随而学焉。"又如：民人、人民，这两个词，《吕氏春秋》中所指范围有较大差别，"民人"出现7次，都指百姓，"人民"出现3次，均指人或人类，与"禽兽"相对而言。《当染》："君臣离散，民人流亡。"《察贤》："雪霜雨露时，则万物育矣，人民修矣。"有的差别不大，如：调和、和调，都指把几样东西混合起来使之适中。只是在《吕氏春秋》中"调和"均用于具体事物，"和调"均用于抽象事物。《去私》："庖人调和而弗敢食，故可以为庖。"《必己》："知与不知，皆不足恃，其惟和调近之。"有的则没有什么差别，如：节俭、俭节，都指不靡费。例已见前引。

偏正式　偏正式复音词有408个，主要是名词，有390个，动词16个，形容词2个。

从构成成分看，其中心词是名词，不管其修饰成分是什么词性，复音词都是名词。其中心词是动词，复音词则有三种可能，或是名词，或是动词，或是形容词。例如：

《应言》："先生将非王乎？"

《节丧》："含珠鳞施，玩好货宝……不可胜其数。"

《审己》："湣王慨焉太息。"

《当染》："宗庙不血食。"

《下贤》："人主之不肖者，亦骄有道之士。"

修饰限制成分与中心成分的意义关系是多种多样的，①表示数量，如万物。②表示种属，此类一般是小类名在大类名前，如骏马，也有个别的相反，如帝尧。③说明方位、地域，如海内。④说明时间或朝代，如昨日、周书。⑤说明领属，如王后、疏实。⑥说明质料、颜色，如布衣、朱鳖。⑦说明性质、特征，如小民、慈石。⑧表示职能，如乐正。⑨表示次序，如叔父。

偏正式中，有些词的构词能力很强，如：人、子、天、士、夫、上、下等，“人”作中心语构成35词，作修饰语构成7词，如丈人、夫人、主人、船人、庖人、人主、人臣、人伦等。

述宾式　述宾式复音词共有35个，其中名词27个，动词8个。名词中主要是官职名，例如：

《乐成》：“令将军视之。”

《异宝》：“得伍员者，爵执圭。”

述宾式动词均不能再带宾语，例如：

《古乐》：“武王即位。”

《顺民》：“文王载拜稽首而辞。”

附加式　附加式复音词分为前加式、后加式两种。前加式复音词，《吕氏春秋》中有7个，前加成分均为“有”，除引《诗经》一例外，均为名词，古部族名4个，人名、鸟名各1个，例如：

《音初》：“有娀氏有二女。”

《古乐》：“有倕作为鼙鼓钟磬。”

《本味》：“有凤之丸，沃民所食。”

这种前加式复音词应该看作是古代形式的残留，人名“有倕”，《吕氏春秋》中多次径称“倕”，如《先己》：“人不爱倕之指而爱己之指。”

后加式复音词有29个，后加成分主要是“然、焉”两个。由“然”构成的复音词有22个，由“焉”构成的有6个，例如：

《慎人》：“孔子�然推琴，喟然而叹。”

《知接》：“公慨焉叹，涕出曰。”

由“然、焉”构成的复音词都是形容词，在句中都处在状语的位置。

此外，“子”似乎也有虚化的倾向。“男子”出现1次，“女子”出现5次，《乐成》：“男子行乎涂右，女子行乎涂左。”这里的“子”不再如《诗经》中“乃生男子，乃生女子”的“子”，《诗经》中的“子”指小孩，这里的“子”近乎只是人的标志了。

重叠式　重叠式复音词不同于叠音的单纯词，它是由两个词素重叠构成，它的意义与构成它的单音词的意义有联系又不相同，这类合成词《吕氏春秋》中共出现10个，例如：

《安死》：“世世乘车食肉。”

《离谓》：“故惑惑之中有晓焉，冥冥之中有昭焉。”

《吕氏春秋》的复音词绝大部分都是单义的，这是《吕氏春秋》复音词的特点，也是先秦复音词的特点。从单义向多义发展，是词义发展的规律，复音词也不例外。《吕氏春秋》中已经出现复音词多义的现象，共有43个多义的复音词，其中2个意义的40词，3个意义的3词，如颜色，①脸上的气色。《求人》：“颜色黎黑，窍藏不通。”②脸上的表情。《知士》：“宣王太息，动于颜色。”③容貌。《至忠》：“爨之三日三夜，颜色不变。”

五

《吕氏春秋》词汇可以按照语法意义和语法功能划分出十一种类别，这十一类是：名词、动词、形容词、数词、量词、副词、代词、介词、连词、语气词、叹词。这十一个词类反映了先秦汉语的全部词类。

《吕氏春秋》词类的一个重要特点是活用和兼类还比较多地存在。

活用的情况主要是名词、形容词用作动词，动词、形容词用作名词以及传统所谓名词用作状语等。

单音名词中有151个有活用的情况，占单音名词的11%强。名词活用为动词，可以表示一般动宾关系，还表示比较特殊的动宾关系，如使动关系、意动关系、为动关系等，例如：

《上农》:“后妃率九嫔蚕于郊、桑于公田。”

《赞能》:“桓公欲相鲍叔。”

《举难》:“文侯师子夏，友田子方。”

《悔过》:“为吾尸女之易。”

活用作动词的名词既有具体名词，又有抽象名词，如表示人体部位、自然现象、动植物、方位、时间、处所、器物、刑罚、祭祀、人伦、人事等方面的名词，例如:

《知度》:“意者君耳而未之目也。”

《审时》:“如此者不风。”

《孟秋》:“五谷不实。”

《悔过》:“师过周而东。”

《期贤》:“君乃致禄百万，而时往馆之。”

《孝行》:“道而不径。”

《达郁》:“孰可当而镜。”

《士节》:“其义不臣乎天子。”

《报更》:“宣孟德一士，而活其身。”

名词用作状语，可以是单音名词，也可以是复音名词，例如:

《本味》:“臼出水而东走。”

《不侵》:“夫众人畜我者，我亦众人事之。”

形容词有活用情况的共 135 个词，占单音形容词的 26.3%，主要是活用作动词和名词。用作动词表示使动的最多，有 64 词，例如:

《慎大》:“凡大国，小邻国也。”

《诚廉》:“不若避之而洁吾行。”

其次是表示意动的，有 24 词，例如:

《遇合》:“为野音，而反善之。”

《知度》:“人主自智而愚人，自巧而拙人。”

表示一般关系的则少见，仅 11 词，例如:

《孝行》:“所谓慈幼，为其近乎弟也。”

形容词用作名词有 36 词，例如:

《乐成》:“贤主忠臣，不能导愚教陋，则名不冠后，实不及世矣。”

动词活用，主要是用作名词，有67词，例如：

《慎大》:“出拘救罪，分财弃责。”

《慎小》:“突泻一熛，而焚宫烧积。”

通常所谓动词的使动用法、为动用法，实际上并未改变词性，只是动宾关系发生了变化，例如：

《怀宠》:“今有人于此，能生一死人，则天下争事之矣。”

《上德》:“尝人，人死。”

《观世》:“死其难，则死无道也。”

此类情况，以不及物动词为多，及物动词则比较少。

数词也有活用作动词的，例如：

《别类》:“今吾倍所以为偏枯之药，则可以起死人矣。”

《观世》:“故王者不四，霸者不六。”

《吕氏春秋》还有谓词性词组活用为名词性词组的现象，例如：

《孟秋》:“专任有功，以征不义。”

《贵因》:“谗慝胜良。”

词类活用是词的个别临时用法，这种临时用法经常化和固定化就形成了兼类。《吕氏春秋》中有兼类词466个①，主要是名动相兼，有256词，还有名形相兼121词，形动相兼132词等。②

名动相兼者，例如：

军 《慎小》:“将失一令，而身破军死。”《处方》:“与荆人夹沘水而军。”

殃 《孟春》:“称兵必有天殃。”《仲夏》:“民殃于疫。”

使 《召类》:“士尹池为荆使于宋。”《行论》:“余兴事而齐杀我使。”

---

① 没有意义联系的不归兼类，而是同形词，如“之”字代表了5个词，之[1]是动词，之[2]是代词，之[3]是介词，之[4]是连词，之[5]是语气词。

② 名、动、形三类相兼者分别统计。

寇 《贵公》:“大兵不寇。”《当赏》:“寇在边。”

名形相兼者，例如:

鄙 《孟夏》:“命司徒循行县鄙。”《慎势》:“分已定，人虽鄙，不争。”

野 《首时》:“退而耕于野。”《遇合》:“为野音而反善之。”

形动相兼者，例如:

枉 《知度》:“枉辟邪挠之人退矣。”《高义》:“事君枉法，不可谓忠臣。”

辩 《淫辞》:“公无与孔穿辩。”《悔过》:“所不至，说者虽辩，为道虽精，不能见矣。”

《吕氏春秋》的虚词十分丰富，一是数量多，一是每一个虚词的语法功能比较齐全。

《吕氏春秋》虚词的一个显著特点是具有相当数量的复音虚词，例如:

《慎人》:“买之五羊之皮而属事焉，无乃为天下笑乎！”

《义赏》:“君用其言而赏后其身，或者不可乎？”

《开春》:“太子为及日之故，得无嫌于欲亟葬乎？”

《荡兵》:“中主犹若不能有其民，而况于暴君乎！”

《必己》:“不若相与追而杀之。”

《异宝》:“见一丈人，刺小船，方将渔。”

《慎行》:“崔杼归，无归，因而自绞也。”

此外还有:既而，已而，犹且，于是，亡其，与其(与“不若”“宁”等配合)，不有(义为不论，与“皆”配合)，而已，呜呼，嗟乎等，为节省篇幅，就不举例了。

(原载《北京大学学报(哲学社会科学版)》1989 年第 5 期)

古汉语词义札记

亡

“亡”字的本义是逃亡，《说文》说：“亡，逃也。”引申有“死”的意思，如现代所谓“阵亡”“亡灵”等。这个引申义是何时产生的？先秦时期有没有这个意义呢？我们考察了先秦的主要典籍，没有发现“亡”字有作“死”义解的。

但是，有些先秦古籍的注本，却将“亡”字解作“死亡”。这是一种误解。

《论语·雍也》：“伯牛有疾，子问之，自牖执其手，曰：‘亡之，命矣夫！斯人也而有斯疾矣，斯人也而有斯疾矣！’”其中的“亡之”，杨伯峻先生的《论语译注》将它译作“难得活了”，并且在注中明确指出“亡”字是“死亡之意”。王力先生主编的《古代汉语》常用词，在“亡”字“死”的义项下也举了《论语》的这个例证。这种解释是不正确的。这里的“亡”字不是“死”的意思，应该是“无”的通假字。王充在《论衡·问孔》中讲到这件事时说：“今有恶疾，故曰无命。”“无命”正是王充对“亡之，命矣夫”的概括。可见，王充认为“亡之”的“亡”不是“死”的意思，而是“无”的通假字。班固在《汉书·宣六王传》中引用《论语》这句话作“蔑之，命矣夫！”用“蔑”替代“亡”，“蔑”也是“无”的意思。颜师古注：“蔑，无也。言命之所遭，无有善恶，如斯人而有如此恶疾，深痛之也。”清儒黄生在《义府》中也讲到此条，他说：“《论语》‘亡之，命矣夫’，‘亡’读为‘无’，言病势已极，无所复之也。”① 黄生的解释很贴切。“亡之，命矣夫”的意思就是“没有办法了，这是命呵！”

《孟子》出现“亡”字二十七次，其中有四次杨伯峻先生认为是“死”的意思。我们觉得，这四次都不能作“死”义解。其中两次是“死亡”连文，我们下文再谈。另两例是《梁惠王上》：“汤誓曰：‘时日害丧，予及女偕亡。’民欲与之偕亡，虽有台池鸟兽，岂能独乐哉？”我们知道，所谓“死”，是指生物体生命的终止，无生物除了童话中的拟人说法是不能说“死”的。《孟子》引《尚书·汤誓》的意思是，人民对夏桀王朝深恶痛绝，把它比作太阳，希望和它一起毁灭。对太阳来说，只能是毁灭、消亡，无所谓“死”。所以，将例中的两个“亡”字解作“死”是不合适的。

不但今人对“亡”字的注释有误解，古人的注释也有误解的。《吕氏春秋·慎行》：“毋或如齐庆封，弑其君而弱其孤，以亡其大夫。”高诱注：“亡其大夫，谓崔杼强而死。”高诱用“死”来注“亡”字，是错的。这里的“亡”字是“盟”的通假。《左传·昭公四年》：“无或如齐庆封，弑其君，弱其孤，以盟其大夫。”正是用“盟”字。“亡其大夫”是指崔杼、庆封盟晏婴等大夫于大宫之事。②

顾炎武在《日知录》中有“亡”一条，他说：“亡有三义，有以死而名之，《中庸》‘事亡如事存’是也；有以出奔于外而名之，晋公子称亡人是也；有但以不在而名之，《诗》‘予美亡此’、《论语》‘孔子时其亡也而往拜之’是也。”③ 顾氏讲“亡”只有三义，这是不完全的，这一点姑且不论。他把“死”义置于诸义之首，也是缺乏历史观点的。段玉裁批评说：“今人但谓亡为死，非也。”④ 顾氏在“死”的意义下举《礼记·中庸》的例证就更是一种错误。《中庸》的原文是：

---

① 见《字诂义府合按》第 129 页，中华书局。

② 见《左传·襄公二十五年》。

③ 见《日知录集释》卷三十二。

④ 见《说文解字注》第 634 页，上海古籍出版社。

“践其位，行其礼，奏其乐，敬其所尊，爱其所亲，事死如事生，事亡如事存，孝之至也。”朱熹注云：“始死谓之死，既葬则曰反而亡焉。”这里的“亡”字是“不在”的意思。“反而亡焉”是说“回来以后家里已没有这个人了”。“事亡如事存”意思是“孝子事亲，亲不在和在一样”。

《左传》中有“未亡人”的说法，这种说法共出现三次：

庄公二十八年：“夫人闻之，泣曰：‘……今令尹不寻诸仇雠而于未亡人之侧。”杜预注：“妇人既寡，自称未亡人。”

成公九年：“穆姜出于房，再拜曰：‘大夫勤辱，不忘先君以及嗣君，施及未亡人。”杜预注：“妇人夫死，自称未亡人。”

成公十四年：“夫人姜氏……叹曰：‘是夫也，将不唯卫国之败，其必始于未亡人。’”杜预无注。

从杜预注（尤其是第二条注更明显）看来，他似乎把“未亡人”当作“未死之人”来理解了。其实，这种理解是不恰当的。“未亡人”不是相对于死去的丈夫而言的。我们知道，“未亡人”相对的肯定形式是“亡人”，如果认为“未亡人”是相对于死去的丈夫而言，那么死去的丈夫就应该称作“亡人”了，而实际上并不存在这种称呼。先秦古籍中有“亡人”的说法，《左传》中共十一见，这十一处“亡人”都是指出奔逃亡在外的人，无一例外。如僖公九年“臣闻亡人无党”中的“亡人”指逃亡在外的晋公子夷吾，僖公二十二年“怀公命无从亡人”的“亡人”指逃亡的晋公子重耳，襄公二十八年“使诸亡人得贼者以告而反之”的“亡人”指齐国逃避崔杼之难的人，等等。由此可见，“未亡人”的“亡”字绝不是“死”的意思，也应该是“出亡”“出走”的意思。这里的“出亡”“出走”实际上是指改嫁。“未亡人”即指夫死而未改嫁的寡妇。《左传》三处“未亡人”所指均如此。《左传·成公十一年》有这样一段话：“声伯……嫁其外妹于施孝叔，郤犨来聘，求妇于声伯，声伯夺施氏妇以与之。妇人曰：‘鸟兽犹不失俪，子将若何？’曰：‘吾不能死亡。’妇人遂行，生二子于郤氏。郤氏亡，晋人归之施氏。施氏逆诸河，沉其二子。妇人怒曰：

‘已不能庇其伉俪而亡之，又不能字人之孤而杀之，将何以终？’”这里的“亡之”即“使之出走”，实际上即指“使其改嫁”之意，正可以作为“未亡人”的“亡”字的最好的注脚。

“亡”字“死”的引申义是什么时候产生的呢？《康熙字典》没有列这个义项，新《辞源》在这个义项下所举书证出自《晋书》，郭锡良、唐作藩等先生编写的《古代汉语》（699页）引例与《辞源》同，但它明确指出“在中古以后”。《晋书》是唐代的作品，所谓中古以后，大概就指的唐以后了。这种看法，恐怕是把时代看得太晚了。据我们考察，在东汉时期就产生了。上文所举高诱用“死”去注《吕氏春秋》的“亡”字，正说明当时“亡”字已经具有了“死”的意义。早于高诱的王充，在他的《论衡》里已经把“亡”字用于“死”义。到魏晋南北朝时期，“亡”作“死”解就更为常见了。例如：

吾年少之时……人君好用老，用老主亡，后主又用武，吾更为武，武节始就，武主又亡。（《论衡·逢遇》）

人生百岁而终，物生一岁而死。物死谓阴气杀之，人终触何气而亡？（《论衡·偶会》）

天地开辟，人皇以来，随寿而死。若中年夭亡，以亿万数计，今人之数，不若死者多。（《论衡·论死》）

如用兵妄伤杀，则四十万众必有不亡，不亡之人，何故以其善行无罪而竟坑之？（《论衡·死伪》）

在疾不省，于亡不临。（潘安仁《杨荆州诔》）

王右军与王敬仁、许玄度并善。二人亡后，右军为论议更克。（《世说新语·规箴》）

郗公亡，翼为剡县，解职归，席苫于公灵床头，心丧终三年。（《世说新语·德行》）

羊秉为抚军参军，少亡，有令誉。（《世说新语·言语》）

王子猷、子敬俱病笃，而子敬先亡。（《世说新语·伤逝》）

兵儿数年果亡。（《世说新语·贤媛》）

若与君言，虽变于色，犹云亡祖亡伯亡叔也。（《颜氏家训·风操》）

北朝顿丘李构，母刘氏。夫人亡后，所住之堂，终身锲闭，弗忍开入也。（同上）

魏世王修母以社日亡，来岁社日，修感念哀甚。（同上）

今世俗犹呼其祖考为先亡丈人。（《颜氏家训·书证》）

古代尚有“死亡”连文的，在先秦应为两个词。在“亡”字产生“死”义之后，“亡”作“死”义解时，则“死亡”已结成一个词了。

貙为少司马，多僚为御士，与貙相恶，乃谮诸公曰：“貙将纳亡人。”亟言之。公曰：“司马以吾故，亡其良子，死亡有命，吾不可以再亡之。”对曰：“君若爱司马，则如亡，死如可逃，何远之有？”（《左传·昭公二十一年》）

郑君问于被瞻曰：“闻先生之义，不死君，不亡君，信有之乎？”被瞻对曰：“有之。夫言不听，道不行，则固不事君也，若言听道行，又何死亡哉？”故被瞻之不死亡也，贤乎其死亡者也。（《吕氏春秋·务大》）

这里的“死亡”均是两个词连用，“亡”都是逃亡之义。这从上下文义中看得很清楚。有的地方，不甚明显，但也应作两个词理解，例如：

是故明君制民之产，必使仰足以事父母，俯足以畜妻子，乐岁终身饱，凶年免于死亡……今也制民之产，仰不足以事父母，俯不足以畜妻子，乐岁终身苦，凶年不免于死亡……（《孟子·梁惠王上》）

这里的“死亡”都应作两个词理解，是“饿死和逃荒”的意思。杨伯峻先生的《孟子译注》把“凶年免于死亡”译作“坏年成也不致饿死”，把“凶年不免于死亡”译作“坏年成只有死路一条”。看来，杨先生是把“死亡”看作一个词，把“亡”字也作“死”义理解了。

东汉以后，“亡”字产生了“死”义，“死亡”在很多情况下已经是由同义词并列组成的双音词了。例如：

今人之将死，身体清凉，凉益清甚，遂以死亡。（《论衡·论死》）

精神索至于死亡，岂徒寝哉？（《论衡·问孔》）

丘墓之上，二亲也，死亡谓之先。（《论衡·四讳》）

古者死亡，尊卑同称耳。（郭璞《尔雅·释诂》“崩、薨、无禄、卒、徂落、殪，死也”注）

最后，我们应该明确，“亡”字产生“死”义后，无论在哪个时代，它的运用范围都是很有限的，远不如“死”字那么灵活自由，当然更没有取“死”字而代之。

已

《吕氏春秋·求人》有这样一段话：“昔者尧朝许由于沛泽之中，曰：‘十日出而焦火不息，不亦劳乎？夫子为天子，而天下已治矣，请属天下于夫子。”陈奇猷先生在《吕氏春秋校释》中说：“已犹则也，则有将来之意，如《论语·学而》‘君子不重则不威’，谓君子不重行将不威，是其例。”陈先生所谓“则”有“将来”之意，恐怕难以成立。其所引《论语》一例，“则”字实非“将来”之意，而是用于紧缩复句中表示结果的连词，杨伯峻先生《论语译注》译作“君子如果不庄重，就没有威严”，是完全正确的。“已”犹“则”，表“将来之意”，是不能成立的。

那么这里的“已”字到底是什么词，表示什么意思呢？

王力先生有一段话，对我们很有启发：“过去时在中国，严格地说起来，应该叫做决定时（definitive tense），无论动作或状态已完成或未完成，只要说话的人肯作主观的决定，就可把它视同过去。因此，将来时亦可视同过去，如果说话的人肯作主观的决定的话。马眉叔说得有理：‘吾将仕矣者，犹云吾之将出仕于将来，已可必于今日也。’所谓将来时，本是主观的东西。如果我们决定其必然，就等于看见那事已经实现，于是我们的古人就用过去时。”①

王先生这段论述很精辟，他虽然是就句末语气词“矣”字讲的，但也完全适用于上述表完成的副词“已”字的情况。从文意看，尧请

① 见《王力文集》第三卷第134页，山东教育出版社。

许由做天子，而说“夫子为天子，而天下已治矣”。这个“治”的局面是未完成的，但它是尧主观认为许由为天子必然会完成的，因此，这个未然的事情也可以视为过去，用过去时来表示。王先生在讲到“矣”字的时候还说：“矣字非但用于事实上的过去时，而且用于心理上的过去时，换句话说，非但用于客观上的过去时，而且用于主观上的过去时。”[1]这里的“已”字正是表示的主观上的过去时而实际上的将来时，即用过去时的形式表示了对未来的肯定推断；或者说，“已”字表示的是在某种条件下将实现某种结果。

这样的“已”字还有，例如：

居一年，又恶之曰：“建与连尹将以方城外反。”王曰：“已为我子矣，又尚奚求？”对曰：“以妻事怨。且自以为犹宋也，齐晋又辅之，将以害荆，其事已集矣。”王信之，使执连尹，太子建出奔。(《吕氏春秋·慎行》)

善张网者引其纲，若一一摄万目而后得，则是劳而难；引其纲，而鱼已囊矣。(《韩非子·外储说右下》)

不穀

《中国语文》1983年第4期发表了夏渌先生的《孤、寡人、不穀新诠》，该文对“孤、寡人、不穀”提出了与众截然相反的解释，认为“孤、寡人、不穀”不是王侯的谦称，而是“表示自己与众不同，至高无上”。观点很新颖，但所举例证很难成立，很难使人信服。对于“孤、寡人”，我们暂不拟讨论，只想就“不穀”谈些看法。

夏先生说：“穀，释善，比较迂回，当非本义。穀，《说文解字》：‘百穀之总名也。’《长笺》：‘穀有糠秕，故从㱿。’本义是带壳的粮实，有壳的叫穀，无壳的叫米，叫粒。古代阶级社会中衣服、饮食都有等级差别，统治阶级肉食，被统治阶级素食，也称蔬食，是表现在

① 见《王力文集》第三卷第134页，山东教育出版社。

吃菜上的差别；吃饭也有粒食和穀食之分。统治阶级才能吃加工过的细粮，即除去糠壳的粒米；被统治阶级只能咀嚼带壳的粗粮。带糠壳的粗粮，也就是‘穀食’，‘不穀’实际是‘不穀食’。‘不穀’作为王侯的自称，并不是什么谦虚，和孤、寡人一样，同样是表示自己与众不同，至高无上。”夏先生关于“不穀”的全部分析几乎都引在这里了，这个分析最突出的一点是用阶级分析的方法去分析古人饮食上的阶级差异，从而得出“不穀”含义的结论。不过，我们觉得，粒食与穀食，即统治阶级吃去壳的米，被统治阶级吃带壳的粮的说法，只是夏先生的一种推测，在先秦古籍中并找不到“穀食”的说法，更没有“不穀食”的说法，因此，“不穀”即“不穀食”之说也就无法成立了。退一步，即使如夏先生所说，那么，统治阶级作为一个阶级，“不穀食”者多矣，何以“不穀食”就表示“与众不同，至高无上”呢？夏先生的新说很难服人。我们觉得，中国传统的道德观念，一向是把恭谦作为美德的。即使是骨子里凶残骄横的人，表面上也要装出恭谦的样子。所以王侯谦以自称“不穀”等，并不是不能理解的。相反，若如夏先生所说，王侯口口声声用“独一无二”“至高无上”来自称，倒是令人难以理解了。总之，我们认为，“不穀”等解为王侯的谦称，应该是正确的。

但是，我们也不能同意现在某些比较权威的辞书和教科书中对“不穀”的解释，比如《辞源》、王力先生主编的《古代汉语》等都把“不穀”解作“不善”。夏先生说：“穀，释善，比较迂回，当非本义。”这是正确的。“穀”释“善”，《尔雅》《毛传》早已有之，将“不穀”释作“不善”当始于郑玄的《曲礼》注。因为郑氏解经影响比较大，所以后人多依从。但是，历代对“不穀”的解释也有不同于郑玄者，如许慎《淮南子·人间》“不穀亲伤”注：“不穀，不禄也，人君谦以自称也。”孔颖达《左传·僖公四年》“岂不穀是为”疏：“谷是养人之物，言我不似穀之养人，是谦也。”章炳麟《新方言》：“王侯谦以自称不穀，不穀即仆之合音。”但是，这种种解释，恐怕也不是本义。

《老子》三十九章："故贵以贱为本，高以下为基，是以侯王自谓孤、寡、不榖。"河上公本、唐石碑本"不榖"作"不毂"。"毂"字当是本字，"榖"字是通假字。"榖""毂"同音通假，古来习见，如《诗经·小雅·正月》"蔌蔌方有榖"，《后汉书·蔡邕传》作"速速方毂"；《列子·天瑞》"亶之为布榖"，释文："本又作榖。"《吕氏春秋·观表》"卫右宰榖臣"，《文选》刘孝标《广绝交书》注作"毂臣"。

"毂"是车毂，为众辐所凑之处。《老子》十一章："三十辐共一毂。"《说文》："毂，辐所凑也。"王侯自称"不毂"，意思是自己不能为群臣万民所拥戴，因此是自谦之称。《老子》河上公注："不毂，喻不能如车毂为众辐所凑。"这个解释是正确的。

我们再看《淮南子》中的两段话和高诱的注。《主术》："志欲大者，兼包万国，一齐殊俗，并覆百姓，若合一族，是非辐凑而为之毂。"高诱注："毂以喻王。"又："人主者以天下之目视，以天下之耳听，以天下之智虑，以天下之力争，是以号令能下究，而臣情得上闻。百官修同，群臣辐凑，喜不以赏赐，怒不以罪诛，是故威立而不废。"高诱注："群臣归君，若辐之凑毂，故曰辐凑。"

从这里我们可以看出，古人认为君主（王侯）与群臣万民的关系就如同车毂和辐条的关系一样，君主只有得到群臣万民的拥戴才得以为君，如车毂只有众辐相凑才能行进一样。因此，不能如车毂被众辐所凑，即不能得到群臣万民的拥戴，是为君最不幸的事。所以，君主用"不毂"表示自谦也就完全是合乎情理的事了。

关于"辐凑"之说，古籍中尚多有所见，略举数例：

圣君亦明其法而固守之，群臣修通，辐凑以事其主。（《管子·任法》）

恶自治之劳惮，使群臣辐凑之变，因传柄移籍，使杀生之机，夺予之要在大臣，如是者侵。（《韩非子·三守》）

明主之道，一人不兼官，一官不兼事，卑贱不待尊贵而进，大臣不因左右而见；百官修通，群臣辐凑，有赏者君见其功，有罚者君知其罪。（《韩非子·难一》）

言事者必究于法，而为行者必治于官，上操其名以责其实，臣守其业以效其功，言不得过其实，行不得踰其法，群臣辐凑，莫敢专君。(《淮南子·主术》)

诸侯之君不敢有异心，辐凑并进，而归命天子。(《汉书·贾谊传》)

故豪彦寻声而响臻，志士希光而景骛，异人辐凑，猛士如林，于是张昭为师傅，周瑜、陆公、鲁肃、吕蒙之俦，入为心腹，出为股肱。(陆机《辩亡论》)

附带说一句，“不穀”之意既明，“孤、寡人”之意也就明了了。它们同“不穀”一样，也是从能否得到群臣万民拥戴的角度而言，不能得到群臣万民的拥戴，自然就成“孤”“寡人”了。

反走（还走）

《庄子》《韩非子》有“反走”一语，意义和用法截然分为两类，其A类如：

望之似木鸡矣，其德全矣，异鸡无敢应者，反走矣。(《庄子·达生》)

庄周怵然曰：“噫，物固相累，二类相召也。”捐弹而反走，虞人逐而谇之。(《庄子·山木》)

居十日，扁鹊望桓侯而反走，桓侯故使人问之。(《韩非子·喻老》)

客趋进曰：“海大鱼。”因反走。靖郭君曰：“请闻其说。”[1](《韩非子·说林下》)

从文意看，“反走”的意思很清楚，都是“转身跑开”之意。其出现的语言环境也大体相同，都是施事者有一种惊惧之感才跑开的。比如例二写庄子正欲用弹弓打下异鹊，突然看到螳螂捕蝉、异鹊在后

①《战国策·齐策》与此同。

的情景，恍然悟出“二类相召，物固相累”的道理，感到一种恐惧而扔掉弹弓反身跑掉了。这种用法，后代还经常见到。如：

长史欣恐，还走其军，不敢出故道。(《史记·项羽本纪》)

有一卒曰：“臣可以为师乎？”因反走。(《史记·田单列传》)

刘寔诣石崇，如厕，见有绛纱帐大床，……寔遽反走，即谓崇曰：“向误入卿室内。”崇曰：“是厕耳。”(《语林》)

其B类如：

孔子趋而进，避席反走，再拜盗跖。(《庄子·盗跖》成玄英疏：“反走，却退。”《释文》：“反走，小却行也。”)

方将杖拏而引其船，顾见孔子，还乡而立。孔子反走，再拜而进。(《庄子·渔父》成玄英疏：“反走前进，是虔敬之容也。”)

王曰：“吾欲以国累子，子必勿泄也。”犀首反走再拜曰：“受命。”(《韩非子·外储说右上》)

《吕氏春秋》中也有“反走”(又作“还走”)一语，凡六见，意义和用法与上述B类相同：

宣孟曰：“而名为谁？”反走对曰：“何以名为？臣骫桑下之饿人也。”(《报更》)

明日往朝其师。望而谓之曰：“吾非爱道也，恐子之未可与也。今日将教子以秋驾。”尹儒反走，北面再拜曰：“今昔臣梦受之。”(《博志》)

公曰：“……是寡人之命固尽已，子无复言矣。”子韦还走，北面载拜曰：“臣敢贺君。……”[①](《制乐》)

昭文君见而谓之曰：“闻客之秦，……客或不遇，请为寡人而一归也。国虽小，请与客共之。”张仪还走，北面再拜。(《报更》)

令将军视之，书尽难攻中山之事也。将军还走，北面再拜曰：“中山之举，非臣之力，君之功也。”(《乐成》)

因顾而命管子曰：“夷吾佐予。”管仲还走，再拜稽首，受令而

①《淮南子·道应》与此同，《论衡·变虚》作“退走”。

出。(《赞能》)

这里的“反走”不同于A类。A类的“反走”是实实在在的字面意义，转身跑开，因此它应该是一个词组。这里的“反走”，意义就不能那样一对一地去解释。它已经凝结为一个词，产生了新的意义。作为词素，所谓“反”，已经没有反转之意，只表示后退；所谓“走”，也只是做出快速后退的样子，表示恭敬有礼，近似于触龙往见赵太后时“入而徐趋”① 的“趋”。“反走”一词，如《庄子》成玄英疏及《释文》所云，是小步后退几步的意思。但这不是一般的后退几步，而应是一种礼节，臣对君或下属对上司施礼前离开自己的位置后退几步以表示虔敬或敬畏之意。以上九例，除《吕氏春秋》第一例外，都是“反走”之后施“再拜”礼。《吕氏春秋》那一例，是因骫桑饿人作为晋灵公的甲士，身着铠甲在执行追捕赵盾的公务，所以不便向赵盾施再拜礼，只用“反走”以表示敬意了。

“反走”与“避席”之类的用意大体一致。与“还辟”“逡巡”则不尽相同。“还辟”“逡巡”是君施礼，臣表示不敢当，所以迁延一下，然后再向君施礼的意思。② 例如：

大夫、士见于国君，君若劳之，则还辟再拜稽首。君若迎拜，则还辟不敢答拜。(《礼记·曲礼下》)

灵公望见赵盾，愬而再拜，赵盾逡巡，北面再拜稽首。(《公羊传·宣公六年》)

作为一种礼节的“反走”很可能是由表示“反身跑开”的“反走”引申而来。《韩非子·外储说右上》有这样一例：“于是太子乃还走，避舍露宿三日，北面再拜请死罪。”似乎可以看作是一种过渡状态。

（原载《语言学论丛》第17辑，商务印书馆，1992年）

---

① 见《战国策·赵策四》。

② 此种礼节也用于主宾之间。

古书今注的一些问题

——兼谈中学文言文注释

四十年前，王力先生发表了《训诂学上的一些问题》，就当时训诂学上存在的十个主要问题发表了非常重要的看法。这些意见对当时的训诂学发展起了很大的推动作用。王先生所提出的问题，在某些人那里，现在并没有解决，因此有必要再申明之。

训诂学是一门很重要的应用科学。所谓训诂，就是用今语解释古语，古书今注是它的重要方面，今就古书今注中存在的一些问题，包括中学文言文注释中存在的问题谈一些看法，不妥之处，请批评。

一、词义解释不当

阅读古书，应该准确理解词义，不能不求甚解，似是而非。有些注解就不够准确。如：

1. 有一本书注解杜甫《兵车行》“禾生陇亩无东西”中“陇亩”一词为：“陇，田垄。亩，田。”（当说“陇，通‘垄’，田垄”。）用“田”去解释“亩”是错误的。“亩”的意义是田垄，与“垄”是同义词，《国语·周语下》：“或在畎亩。”韦昭注：“下曰畎，高曰亩。亩，垄也。”《庄子·让王》：“居于畎亩之中。”《释文》引司马彪曰：“垄中曰畎，垄上曰亩。”亩是高起的种庄稼的地方，畎是两亩（垄）之间走水的地方，《吕氏春秋·辩土》：“故亩欲广以平，畎欲小以深。下得阴，上得阳，然后咸生。”《王力古汉语字典》等也是以“田垄”为“亩”的第一义项，是完全正确的。

2. 有一本书注解《国语·越语上》“凡我父兄昆弟及国子姓，有能助寡人谋而退吴者”中“国子姓”为“百姓”，是错误的。“子姓”是后辈、晚辈的意思，《仪礼·特牲馈食礼》：“子姓兄弟，如主人之服。”郑玄注：“所祭者之子孙，言子姓者，子之所生。”《玉藻》：“缟冠玄武，子姓之冠也。”郑注：“谓父有丧服，子为之不纯吉也。”《丧大记》：“卿大夫父兄子姓立于东方。”郑注：“子姓谓众子孙也。”《国语·楚语》：“帅其子姓，从其时享。”《吕氏春秋·疑似》：“喜效人之子姓昆弟之状。”《韩非子·八经》：“乱之所生者六也，主母，后姬，子姓，弟兄，大臣，显贤。”《淮南子·道应》：“子之年长矣，子姓有可使求马者乎？”这些“子姓”都是子孙、后辈的意思。郭锡良等先生编《古代汉语》“国子姓”注为“与国君同姓的贵族子弟”，应该是正确的。

3. 有一本《淮南子译注》注解“冬日之不用翣者，非简之也，清有余于适也”中的“简”为“贱”。这是根据高诱的注，高诱曰：“简，贱也。”高诱的注是错误的。这句全句是：“夫夏日之不被裘者，非爱之也，燠有余于身也；冬日之不用翣者，非简之也，清有余于适也。”这里的“爱”是“吝惜，舍不得”的意思，不是“喜爱”的意思。《吕氏春秋·有度》：“夏不衣裘，非爱裘也，暖有余也；冬不用翣，非爱翣也，清有余也。圣人之不为私也，非爱费也，节乎己也。”“爱裘”“爱翣”的“爱”都是“吝惜，舍不得”的意思，并不是表白人的主观好恶。《吕氏春秋》这句话是《淮南子》所本。译注者把“爱”理解为喜欢，因此把“简”也理解错了。这里的“简”是“简约、俭省”的意思。

4. 有一本书注解《论语·季氏》“且在邦域之中矣”的“邦域”为：“邦，国家；域，区域，地域”。“邦”的解释是对的，“域”的解释就错了。这里“域”和“邦”是同义连文，都是国家的意思。《说文》：“或，邦也。”“域”是“或”的重文。不少字典中“域”的第一个义项都是“国家”，而所举的书证正是这个句子。

二、不顾历史观点

王力先生说过:“我们研究语义，首先要有历史观念。”又说:“如果某词只在一部书中具有某种意义，同时代的其他的书并不使用这种意义，那么这种意义是可怀疑的。”现在有些注解还有不顾历史观点、忽视语言社会性原则的，如有些《淮南子译注》对《原道》中“夫临江而钓，旷日而不能盈罗”的“罗”的解释是:“罗，竹制的盛器，罗，通箩。”这个解释是错误的。《淮南子》中“罗”出现14次，姑且不说此例，其余13例有两个意义，一是捕鸟的网，10次；一是一种丝织品，3次。没有箩筐的意义。查先秦及前汉文献，没有一例“罗”作“箩筐”讲的。这说明《淮南子》中的“罗”没有“箩筐”的意义。用现代人的观念去体会，这句里的“罗”解作“箩筐”似乎很恰当，但是如果这里“罗”是“箩筐”的意义，同时代的人没人能懂得，又怎么交际呢？这就违背了语言社会性的原则。这只能说明注解是错误的。这句中的“罗”的意义还是网。之所以出现这个错误，说明注解者忽视了历史观念。

三、追求新颖可喜

王力先生说:“从前常常听见说某人对某一句古书的解释是新颖可喜的。其实如果不能切合语言事实，只是追求新颖可喜的见解，那就缺乏科学性，新颖不但不可喜，而且是值得批评的了。”现在仍有人追求所谓的新颖可喜。如:

1. 有一本书注释《国语》“吾不欲匹夫之勇也，欲其旅进旅退。进则思赏，退则思刑，如此则有常赏；进不用命，退则无耻，如此则有常刑”中两个“思”字为“语气词，不译”。《国语》中这两个“思”，大概还没有一家注为语气词，古书中“思”作语气词用的极少，只在《诗经》中有一些用例。注解者大概是要新颖一下，不过这一新颖就错了。这里的两个“思”，都不是语气词，而是“想、思虑”的意义，都有实际意义。“吾不欲匹夫之勇也，欲其旅进旅退”的施事是句践，下面“进则思赏，退则思刑”是站在将士的角度说的，意思是前进想着会有奖赏，因此奋力向前；后退想着会有刑罚，因此不敢退逃。

2. 有一本书注释司马迁《报任安书》“而仆又佴之蚕室，重为天下观笑”中的“佴”为“即‘耻’，受辱”。这个解释也很新颖，恐怕到目前为止还没有这样解释的。《说文》：“佴，佽也。”徐锴《系传》作“次也”。《尔雅 · 释言》：“佴，贰也。”《文选》李善注引如淳曰：“佴，次也。若人相次也。”《汉书 · 司马迁传》作“茸”，苏林曰：“茸，次也，若人相俾次。”颜师古曰：“茸音人勇反，推也。”现在的注家，一般都采用“次也”的解释，把它解释为“耻”的，除此之外，还没有见到。《汉语大字典》有“佴通耻”一个义项，例证是马王堆汉墓帛书。我们姑且不管帛书的情况，《报任安书》的“佴”还应该依传统的解释“次也”为是。

四、画蛇添足

蛇是没有足的，画上去，是错误的，而且误事。有些注释，本来注的并不错，加上些蛇足，就大错了。如：

1. 有一本书注释《触龙说赵太后》“老臣贱息舒祺，最少，不肖，而臣衰，窃爱怜之”中的“不肖”为“不贤，不成材。肖，贤”。把“不肖”解释为“不贤”是对的，“贤不肖”经常连用，词义是相对的。但是这本书的注释者不知“不肖”词义的来源，误以为“不肖”是“不贤”，那么“肖”就是“贤”了。《说文》：“肖，骨肉相似也。”古人讲究孝道，以为祖先都是好的，像祖先就是贤，不像祖先就是不贤。“不肖”一词一般不拆开讲，如果非要单讲“肖”字，也应该解作“似”，而不能解作“贤”。

2. 有一本书翻译《史记 · 廉颇蔺相如列传》“赵王畏秦，欲毋行”一句为“赵王害怕秦国，想不去”，完全正确。但是他又加一个注：“欲毋行：想要不去。毋，不要。”这个注又成了蛇足。“毋”本来是表示禁止的意义，可以用“不要”去解释，但这里不是用的这个意义，而是表示一般的否定，不能再用“不要”去解释，而应该用

“不”去解释，解释成“不要”就错了。

五、望文生义

望文生义是一种很不好的毛病，注释者可能还自以为很好，但却是错误的。如：

1. 有一本书注释《齐桓晋文之事》“老者衣帛食肉，黎民不饥不寒，然而不王者，未之有也”中的“黎民”为“黑头发的老百姓，指壮年人。黎，黑色”。“黎民”的“黎”多释为“众”。《尚书·尧典》“黎民于变时雍”注：“黎，众也。”《诗经·大雅·云汉》“周余黎民”笺：“黎，众也。”《礼记·大学》“以能保我子孙黎民”注：“黎，众也。”或释为“齐”，《淮南子·主术》“百姓黎民”高诱注：“黎，齐也。”把“黎”解释为“黑色”是宋人的做法，《诗经·大雅·桑柔》朱熹集传：“黎，黑也，谓黑首也。”这是不对的。段玉裁《说文注》“黔”字条曰：“宋人或以黑色训黎民，殊误。”如果说把“黎”释为“黑”还有一丝根据的话，把“黎民”解释为“黑头发的老百姓，指壮年人”确是闻所未闻了。朱熹所谓“黑首”，也是指面色而言，并非专指黑头发的壮年人。把这里的“黎民”解释为“黑头发的老百姓，指壮年人”，恐怕是注释者的猜测，是望文生义。因为前边说了“老者衣帛食肉”，下边一句的“黎民不饥不寒”就不该再包括老年人了，又把“黎”解释为“黑”，那自然就是黑头发的壮年人了。多么可怕的望文生义啊！

2. 有一本《淮南子译注》将《原道》“是故圣人一度循轨，不变其宜，不易其常，放准循绳，曲因其当”的“曲”解释作“曲折周到”。这是望文生义。“曲”这里没有“曲折”的意义。这里的“曲”是“皆、都”的意思。《淮南子》中这个意义出现6次。《俶真》：“百围之木，斩而为牺尊，镂之以剞劂，杂之以青黄，华藻镈解，龙蛇虎豹，曲成文章。”《本经》：“寝兕伏虎，蟠龙连组，焜昱错眩，照耀煇煌，偃蹇蓼纠，曲成文章。”《主术》：“能欲多者，文武备具，动静中仪，举动废置，曲得其宜。”《齐俗》：“故圣人财制物也，犹工匠之斫削凿枘，宰庖之切割分别也，曲得其宜而不折伤。”《说林》：“圣人之偶物也，若以镜视形，曲得其情。”这几句里的“曲”字都是“皆、都”的意义。不但《淮南子》中有这种意义，《吕氏春秋》中也有这个意义。《情欲》：“筋骨沉滞，血脉壅塞，九窍寥寥，曲失其宜。”这里的“曲”不能再解作“曲折”之义。

3. 有一本《淮南子译注》将《本经》“取焉而不损，酌焉而不竭，莫知其所由出，是谓瑶光”中“酌”注为“给予”。这是受高诱注的影响。高注：“酌，犹予。”这个解释是错误的。“酌”是“舀取”的意思，与“取”是同义词。《吕氏春秋·情欲》：“尊，酌者众则速尽。”此“酌”即是“舀取”义。《吕氏春秋》同一篇：“非徒万物酌之也。”高诱注：“酌，取之也。”又《礼记·坊记》：“上酌民言。”郑玄注：“酌，犹取也。”《周易·损卦》：“酌损之。”虞翻注：“酌，取也。”古无训“酌”为“予”者，高诱是望文生义，《译注》的作者不知纠正，反而跟着错了。

六、所指与词义

所指与词义不是一回事，不能等同起来。所指说的是词在上下文中体现出来的意义，并不是概括的词义。把所指当作词义是不妥当的。有的甚至用翻译代替词义，就更是错误了。如：

有一本书的注解中有不少所指与词义不分的情况，似是而非。1. 注司马迁《报任安书》“随而媒孽其短”中“媒、孽”为“都是酒曲，这里用作动词，夸大”。这里有两个错误，一是“媒、孽”都不是酒曲的意思，“媒”的本义是说合婚姻的人，这里用其引申义，即把两种东西撮合到一起，具体是把李陵的行为与错误、罪过撮合到一起；“孽”的本义是庶子，即非嫡妻所生之子，这里假借为“糵”，是酒曲的意思，用作动词，是酝酿、使发酵的意思。二是用作动词也不能说是“夸大”，翻译的时候可以用“夸大”去翻译，但“夸大”不是它的词义。2. 注同一篇文章“不能引决自裁，在尘埃之中”为“尘埃：监狱”。这个注也是错误的。“尘埃”的词义不是监狱，从词义上说二者没有什么联系。这里的“尘埃之中”是指屈辱的处境，把“尘埃”解释成“监狱”完全是一种翻译的做法。3. 这本书注贾谊《过秦论》“然后践华为城，因河为池，据亿丈之城，临不测之渊以为固”：“亿丈之城：华山。不测之渊：黄河。”这个注是不妥当的。“华山”不是“亿丈之城”的词义，“黄河”也不是“不测之渊”的词义，只能说这里的“亿丈之城”是“指华山”，“不测之渊”是“指黄河”。

七、忽视词义的微殊

王力先生早就指出并且一再强调，学习和研究词义不在于迥别，而在于微殊。所谓微殊，就是词义的细微差别。这些细微差别往往为人们所忽视，从而造成错误。

拙著《吕氏春秋词典》把“眼”解释为“眼睛”，是错误的（拙著《吕氏春秋词汇研究》说先秦的意义是眼珠子，没有错）。这是没有分清楚“眼”与“目”的区别。《说文》：“目，人眼也。”“眼，目也。”《说文》是浑言，先秦文献中其分别是明显的，查先秦著作“眼”都是“眼珠子”的意思。《韩非子·外储说右下》：“赵王游于圃中，左右以兔与虎而辍，盻然环其眼。王曰：‘可恶哉，虎目也。’”《庄子·盗跖》：“子胥抉眼。”这说明“眼珠子”不是“眼”某一处上下文的所指，而正是它的词义。“目”是整个眼睛，戴侗《六书故》认为“合黑白与匡谓之目”是正确的。《吕氏春秋》中既有“目裂”的说法，又有“抉其目”的说法。《必己》：“孟贲瞋目而视船人，发植，目裂，鬓指，舟中之人尽扬播入于河。”《知化》：“夫差乃取其身而流之江，抉其目，著之东门，曰：‘女胡视越人之入我也？’”这里“目裂”的“目”显然是指“眼眶”，而“抉其目”的“目”也显然是指“眼珠子”。“眼眶”“眼珠子”是“目”在上下文的所指，不是它的词义，它的词义是“眼睛”。这样“眼”和“目”在先秦的关系就清楚了。《吕氏春秋·遇合》“垂眼临鼻”的“眼”不是“眼睛”的意思而是“眼珠子”的意思，修订本《吕氏春秋译注》加了一条注释：“眼，眼珠子。”改正了原来的错误。

八、校勘与句读（标点）

校勘和句读是读懂古书的基础。古书在流传过程中会产生一些讹误，只有将这些讹误校正过来，才能正确地、准确地理解古人的意思。对词义研究来说，正确的校勘也是非常重要的，否则会使某个词生出一个莫须有的意义来。如：

1. 有一本《淮南子译注》在《原道》的注解中有这样一条注："锻：马棰末端的刺针。""锻"字怎么会有这么一个意义？原来这是一个误字。《原道》这段话是："末世之御，虽有轻车良马，劲策利锻，不能与之争先。"这里"锻"是"錣"字之误。王念孙说："錣谓马策末之针，所以刺马者也。《道应》：'白公胜到杖策，錣上贯颐。'许慎注：'策，马棰。端有针，以刺马，谓之錣。'《氾论》：'是犹无镝衔策錣而御馯马也。'錣为策末之针，故劲策与利錣连文。今本錣作锻，则义不可通矣。"王念孙的意见是正确的。明代的几个版本如刘绩补注本（王溥本）、王蓥本、朱东光本、叶近山本都作"錣"，应据以改正。《译注》的作者不知校正，反以误字为说，让"锻"凭空生出一个莫须有的意义。如果这样研究词义，岂不大错了？

2. 又一本《淮南子译注》在《原道》"于是民人被发文身，以象鳞虫"中注解："被，翦。"这条是照录高诱的注，而这条注是错误的。"被"没有"翦"的意义。王引之认为"被"是"劗"的误字。他说："诸书无训被为翦者，被发当作劗发，注当作'劗，翦也'。"他举出大量例证来证明，《汉书·严助传》："越，方外之地，劗发文身之民也。"晋灼曰："《淮南》云：'越人劗发。'张揖以为古翦字也。"此言九疑之南，正是越地，故亦曰"劗发文身"也。《主术》"是犹以斧劗毛"，高诱注曰："劗，翦也。"故此注亦云："劗，翦也。"王引之的意见应当是对的。为了谨慎起见，正文不必改，但也不能用"翦"去解释"被"，因为"被"没有"翦"的意义。

句读标点的正误对读懂古书也是十分重要的，句读或标点错了，句意就理解错了，有时词义也会弄错。如：

3. 有几本《淮南子》校注的书这样标点《精神》的“禹南省方，济于江，黄龙负舟，舟中之人五色无主”。其中一本有注：“省：视察。方：指四境之内，四方。省方：视察四方。”这里的句读和解释都有明显的错误。首先，断句错误，“禹南省方”不通，“方”当属下“方济于江”才对。这句当标为“禹南省，方济于江。”为什么会出现这种错误？可能是误解高诱注的缘故。高注是：“巡狩为省，省视四方也。济，渡也。”高诱用“巡狩”解释“省”，下面“省视四方”是进一步申述“巡狩”。《孟子·梁惠王下》说：“天子适诸侯曰巡狩。巡狩者，巡所守也。”天子巡视四方诸侯叫巡狩，高注的“省视四方”正是申说“巡狩”的意思。断句标点者误解了高注的意思，以为“省视四方”是注“省方”的，所以将句子断在了“方”后边。其次，由于断句断错，词义的解释也就跟着错了。“方”字连下读，是“方济于江”，“方”字是“正”的意思，而不是“四方”的意思。“禹南省”，是说禹到南方视察。如果“省方”连文，“南”字将如何处置？

还有的古书注本，将彼书的旧注搬到此书中来，因此出现错误。有一本《淮南子译注》将《齐俗》“则必有穿窬、拊楗、抇墓（抽箕）、踰备之姦”的“窬”字写成“揄”，将“穿揄”解释成“穿壁翻墙”。这里“揄”显然是误字，译注者是按“窬”字去解释的，但这个解释是错误的。《淮南子》中“窬”字出现3次，除上述1例外，另2例是：《氾论》：“古者大川名谷，冲绝道路，不通往来也，乃为窬木方版以为舟航，故地势有无得相委输。”高诱注：“窬，空也。”《泰族》：“埏埴而为器，窬木而为舟，铄铁而为刃，铸金而为钟，因其可也。”这两处的“窬”字都是挖空的意思，“窬木”就是把树挖空，做成船。《齐俗》“穿窬”的“窬”也是从“空”上得义。《说文》：“窬，穿木户也。一曰空中也。”《礼记·儒行》“荜门圭窬”郑玄注：“圭窬，门旁窬也，穿墙为之如圭矣。”这里“穿窬”的“窬”与此义近，也是穿墙为之的“空洞”的意义。“穿窬、拊楗、抇墓、踰备”四个并列的成分都是动宾结构，而且“踰备”已经是“翻墙”的意思，前边不应再有“翻墙”的意思。可见，把“穿窬”看作动词并列，把

“窬”解释成“翻墙”，是不对的。为什么会出现这个错误呢？这恐怕是译注者照搬《论语》孔注、《孟子》赵注造成的。《论语·阳货》：“色厉而内荏，譬诸小人，其犹穿窬之盗也与？”何晏集解引孔安国注：“穿，穿壁；窬，逾墙。”《孟子·尽心下》：“人能充无穿窬之心，而义不可胜用也。”赵岐注：“穿墙逾屋奸利之心也。”（有的本子甚至据此将《论语》《孟子》的“窬”改成“逾”。）对这个解释，前人是有不同意见的。刘宝楠《论语正义》引《经义说略》云：“此穿窬犹言穿户。”《经义说略》的意见应该是正确的，《淮南子》的例子就是很好的证明。如果说《论语》《孟子》中的“穿窬”解作“穿壁逾墙”尚无不可的话，《淮南子》中的“穿窬”则绝对不能作如此解释。《淮南子》的译注者不应照搬孔注等而造成错误。进一步说，我们应该用《淮南子》的例证去纠正孔注等的错误。《论语》《孟子》中的“穿窬”也应该是“挖洞”的意思。不少字典都采用孔注，唯独《古汉语常用字字典》将“穿窬”的“窬”解释为“洞，窟窿”，应该是很可贵的。

另外，还有所谓“并存和亦通”，王力先生批评过。王先生认为给专家们看的《集解》之类的书，罗列各家的解释，自己不置可否，还未可厚非。如果是给一般读者看的，这种客观主义的态度是值得批评的。王先生认为“亦通”是绝对荒谬的，因为古人说出的话不可能有两可的意义。现在某些给中学生看的文言文译解的书，还有并存和亦通的做法，无疑是非常不应该的，这里就不举例了。

（原载《中国训诂学研究会论文集》，中国文史出版社，2002年）

古代专书词汇研究

汉语史研究是二十世纪中叶新兴的学科，经过半个多世纪的诸多学者的努力，取得了很大的成绩，但距离建立完整的汉语史大厦，还有很多很艰巨的工作。汉语史各部门中汉语词汇史是最薄弱的。如何开展和进行汉语词汇史研究，现在大家普遍认为，汉语词汇史研究必须从断代开始，而断代词汇研究又必须从专书词汇研究着手。前些年我们曾经做过《吕氏春秋》《淮南子》的词汇研究，下面仅就专书词汇研究谈几点不成熟的体会。

一、专书词汇研究的意义

（一）专书词汇研究是汉语词汇史研究的基础

汉语语义研究应该说起源很早，先秦古籍中就多有解释字义的地方，如《左传·庄公三年》中说：“凡师，一宿为舍，再宿为信，过信为次。”《吕氏春秋·不屈》：“恺者，大也；悌者，长也。”有的甚至解释语源，如《吕氏春秋·节丧》：“葬也者，藏也。”《尔雅》《方言》《说文》《释名》四部大书就是古代语义研究成果的总结。但是古人研究语义是为解释经书服务的，因此只是就某一具体对象进行的解释或考证。古人的研究，缺乏有意识的语义历史发展的考察。直到清代乾嘉时期，王念孙、段玉裁等人，才开始真正具有历史观念，意识到从历史发展的角度研究词义。但他们的研究也只是微观的，一般总是就某一个现象或某一个字义去考证，缺乏系统的历史的研究。真正的汉语词汇史研究是现代语言学兴起以后才开始的。二十世纪三四十年代，王力先生明确提出为史而治小学的主张。他说：“要建立新的语义学，必须为史而治小学。”又说：“我们研究语义，首先要有历史的观念。”七八十年代，王先生大力倡导专书语言研究，他曾多次跟我说过，汉语史研究应该多做些基础工作，如专书语言研究工作，写出专书词典、专书语法。周祖谟先生也指出，研究词汇的发展，避免纷乱，宜从断代开始，而又要以研究专书作为出发点。现在，专书语言研究作为汉语史研究的基础，已经形成共识。已有多部专书词典及专书词汇研究、专书语法研究问世。

汉语词汇史以专书词汇研究为基础，有它很多便利之处。首先，专书是封闭的，有可能做穷尽性的多层次的考察，同时可以进行穷尽性的数据统计。其次，在穷尽性定量统计的基础上做的定性分析，避免了以往的泛泛而谈，使所得出的结论更有事实基础，更有价值，更有说服力。专书词汇量有它的局限性，但我们把一部书的词汇面貌彻底摸清楚了，可以以此为基础对同时代的其他书做同样彻底的考察和分析研究，这样这个断代的词汇面貌就清楚了，可以写出这个断代的词汇史。各个断代词汇史总汇起来就形成一部完整的汉语词汇史。

（二）专书词汇研究对古籍整理研究有重要的意义

专书词汇研究对古代典籍的整理也有重要的意义。通过对汉语词汇的研究，可以帮助确定古籍产生的年代，至少可以提供一些佐证。很多古籍整理的学者，已经意识到词汇语义对古籍整理的意义。词和词义是发展的，词和词义具有明显的时代特征。通过对一部书的词和词义的分析研究，可以帮助我们判断这部书产生的时代。比如：

有人认为《黄帝内经》是先秦的著作，有人认为是汉以后的著作，到底如何，我们考察了它的词汇语义，可以帮助我们做些判断。

我们现在所吃的“豆”，先秦时期，叫“菽”，汉代开始用“豆”。如《史记·扁鹊仓公列传》：“躁者有余病，即饮以消石一齐，出血，血如豆比五六枚。”《大戴礼记·投壶》：“壶中置小豆，为其矢跃而去也。”《礼记·投壶》：“壶中实小豆焉，为其矢之跃而出也。”《新语·本行》：“夫子陈、蔡之厄，豆饭菜羹。”《晏子春秋·内篇杂下第六》："'大小何如？'曰：'如豆。'"《鹖冠子·天则第四》："一叶蔽目，不见太山，两豆塞耳，不闻雷霆。"先秦古籍中几乎不见"豆"表示"豆类作物"的意义。《黄帝内经》中，"豆"字有"豆类作物"义，《灵枢》3篇出现6例，《素问》6篇出现11例，如《灵枢·五味》："五谷：粳米甘，麻酸，大豆咸，麦苦，黄黍辛。"《素问·五常政大论》："其谷豆稻，其味苦咸。"而"菽"字豆义，仅《灵枢》出现1例。《内经》中"豆类作物"的意义，"豆"已取代"菽"，这说明，《内经》至少是在汉代完成的。先秦古籍中，只有《战国策》中有两例用到义为"豆类作物"的"豆"，《韩策一》："张仪为秦连横说韩王曰：韩地险恶，山居，五谷所生，非麦而豆，民之所食，大抵豆饭藿羹。"（高诱注：史记、后语作"非菽而麦"。姚宏续注：古语只称菽，汉以后方呼豆。史记，饭菽。后语，菽饭。）《史记》讲到此事，用"菽"，《张仪列传》："张仪去楚，因遂之韩。说韩王曰：韩地险恶，山居，五谷所生，非菽而麦，民之食大抵菽饭藿羹。"《史记》记录战国时期的历史，大体依据《战国策》，《史记》用"菽"而《战国策》用"豆"，是不合理的。"菽"是较早的词，"豆"是后起的意义。我们知道，《史记》一般是用较后起的意义去翻译较早的词。如果战国时期已用"豆"表示"菽"的意义，《史记》绝不会再用"菽"字。这只能说明，战国时期，"豆"还没有取代"菽"字。那么《战国策》为什么用"豆"呢？我们知道，《战国策》是经过西汉末刘向整理的，"豆"字很可能出自刘向之手。这样就好理解了。这说明，这个意义是在汉代产生的。

还可以举一个"跟"字的例子，"跟"与"踵"同义，也是"脚跟"的意义。"跟"应该是汉代产生的新词。《说文》："跟，足歱也。""歱，跟也。"（《说文》"踵、歱"不同，"踵，追也。"文献多用"踵"表示足跟义。）《释名》："足后曰跟，或曰踵。"先秦文献"脚跟"的意义都用"踵"字，没有用"跟"的。汉代才有用"跟"取代"踵"的。西汉末年的《易林·蹇之革》"头痒搔跟，无益于疾"，用"跟"字。《灵枢》中有5次用"跟"字，《经筋》："上循跟，结于腘。”《本输》：“在外踝之后，跟骨之上，为经。”这也说明，《灵枢》产生于汉代，而非先秦。

还有一个例证，“趾”字，先秦都是“足”的意义。《诗经·豳风·七月》：“四之日举趾。”《左传·桓公十三年》：“举趾高，心不固也。”“脚趾”的意义是后代产生的，大概是在西汉末。《易林·否之艮》：“牛生五趾，行危为忧。”

先秦时代，“皮”指兽皮，“肤”指人的皮肤。这两个词分用划然。《诗经》“皮”出现3次，都是指兽皮而言，《鄘风·相鼠》：“相鼠有皮。”“肤”出现1次，指人的皮肤，《卫风·硕人》：“肤如凝脂。”《论语》《孟子》等书情况相同。《吕氏春秋》“皮、肤”各出现6次，“皮”指兽皮，“肤”指人的皮肤，丝毫不混。《韩非子》“皮”也出现6次，“肤”出现2次，情况同。而且《吕氏春秋》《韩非子》中都是“肌肤”连文。“肌”指人的肉，所以“肌肤”连文。到汉代，人的皮肤也可以用“皮”了，《灵枢》《素问》中“皮”多次用于指人的皮肤，《灵枢·九针十二原》：“皮肉筋脉各有所处。”《素问·痹论》：“皮肤不营，故为不仁。”（《史记·扁鹊仓公列传》：“乃割皮解肌。”）“皮”用于人的皮肤，盖从医学内容始。

这些都说明《黄帝内经》最早产生于汉代，而《灵枢》可能比《素问》更晚些。

词汇语义的研究，可以为古籍整理研究提供很大的帮助。

二、专书词汇研究的前期准备

（一）选定恰当的专书，最好具有代表性

作为汉语史的材料，任何一本书都是值得研究的。但是作为初始研究阶段，还是选择有代表性的典籍为好。这样，得出的结论，更典型，更有价值。比如我之所以选择《吕氏春秋》做词汇研究，就考虑到四个方面的问题：一、《吕氏春秋》成书年代确定无疑，这在先秦文献中是绝无仅有的。（《序意》：“维秦八年，岁在涒滩，秋甲子朔。朔之日，良人请问十二纪。”）二、《吕氏春秋》是战国末期的一部重

要著作，它的词汇语义反映了周秦之交的词汇语义面貌。同时，它又是先秦与秦汉的一个过渡，具有承上启下的作用。三、《吕氏春秋》是用当时的通语写成的，很有特色。(《史记·吕不韦列传》:“布咸阳市门，悬千金其上，延诸侯游士宾客有能增损一字者予千金。”）四、《吕氏春秋》的词汇十分丰富。《吕氏春秋》具备了这四个方面的条件，因此可以作为上古汉语词汇研究的首选专书。

我们选择专书，要看它在所处的时代是否有代表性，是否能反映那个时代的语言特征，是否具有相当的分量，也就是说，是否有相当的字数。选择这样的专书进行研究，更容易以此为基础向同时代的其他专书扩展，从而更好地了解这个断代的词汇面貌。对分量较小或代表性不够强的，可以缓一些做，因为这样的专书对了解这个时代的语言词汇面貌作用较小。尤其是中古以后，书籍较上古多出很多，更应该先选择典型的代表性强的专书做研究。

（二）确定好的底本，最好能亲手做校勘

选定要做的专书之后，就要确定好的底本。某一部专书，现在可能有不同的版本，这就需要我们进行甄别、选择，不能随便拿来一种就作为底本。选择研究底本，大致有三种情况，一是选择明清或更前的旧版本，一是选择现代人的新校本，一是综合二者，自己再做些校勘的工作。我觉得，我们应该选择第三种做法。

校勘工作对词汇研究是很重要的基础工作，有必要亲自动手做校勘工作，这样做虽然费时费力，但只有这样做才可以减少或避免讹误，而讹误是词汇研究十分忌讳的。我们在做《吕氏春秋》研究之前，首先对版本做了校勘。我们选用的底本是清代毕沅的《吕氏春秋新校正》，用元至正嘉兴路儒学刊本等 14 个元明版本对校。在做《淮南子》之前，我用正统道藏本为底本，用影写北宋本、明刘绩补注本等 12 个明清及近代版本对校，有不少收获，对词汇研究很有帮助。比如：

《淮南子·原道》有一句话:“末世之御，虽有轻车良马，劲策利锻，不能与之争先。”高诱注:“策，箠也；锻，末之鍼也。”有的《译注》本将“锻”字注成“马棰末端的刺针”。“锻”字怎么会有“马棰末端的刺针”的意义呢？《译注》本是根据高诱的注，是不是高诱注错了？不是，这是一个误字。明代刘绩补注本等几个版本不是“锻”字，是“錣”字。王念孙认为刘绩补注本是对的。錣谓马策末之针，所以刺马者也。《说文》：“笍，羊车驺箠也，箸箴其耑，长半分。”（段玉裁注谓《淮南子·道应》作錣，錣与笍音义皆同。）字又作錣。《玉篇》：“錣，针也。”《道应》：“白公胜到杖策，錣上贯颐。”许慎注云：“策，马棰。端有针，以刺马，谓之錣。”《氾论》：“是犹无镝衔策錣而御馯马也。”高诱注云：“錣，棩头箴也。”（《说文》：“棩，箠也。”）錣为策末之箴，故“劲策”与“利錣”连文。今本“錣”作“锻”，则义不可通矣。王念孙的意见完全正确。既有版本根据，又有旁证，应该将“锻”校正为“錣”。

又比如：

《淮南子·原道》：“是故以中制外，百事不废，中能得之，则外能收之。”高诱注：“不，养也。”（道藏本如此，庄逵吉本作“收，养也。”）高诱注是在“外能收之”下，显然是注“收”字，然而误成“不”字。这是怎么回事？“外能收之”的“收”当是“牧”字之误。“牧”有“养”义，《广雅·释诂一》：“牧，养也。”“牧”与“得”为韵，皆职部，作“收”亦失其韵。高注误作“不”，是音近而误，“不”“牧”为之职对转，若作“收”，不会误为“不”字。庄逵吉改“不”为“收”，则致误痕迹全无。《淮南子》各本中多有“牧”“收”互讹者，如景宋本《天文》“亥为牧，主大德”，道藏本“牧”作“收”；景宋本《泰族》“周公肴臑，不收于前”，道藏本“收”作“牧”。《吕氏春秋·论人》“牧”亦误作“收”。

做校勘的过程，也是熟悉文本的过程，实际上，做校勘的时候，已经开始做词汇研究了。所以，研究词汇，亲手对专书进行校勘，绝不是多余的额外的负担，而是必要的工作。

三、专书词汇研究的一般方法

（一）穷尽性的考察

过去的词汇研究，大多是举例性的，而举例性的研究方法所存在的缺憾是显而易见的，因为它所得出的结论，很容易被人质疑。前人之所以采取举例性的研究方法，主要是因为材料浩瀚，无法做穷尽性的考察。专书的语言材料是封闭的，有进行穷尽性的考察的条件，我们可以在一部书的范围内对其中的每一个词做多角度多层次的全面的考察和分析。这种考察和分析是一件十分繁难而艰苦的工作。首先遇到的是如何确定字和词以及如何切分复音词，也就是说，一个字是一个词还是不同的几个词；复音组合，哪些看作词，哪些看作词组，要有一个可操作的合理的标准。我在《吕氏春秋词典》和《吕氏春秋词汇研究》中提出区分字和单音词的看法及判断复音词与词组的标准，作为对《吕氏春秋》词汇做穷尽性考察的基础。我们认为，只要意义有联系，而声音与形体又没有变化，就应该认为是同一个词，要承认词类的活用和兼类。判定复音词，我主要根据意义标准以及使用频率，适用于现代汉语的插入法等不适用于古代汉语专书研究。

我们对《吕氏春秋》的全部词汇（包括单音词和复音词）都做了穷尽性的考察。考察过程中，我们特别遵照了王力先生关于词汇研究的几个重要观点：1. 要通过古人的语言去体会古人的意思，也就是说，要正确理解古人的意思，认真体会古人语言的本意，不能凭自己的主观臆想，认为古人会是什么意思，不能将某一个意义强加给古人，或者先有一个框框，认为古人有什么思想，然后用这个框框去套古人的书，去解释古人的语言，来为自己服务。这样最容易产生望文生义或偷换概念的错误，是非常有害的。2. 在客观体会古人所表达意义的时候，应该注意充分地吸收前人的研究成果，尤其是汉唐人的注疏，像《吕氏春秋》的高诱注，因为他们去古未远，体会古人的意思更接近古人。（但也不要迷信古人，做词汇研究与给古文作注不同。）清人的研究成果也应该重视，特别是乾嘉的重要学者如段玉裁、王念孙等人的研究成果。这是非常重要的，是做词汇研究不可或缺的。3. 研究词义，要有敏锐的眼光，能发现任何细微的变化而不放过它。王先生说："段玉裁的眼光最敏锐，譬如他注解'仅'字，就注意到唐代的'仅'和清代的'仅'不同，唐代的'仅'，是'庶几'的意义，段氏举杜甫诗'山城仅百层'为例。唐代的'仅'和清代的'仅'都是程度副词，很容易被认为一样，然而前者叹其多，后者叹其少，实际上恰得其反。"一般人对这种词义的细微变化，往往忽略过去，看不出演变的真相来。这种词义的细微的变化，正是需要学习或研究古代汉语的人们特别留心观察的。王先生曾反复强调，不但要注意词义的迥别，更要注意词义的微殊，这就需要具有敏锐的眼光。

只有认真仔细地考察每个词在一部专书中所表现的所有意义，才能发现这部专书中某些词的新生意义和特有意义。比如：

一般认为"病"是重病，"疾"是轻病，词义程度有轻重之别。比如郝懿行《尔雅义疏·释诂上》："古人疾病连言，病甚于疾，故《说文》训为'疾加'，《论语》郑注'病谓疾益困也'，包咸注'疾甚曰病'，皆其义也。"这是一种误解。我们考察了《吕氏春秋》中全部含有"疾、病"的句子及其全部词义之后，发现它们之间并不存在轻重的区别。《说文》："病，疾加也。"《论语·子罕》"子疾病"集解引包咸曰："疾甚曰病。"依《说文》，"病"的本义是动词，所谓"疾加"，是病情加重的意思，"疾甚"也是这个意思，《论语》的"病"正是用的动词的意义，《吕氏春秋》中也有这个意义，《知接》："仲父之疾病矣。"郝懿行所谓"疾病"连言，当作两种分析，《子罕》"子疾病"，意思是"孔子病了，而且病情越来越重"。"疾"是染病的意思，"病"是指病情加重。这时，"疾""病"虽然都是动词，但意义不一样。《知接》"仲父之疾病矣"，意思是"仲父的病加重了"，"疾"是名词，疾病的意思，"病"是动词，病情加重的意思。当"病"作动词是"染病"的意思的时候，才与"疾"的"染病"义同义。在"染病"的意义上，并没有"疾"轻"病"重的差别。《吕氏春秋·异宝》:“孙叔敖疾,将死。”《至忠》:“不出三月,子培疾而死。”疾而至于死,可见不轻了。《左传》中也有类似的用例。用作名词时,“病”与“疾”也没有程度的差别。《贵公》与《知接》同样叙述管仲染病,桓公去看望他,前者说“管仲有病,桓公往问之”,后者说“管仲有疾,桓公往问之”,“疾”“病”互换,可见无轻重之别。又如《知化》:“越之于吴也,譬若心腹之疾也,虽无作,其伤深而在内也。夫齐之于吴,疥癣之病也,不苦其已也,且其无伤也。”这里“心腹之疾”“疥癣之病”,怎么能看出“病”重“疾”轻呢?此就词义而言,它们是相同的,只是具体所指可以随文而异。

又比如:

“轼”是车前的横木,一般是用来扶手的,也用来表示凭轼示敬。《左传·庄公十年》有一句“下视其辙,登轼而望之”,有人曾认为“轼”不可登,而把《左传》那句话在“登”字后断句,要“轼”作动词,是示敬的意思。先秦“轼”作动词是很多的,都是凭轼示敬的意思,《吕氏春秋》这种用法出现4次,《期贤》:“魏文侯过段干木之闾而轼之。”但《左传》这一句能这样断句吗?是示敬的意思吗?《左传》那种断句把“轼”讲成动词“凭轼示敬”是错误的。那时是齐鲁交战,观察敌军后退之势,岂有示敬之理?“轼”示敬义起初作“式”,先秦古籍中多有用例,《礼记·曲礼上》:“兵车不式。”(因俯身手扶车前横木叫“式”,从而所扶车前横木也叫“式”,后来写作“轼”,示敬义的“式”也写作“轼”。)作战时是不行凭轼之礼的,而且观察敌情也用不着示敬。我们考察《吕氏春秋》词汇,发现《忠廉》有一句:“今汝拔剑则不能举臂,上车则不能登轼,汝恶能?”正是明言“登轼”,可见“轼”是可以登的,需要时可以登轼望远。此足以纠正《左传》那种新断句的错误。

考察一个词,要从词的整体性上全面地考察。王力先生认为:“词是极端复杂的一种语言现象,它是意义、声音和形态结构的整体。我们如果不全面研究这三方面的因素,我们就不能发现一个词的特征。”这就是说,我们要对词汇的语音、语义、语法结构进行多角度、多层次的考察，这是进行深入研究重要的一步，只有这样才能真正发现一个词的本质特征。词的搭配关系，或者说是词的语法结合，可以使词义产生变化，或者使词的语法类别产生变化，甚至产生新词。比如：

舍 本义是客舍。《说文》："市居曰舍。"段玉裁注："此市字非买卖所之，谓宾客所之也。"《吕氏春秋》有这个本义，《知士》："于是舍之上舍。"由此义引申出一般的房舍，《察今》："军惊而坏都舍。"由于词的搭配关系发生变化，它后边带了宾语，如《必己》："及邑，舍故人之家。"这样就引申出新的意义：住宿。词的搭配关系使词义发生了变化，同时也改变了词性，由名词变成了动词。

又比如：

徒 徒的本义是步行，动词。《说文》："徒，步行也。"引申为跟随，再引申为跟随的人，即徒党。《左传·襄公三十年》："岂为我徒。"杜预注："徒，党也。"《论语·先进》："非吾徒也，小子鸣鼓而攻之可也。"杨伯峻"吾徒"译作"我们的人"，亦即徒党义。此义《吕氏春秋》中亦有，《报更》："与天下之贤者为徒，此文王之所以王也。"同时，《吕氏春秋》中有新的意义，即学生、弟子，共出现6次：

《诬徒》："此六者不得于学，则君不能令于臣，父不能令于子，师不能令于徒。"又："所加于人，必可行于己，若此则师徒同体。"又："此学者之所悲也，此师徒所以异心也。"又："此师徒相与造怨尤也。"

其中"师徒"连文3次，"师、徒"对文1次，这种连文或对文，使"徒"产生了新的意义，即"学生、弟子"的意义。这个意义是战国末期产生的新义，战国末期以前的文献没有这个意义。（上引《论语》"非吾徒也"，邢昺疏曰："非我门徒也。"《孟子·滕文公上》"其徒数十人"，赵岐注："其徒，学其业者也。"《梁惠王上》："仲尼之徒，无道桓文之事者。"赵岐注以"孔子之门徒"。其实，这几处的"徒"都是徒党的意义。赵注、邢疏在这里都是用当时的意义去解释古人的语言了。王力先生说过，不要把词义可能的转变看成转变了的现实，“徒”从“徒党”义有引申出“门徒、弟子”义的可能，但在战国末期以前并未引申出这个意义。）这个意义除《吕氏春秋》中出现外，《韩非子》中亦有用例，如《说疑》：“言听事行，则如师徒之势。”

这说明，研究词的搭配关系是词汇语义研究的重要方面。词的语音结构也可能随着词的搭配关系而发生变化，语音结构的变化，也可能引起词义的变化，甚至产生新词。比如“朝”，本义是早晨，名词，不能带宾语，知母宵部；它带了宾语，搭配关系发生了变化，意义发生了变化，语音结构也发生了变化，意义为朝见，知母变成澄母。

（二）定量统计与定性分析

科学研究日益精密化，汉语词义的研究也是如此。我们研究词义的发展变化，借助于数据的统计，更具有比较强的说服力。穷尽性的定量统计可以避免泛泛而谈，做到言之有据。我们知道，事物的量与质有着密切的关系，量的变化会引起质的变化。词义也是如此，词义的质的变化，会通过量的较大量的增减来体现。

因此，我们在做过穷尽性的考察之后，随之而来的是穷尽性的定量统计。也就是说，从各类词如单音词、复音词的数量，到每个词每个意义的数量，凡是所论述到的内容都应该有穷尽性的统计数字作为基础。比如我们统计《吕氏春秋》的单音词有2972个，复音词有2017个，单音词中表现为单义的有1691个，多义的有1281个，多义词中每个意义各出现多少次，每个意义中各种搭配关系各出现多少次，情况如何，都要有穷尽性的统计，复音词也是如此，从单义、多义到结构方式，都要做穷尽性的统计分析，同义词、反义词等莫不如此。《吕氏春秋词典》就是我们做穷尽性的考察和定量统计分析的结果。

通过穷尽性的统计，可以看出一部专书用词的特点。

比如《吕氏春秋》中“到……去”的意思，主要用“往”，而少用“适、逝”。《方言》一：“嫁、逝、徂、适，往也……逝，秦晋语也；徂，齐语也；适，宋鲁语也；往，凡语也。”《吕氏春秋》中

“逝”用2次，“适”用5次，而“往”用78次之多。《淮南子》中“逝”用1次，“适”用1次，“往”用55次，可见《吕氏春秋》《淮南子》都非常重视通语的运用。

又比如《方言》：“逢、逆，迎也。自关而东曰逆，自关而西或曰迎，或曰逢。”《说文》：“逆，迎也。关东曰逆，关西曰迎。”《吕氏春秋》在迎接义上，只用“迎”不用“逆”。用“迎”达16次之多，而“逆”一次也没用（“逆”多用于背逆，只2次用于迎击义）。“迎”是关西方言，而且已经进入通语。这也可以从《淮南子》的情况得到证明。《淮南子》中，“迎”用21次，18次是迎接的意义（3次是面对的意思，与迎接亦相近），“逆”用22次，都是背逆的意义。这说明，“迎”的迎接义确实已经进入通语。《左传》产生于战国初期，“迎、逆”的运用正好与《吕氏春秋》相反，《左传》中“逆”用多达130余次，而“迎”只用2次。这一方面说明《左传》产生于关东地区，另一方面也说明“迎”在当时还没有进入通语。

穷尽性的定量统计，有一个最基本的要求，即统计数字必须准确无误，以此为基础而进行的分析，所得出的结论才能是可靠的，才能经得起检验，才能是正确的结论。

当然，一部专书的语言材料有其局限性，通过一部专书的考察所得到的统计数字和分析结果，可能是不全面的，甚至有片面的地方，比如某个词在《吕氏春秋》中表现为单义，不一定在整个先秦时代都是单义的。但是这也无妨，如果我们将某一时代的著作一部一部地都这样做过穷尽性的统计分析，综合起来，这一时代的词汇语义的面貌就可以完整地清晰地勾勒出来了。如果进而将每个时代的情况贯穿起来，理清发展脉络，就可以对整个汉语词汇语义发展的历史有一个全面而完整的认识了。

（三）横向比较与纵向探源溯游

穷尽性的考察和统计分析，是就一部专书而言；专书词汇研究还不能止于这一步。很多词汇现象，要与同时代的其他作品进行比较，才能确定这个词汇现象在这个时代的运用情况；同时，还要进行历时的比较，也就是与前后时代的作品比较，找出这个词汇现象的发展脉络。我们研究《吕氏春秋》词汇，既比较同时代的典籍如《韩非子》等，也比较前代的典籍如《尚书》《诗经》《论语》《左传》《孟子》等，为了看出发展，后代的典籍如《淮南子》《史记》《论衡》《黄帝内经》等有时也需要比较。

词义的变化，某个意义的产生，就需要我们做这种横向和纵向的比较，比如："忠"的意义是忠诚无私，对他人负责。作为人伦道德观念，大约产生于春秋，而成熟于战国。甲骨文、金文中不见"忠"字，《尚书》《诗经》等早期文献中也不见"忠"字。但是战国初期的《论语》《左传》中出现频率已很高，《论语》出现18次，《左传》出现70次。这时的所谓忠，是人与人之间的一种道德观念，上下之间以及平辈之间都可以说"忠"，《论语·学而》："为人谋而不忠乎？"这是指互相之间。《左传·桓公六年》："所谓道，忠于民而信于神。上思利民，忠也。"这是上对下。《宣公十二年》："民皆尽忠以死君命。"这里指下对上。"忠"的运用范围是很宽的。到战国末期，"忠"的运用频率仍很高，《吕氏春秋》出现66次，但是意义明显地朝着下对上的关系发展和转移，上对下的情况已极少见。《吕氏春秋》中只有1次是上对下，《诚廉》："其于人也，忠信尽治而无求焉。"1次是互相之间，《遇合》："妇之父母以谓为己谋者以为忠。"3次泛指一般品质，其余61次均指下对上尽忠心，尤其以指臣子对君主尽忠心为最多，达49次。《韩非子》的情况与《吕氏春秋》大体相同，出现93次，上对下用"忠"的仅1例，《难一》："忠，所以爱其下也。"另有3次为泛指，其余89次均指下对上，也尤以臣子忠于君主为最多。后世"忠"专指忠于君主正是这种发展趋势的必然结果。

这里，除了比较，还有穷尽性的统计数字，因为词义的变化，与使用频率关系十分密切，从使用频率上可以看出词义变化的发展轨迹。新词的产生也需要与同时代及前后时代的比较。比如：

音乐　这是一个并列式复音词，该词《吕氏春秋》出现5次，如《大乐》："音乐之所由来者远矣。"《适音》："故先王必托于音乐以论其教。”应该是战国末期形成的新词。先秦古籍从《尚书》《诗经》到《庄子》《荀子》《韩非子》都没有出现这个词。屈原《远游》出现1次，仅指五音。《吕氏春秋》中出现的5次，都实实在在是指概括的音乐了。这个词是由表示音乐的“音”(《吕氏春秋》出现25次)和表示音乐的“乐”(《吕氏春秋》中出现72次)经常连文凝固而成的新词。《战国策》亦有一例,《秦策三》:“于是唐雎载音乐，予之五十金。”此词后代沿用,《史记》出现3次，如《乐书》:“音乐者，所以动荡血脉，流通精神。”《汉书》出现7次，如《景十三王传》:“王者当日听音乐，御声色。”这个词一直沿用到现代。

遗老 “遗”本有遗留、遗弃之义，“老”指老人、老者。先秦文献除《孟子·告子下》《管子·问》各有一处“遗老”连文，余皆未见连文者。《孟子》连文为:“遗老失贤，掊克在位。”与上句“养老尊贤，俊杰在位”相对。“遗老”对“养老”，是一个动宾词组，“遗”是遗弃的意义。《管子》:“毋遗老忘亲，则大臣不怨。”“遗老”对“忘亲”，也是一个动宾词组，“遗”也是遗弃的意义。《吕氏春秋》“遗老”连文3次,《简选》:“显贤者之位，进殷之遗老，而问民之所欲。”《慎大》:“命周公旦进殷之遗老，而问殷之亡故，又问众之所说，民之所欲。殷之遗老对曰……”这里的“遗老”与《孟子》的“遗老”完全不同，显然是一个复音词，是一个名词，意义当是指前代的旧臣或长者。两例都是周武王向他们请问殷民的希望或殷灭亡的原因。“遗老”一词当是战国末期产生的新词，后代一直沿用，意义又有所发展。《史记·樊郦滕灌列传》:“吾适丰沛，问其遗老。”《汉书·楚元王传》:“身为宗室遗老，历事三主。”

（四）微观研究与宏观研究相结合

研究专书的词汇语义，应该将微观研究与宏观研究紧密结合起来，以微观研究为基础，以宏观研究为主体。

所谓微观研究，就是通过考察、统计、比较的方法确定每一个词在该书中所表现出来的每一个意义，寻找每一个词的词义特点。这是专书词汇语义研究中最重要的基础工作。关于这一点，我们在前边已经讲过，不再重复。

所谓宏观研究，是对词汇的各个方面进行系统的研究，也就是要把词汇作为一个系统来研究。王力先生指出:“一种语言的语音和语法的系统性都是容易体会到的，唯有词汇的系统性往往被人们忽略了。”一种语言的词汇系统有静态和动态两个方面，专书所反映的只是静态的部分，或者说是动态变化的静态表现。

词汇系统最重要的是词汇的构成和词的语义系统。词汇的构成可以从不同角度去分类，可以分为基本词和非基本词、单音词和复音词等。基本词是语言中最稳固的部分，它们虽然在语言的发展中也有变化，但这种变化一般是其非主要意义的变化，并不影响该种语言的继承关系。非基本词随着社会的发展、时代的变化而发展变化着，这种变化时快时慢，有新生也有消亡，体现着一种语言在继承基础上的不断发展。词的语义系统主要体现在词义的历时关系和词义的共时关系以及意义与词的结合上。词义的历时关系，主要表现为词义的引申系统，一个词由本义通过各种方式引申出不同的引申义，使一个单义词变成为一个多义词，词的多义性是语言词汇发展成熟的标志。确定词的本义及各引申义产生的方式和时代，是研究的重要内容。词语的新生与消亡，也是词义系统历时变化的重要方面。词义的共时关系，主要表现在词义的聚合关系上，即词义的同义聚合和词义的反义聚合。考察词义的聚合关系必须把这些词义放在同一个历史平面上，因为聚合群体中的个体也随词义的发展而变化着。这种变化也反映了词义系统的变化。考察词义的聚合关系，可以了解词义的相同与对立、大同与微殊，找出同义词、反义词的特点。另外，同源词研究也是研究词汇系统的重要内容，它可以通过共时的比较看出历时的演变。

麻雀虽小，五脏俱全，词汇系统的各个方面都可以在一部专书里得到反映，尽管这种反映可能是不全面的。

四、汉语史专书词典的编写问题

汉语史专书词典的编写，是为汉语史研究服务的，因此，它一定是语言学的词典，而不是单纯百科或其他形式的词典。这种词典的编写，首先要按照我们在前边所说的，要做穷尽性的考察、统计，在此基础上再着手写作词典。我们作《吕氏春秋词典》就是把《吕氏春秋》中的每一个词作为声音、意义和语法结构的整体来考察的。在编写之初，我们特别就编写体例，请教王力先生。记得跟王先生做过两次长谈，向王先生讲述我们的想法，并把样条给王先生过目。王先生对我们按照上古音音序编排，以上古三十韵部为纲，三十三声母为目排列每一个词条，给以充分的肯定，认为这样有助于读者了解古代汉语的音义关系，是一个可取的方法。周祖谟先生在《吕氏春秋词典序》里更是具体地介绍了词典的体例，并给以充分的肯定，他说："全书依据上古的声韵系统排列，每个词条之下又分别注出所属韵类，辨析词义，举出原书用例，并区分其在语法上的结构功能，把词义和语法联贯在一起了，给读者一个全面的知识。"前辈学者的肯定，更增强了我们的信心，我们觉得，编写古代专书词典，特别是编写上古专书词典，应该特别强调音义的紧密结合。这里所说的音，是上古音，同一个韵部同一个声母的字排在一起，容易看出同源以及假借的关系，看出音义相互影响的关系。如果按照现代汉语音序排列，就收不到这种效果。再者就是词义与词的搭配之间的关系，我们在列义项的时候，考虑到词性的差别，以本义所在的词类为基本词类，然后再列其他词类的各个意义，说明各自的语法功能，这样可以看出词义与语法功能之间的联系。总之，将语音、语义、语法功能三者结合起来考虑，对编写汉语史专书词典是十分重要的。

这样做，也有一个问题，即以词类为纲，与词义的引申系统有时会发生一些矛盾，比如《吕氏春秋》中"兵"是名词，兵器、武器，有用于动词"用兵器伤人"的意义，引申关系很近。但名词义中还有士兵、军队、战争等意义。以词类为纲，动词单列，"用兵器伤人"的意义与"兵器"的意义就隔开了。因为用例极少，我们采用活用的办法，放在"兵器"意义之下。如果用例多，如何处理，就需要做进一步的研究，比如"病"字，动词"生病"与名词"疾病"的意义就被隔开了。

汉语史专书词典的编写，还有很多问题需要进一步探讨。

（原载《语苑探赜——庆祝唐作藩教授九秩华诞文集》，商务印书馆，2021年，略有改动）

论古代汉语字典的编写

1992年10月，北大出版社乔默先生要我编一本中型古汉语字典。他说现在社会上古汉语方面的字典五花八门，很需要一本质量较高、适合各知识层面的人用的中型古汉语字典。我多年从事古代汉语教学，也深感学生确实需要一本既讲究科学性又有实用价值的中型古汉语字典，便答应他了。然而编这样一本字典又谈何容易！古汉语字典的编纂是和汉语历史词汇学的研究紧密相连的。要讲究科学性，就必须有古汉语词汇研究提供的每个词的历史演变过程，然而现在汉语历史词汇学研究还远远不能满足这种需求。这就是一对矛盾。我们能不能等汉语词汇的历史演变都研究透彻了再编字典，那显然是不现实的。所以，我们采取的正确态度应该是，认真总结汉语历史词汇学研究的成果，使它尽量全面地反映在字典当中。这样编出来的字典，又反过来可以促进汉语历史词汇学研究的不断深入。二者可以互相促进。至于实用性，也是很重要的，一点也不可轻视。作为一本古汉语工具书，应该帮助一般读者解决阅读古书时遇到的各种困难，给读者以尽可能多的方便。有时科学性与实用性也会发生一些磕碰，我们觉得，应该在不损伤科学性的基础上尽量协调二者的关系。如果放弃科学性而一味追求所谓实用性，就可能给读者一个错误的认识，甚至引上歧途。那时所谓实用也就没有什么价值了。

我们编写这本古代汉语字典的宗旨，或者说这本古代汉语字典所追求的特色，就是科学性与实用性尽量完美的结合。

我们所说的科学性，主要是树立历史主义观点和遵循语义学原则。

树立历史观点，注意词义的时代性，是我们编纂古代汉语字典的首要的指导思想。

王力先生对历史观点十分重视，早在二十世纪四十年代就明确指出："我们研究语义，首先要有历史的观念。"[①]又说："对于每一个语义，都应该研究它在何时产生，何时死亡。"[②]王先生晚年，无论是讲到学习古代汉语，还是讲到编写古汉语字典，都特别强调历史观点，强调词义的时代性。

语言中词义是发展的，古代有的意义，后代可能消失了；后代产生的意义，又是古代所没有的。这些都应该在字典中有正确的反映，不能弄颠倒了。弄颠倒了，就会给读者错误的认识。下面举几个例子来说明。

（1）低

《辞源》：低下，与"高"相对。……

《简明古汉语字典》[③]：①低下。白居易《东坡种花》诗二首之一："天时有早晚，地方无高低。"引申为卑下。白居易《新乐府·驯犀》："向阙再拜颜色低。"②向下垂；俯。古乐府《敕勒歌》："天苍苍，野茫茫，风吹草低见牛羊。"李白《静夜思》诗："举头望明月，低头思故乡。"……

王力先生对《辞源》的错误，早在1983年就做过批评。王先生说，"低"字本是动词，本义是低头。《庄子·盗跖》中说"据轼低头，不能出气"，正是用的"低"的本义。《楚辞·远游》"服偃蹇以低昂兮"中的"低昂"，指的是马头的动作，指马拉车，头一抬一低。司马相如《大人赋》"低卬夭蟜据以骄骜兮"中的"低卬"，指的是龙头的姿态，有时抬起头，有时低下头。这两例也都用的是本义。《辞

①② 见《新训诂学》,《王力文集》第十九卷第173页。

③ 四川人民出版社，1986年第1版。这部字典是目前古汉语字典中较好的一部，本文举其中数例，只为讨论问题。

源》没有列“低”字的本义，把“高低”的“低”作为本义了。其实，“高低”的“低”是相当晚才产生的意义。古代高低叫高下[①]。王力先生的意见是完全正确的。《简明古汉语字典》仍然因袭了《辞源》的错误，把“低”的本义和引申义或后起义弄颠倒了，使读者无法正确理解“低”字词义的历史发展。

《古汉语常用字字典》[②]没有收“低”字。

本字典对“低”字是这样写的：

①低头，垂下。《庄子·盗跖》：“据轼低头，不能出气。”《吕氏春秋·知分》：“龙俛耳低尾而逝。”②低，与“高”相对。白居易《琵琶行》：“住近湓江地低湿。”辛弃疾《清平乐·村居》：“茅檐低小。”引申为微贱。李白《登黄山凌歊台》：“穷居使人低。”

（2）屋

《辞源》：①房屋，居舍。《诗·秦风·小戎》：“在其板屋，乱我心曲。”②泛指覆盖之物。《礼·杂记》：“素锦以为屋而行。”

《简明古汉语字典》：①房子；房屋。《诗·召南·行露》：“谁谓雀无角？何以穿我屋？”《尚书大传·大战》：“爱人者，爱其屋上之乌。”②覆盖。《礼记·郊特牲》：“是故丧国之社屋之，不受天阳也。”

这两本字书都把“房子、房屋”当作第一义项，而没有列出“屋”字的本义。“屋”的本义应该是“房顶”[③]。段玉裁说：“屋，室之覆也。”《说文》“囱（窗）”下说：“在墙曰牖，在屋曰囱。”所谓“室之覆”，就是覆盖在“室（房间）”之上的，也就是房顶。所谓“在屋曰囱”，就是在房顶开的天窗叫窗。《诗经·豳风·七月》“亟其乘屋”，“乘屋”就是登上房顶。《简明古汉语字典》所引二例，也都是用的本义“房顶”。雀穿透的只能是房顶，不能是房子。“屋上之乌”

---

① 见《词典问题杂谈》，《王力文集》第十九卷第121—123页。

② 商务印书馆1993年7月修订版。

③ 关于“屋”的本义，向熹先生在《诗经语言研究》中有很精彩的论述，可参看。

也是指房顶上的乌鸦，“屋”还是房顶的意义。《辞源》和《简明古汉语字典》第二义项“泛指覆盖之物”或“覆盖”都是从“室之覆”的意义引申来的，如果不列“室之覆”即“房顶”的意义，这个引申义又怎么能从“房子、房屋”的意义引申出来呢？“屋”字“房子、房屋”的意义，大概是在汉代产生的。《淮南子·齐俗》：“广厦阔屋，连闼通房，人之所安也。”其中“屋”是“房屋”的意义。为什么《辞源》和《简明古汉语字典》把引申义误认为本义，而忽略了词义的时代性呢？这恐怕是受了《说文》的误导。《说文》：“屋，居也。”意思是屋是人所居之处，也就是房子、房屋。实际上，许慎这里是用汉代的意义去解释了，他的解释并不是屋的本义、古义。

（3）趾

《辞源》：①脚。《诗·豳风·七月》：“四之日举趾。”②脚指。《文选》左太冲（思）《吴都赋》：“足趾之所不蹈。”

《简明古汉语字典》：①（脚）指头。左思《吴都赋》：“足趾之所不蹈。”又指脚。《左传·桓公十三年》：“莫敖必败，举趾高，心不固矣。”……

这里《辞源》比《简明古汉语字典》高明些。《辞源》把“脚”列为第一义项，“脚指”列为第二义项，本义和引申义关系正确。只是“脚指”义所引书证是错误的。《吴都赋》中“趾”也是“足”的意思，“足趾”是同义连用。《简明古汉语字典》把“（脚）指头”作为第一义项，把“脚”作为“（脚）指头”的泛指义，是颠倒了本义和引申义的关系，比《辞源》倒退了。在宋代以前，“手指头、脚指头”的意义都用“指”字。《灵枢·脉经》：“小肠，手太阳之脉，起于小指之端循手外侧上腕。”此指手指头。又：“肾，足少阴之脉，起于小指之下，邪走足心。”此指脚指头。《史记·高祖本纪》：“汉王伤匈，乃扪足曰：‘虏伤吾指！’”这里的“指”也是脚指头。“趾”的“脚趾头”的意义，大约是在宋代以后才产生的，不能用后代产生的意义去解释古代的词义，更不能把后起义与古义颠倒。

（4）粪

《简明古汉语字典》：①屎；粪便。道原《景德传灯录》卷七："崔相公入寺，见鸟雀于佛头上放粪。"……③扫除；打扫。《荀子·强国》："堂上不粪，则郊草不芸。"

这里又把古义与后起义、本义和引申义弄颠倒了。"粪"的本义是扫除。《说文》："粪，除也。"（依段玉裁删"除"前"弃"字）《荀子·强国》正用此义。此义作为本义，在字典中应排为第一义项。"粪"有"屎"的意义，大约在东汉时期。《说文》："菡，粪也。""菡"即古"屎"字，许慎用"粪"来解释"菡"，说明"粪"在汉代已经有"屎"义了。然而文献中还没有用例，最早的用例大约在南北朝时期，比如《齐民要术·种瓜》："冬天以瓜子数枚，内热牛粪中。"《辞源》"粪"字第二义项"粪便"的书证是《左传·僖公二十八年》"是粪土也"，这是用后起义去解释前代的语言，也是不对的。

（5）吃

《简明古汉语字典》：①吃。白居易《放旅雁》诗："健儿饥饿射汝吃。"……④口吃；说话结巴。《汉书·周昌传》："昌为人吃。"

"吃"的本义、古义是"口吃、说话结巴。"《说文》："吃，言蹇难也。"这正是"吃"的本义、古义。《史记·韩非传》"非为人口吃，不能道说，而善著书"及《汉书·周昌传》正是用的"吃"的本义。《简明古汉语字典》将"吃"作为本义，是颠倒了历史。"吃"有"吃（东西）"的意义是很晚的事了，大约在明清时期。明清时期说吃东西一般也不用"吃"而用"喫"。《简明古汉语字典》在"吃"义项下引用白居易诗，是误引，查《全唐诗》，白诗用的是"喫"字，不是"吃"字。《简明古汉语字典》将"④口吃；说话结巴"列在第二音项 jí 下。这似乎可以说，因为读音不同，才把"口吃"义列在后边了。这里牵涉到音项排列问题，我们觉得，本义所在的音项应为第一音项。这些暂不多说。从现代读音来说，"口吃"的"吃"，都读作 chī，没有读作 jí 的。《汉语大字典》《汉语大词典》《古汉语常用字字典》都读作 chī。无论如何，把"吃东西"的意思作为"吃"的第一义项是不妥的。《古汉语常用字字典》是这样排列的：

吃[1] ① chī 口吃。《汉书·周昌传》："昌为人吃。"又行动迟缓的样子。孟郊《冬日》诗："冻马四蹄吃。" ② qī（漆）[吃吃] 笑声。蒲松龄《聊斋志异·婴宁》："但闻室中吃吃，皆婴宁笑声。"【注意】"吃"在古代一般不当"吃东西"讲。"吃东西"的意义古代写作"喫"。

本字典是这样写的：

吃 ㈠ chī（旧读 jí）①说话不流利，结巴。《史记·老子韩非列传》："非为人口吃，不能道说，而善著书。"比喻行动困难迟缓。孟郊《冬日》："冻马四蹄吃，陟卓难自收。"（陟卓：登高。）

㈡ qī ② [吃吃] 笑声。《赵飞燕外传》："笑吃吃不绝。"

【说明】"吃"与"喫"本是读音和意义都不同的字。口吃、吃吃不能写作喫，而喫饭、喫东西也不写作吃。近代以来，喫的各义才写作吃。

像《古汉语常用字字典》和本字典这样处理，似可给读者一个较为全面而正确的认识。

重视本义和引申义的关系，强调词义的系统性，是我们编纂古代汉语字典的又一重要指导思想。

语言中的词，一般都是多义的，其中一个意义是本义，其余是从本义中派生出来的引申义。引申义有直接从本义引申出来的近引申义，也有从引申义再引申出来的远引申义，本义和诸多引申义之间的关系，就构成了词义演变的系统。我们编写古汉语字典，就应把词义引申的线索理清楚，把词义演变系统描写清楚。一般来说，本义应该排在第一义项，然后依次是各种引申义，近引申义合并，远引申义单立义项。因为我们的古汉语字典，是以字为基本单位的，字有假借，某个字可能表示另外一个词的意义，这就是所谓字的假借义。如果以词为单位，这应该单立词条。这样，所谓假借义自然应该排在引申义的后边①。按照词义的系统性排列词义，最重要的是要抓住本义，这是词义的纲，纲举目张，引申义也就可以推知了。有些辞书没有充分重

---

① 这只是从道理上讲，实际上，有些意义到底是引申义还是假借义，一时还不易弄清楚，因此处理起来，各家意见可能不完全一致。

视这个问题，比如前文所举“屋”字、“粪”字就是这样。下面再举一例。

《简明古汉语字典》：

社 ①古代祭土地神的神坛。《左传·僖公十九年》：“宋公使邾文公用鄫子于次睢之社。”《博物记》：“次睢有大丛社，民谓之‘食人社’。”②土地神。《左传·昭公二十九年》：“后土为社。”又为祭土地神。《史记·陈丞相世家》：“里中社，平为宰，分肉甚均。”③社日的简称。韩偓《不见》诗：“此身愿作君家燕，秋社归时也不归。”……

这里义项的排列似乎有些紊乱。首先是本义的确定不准确，其次是引申关系不明晰。

祭土地神的神坛→土地神→祭土地神→社日的简称

“土地神”义夹在与“祭土地神”有关的义项中间，是如何引申的？引申关系不清。其实，“社”的本义是土地神，应列为第一义项。

本字典是这样排列的：

社 ①土神。《吕氏春秋·季冬》：“以供皇天上帝社稷之享。”《白虎通·社稷》：“社者，土地之神也。”又为土神的牌位。《论语·八佾》：“哀公问社于宰我。”《淮南子·齐俗》：“殷人之礼，其社用石。”②祭祀土神。《诗经·小雅·甫田》：“与我牺羊，以社以方。”《吕氏春秋·仲春》：“择元日，命人社。”又为祭祀土神的地方，神社。《左传·昭公十七年》：“伐鼓于社。”《韩非子·外储说右上》：“君亦见夫为社者乎？”又为祭祀土神的节日，社日。先秦只于春季举行一次，秦汉以后于春秋各举行一次。王驾《社日》：“桑柘影斜春社散，家家扶得醉人归。”……

这样排列：土神→祭祀土神

↘ | ↘

土神的牌位 | 祭祀土神的地方

→祭祀土神的节日

系统性就强多了，其中的关键是要抓住本义。

按照词义的系统性排列词义，上文说过，假借义因不属该词的意义，不能排在前边，或与其他词义相混排。《简明古汉语字典》在不少地方把通假义排在第一义项的位置，都是欠妥的。如：

（1）**匡** kuāng ①通“筐”。筐子。《礼记·檀弓下》：“蚕则绩而蟹有匡。”

“匡”的本义是筐子。《说文》：“匡，饭器，筥也。”“筐”是“匡”的重文。实际上，“筐”应是“匡”的后起区别字。不当说“通筐”。

（2）**芘** ㊀ bì ①通“庇”。《庄子·人间世》：“隐将芘其所藾。”㊁ pí ②［芘芣］草名，即锦葵。《诗·陈风·东门之枌》“视尔如荍”毛传：“荍，芘芣也。”

这里“芘芣”当为第一义项。《说文》：“芘，艸也。一曰芘芣。”（依王念孙说）不当以通假义放第一义项。

（3）**欧** ㊀ ōu ①通“讴”。歌唱。《隶释·三公山碑》：“百姓欧歌。”②（旧 ǒu）通“殴”，打（人）；捶击。《汉书·张良传》：“良愕然，欲欧之。”……③［欧欧］象声词。缪袭《尤射》：“鸡鸣欧欧，明灯晢晢。”④姓。㊁ ǒu ⑤通“呕”。吐。《汉书·苏武传》：“武闻之，南乡号哭欧血。”《列子·说符》：“两手据地而欧之，不出。”

这里“欧”共列五个义项，除一个叠音象声词和一个姓外，其余三个都是通假，且通假占据第一、第二义项。这个词自身的意义是什么呢？是象声词？是姓？如果认为是哪一个，那么这个意义应该排在第一义项，而不应排在后边。按《说文》“欧，吐也”，“欧”的本义当是欧吐。实际上，“呕”当是“欧”的异体字或后字，不当说“通呕”，“呕吐”的意义应当排在第一义项。

（4）**留** liú ①通“畱”，开沟灌田。古乐府有《上留田》。②停留；留下。……

依《说文》“留，止也”，“留”的本义当是“停留、留下”。不知为什么在此义项前加“通畱”一个义项？“畱”的本义是焚烧草木之后耕种。《说文》：“畱，烧穜也。”“畱”的开沟灌田的意义大约是六朝以后才产生的，“留”的本义“停留、留下”用例在先秦所在多有，不知为什么以“通瞟”为第一义项？无论如何，这都是不妥当的。

跟词义的系统性相关的，还有词义的概括性问题。

我们说词一般都不止一个意义，词一般都是多义的。但是词义也不是无限繁复。如果词义无限繁复，必然会影响交际。这样，语言内部的制约机制就会发挥作用，采用一些办法来分散词义，比如用产生新词的办法，分担原有词的部分意义。有些辞书中，人为地把义项分得过于琐细。其实，一个词没有那么多义项，词义应该是富有概括性的。王力先生在《关于古汉语字典的编写问题》① 中说：“过去的字典于一个字条下面罗列十多个甚至几十个意义，其实并没有那么多。有些是东抄西袭，把本来可以合并的意义分成几条。如果某字只有一个本义，近引申义也就可以与本义放在一起，远引申义才另立一项。这样，一个字少则一个意义，多则四五个意义也就够了。引申义之外，有些字还有假借义。严格地说，应该另立词条，因为它们只是同音词，不该认为同一个词。”在给向熹先生《诗经词典》写的序中也说：“同一时代，同一个词有五个以上的义项是可疑的（通假意义不在此例），有十个以上的义项几乎是不可能的。”字典中的义项就相当于语义学中的义位，一个义位可能有若干义位变体，义位就是对若干义位变体的概括，吸收了它们共同的成分，而舍弃了它们非本质的具体的特征。所以一个义项不应当是一个词在上下文中具体的意义，而应当是该词在上下文中若干具体意义的概括。

比如本字典“食”字是这样写的：

食 ㊀shí ①食物，饭食。《左传·隐公元年》：“小人有母，皆尝小人之食矣。”泛指粮食。《韩非子·十过》：“财食将尽。”又特指俸禄。《论语·卫灵公》：“事君，敬其事而后其食。”②吃。《诗经·魏风·硕鼠》：“硕鼠硕鼠，无食我黍。”柳宗元《捕蛇者说》：“退而甘食其土之有。”③受纳。《盐铁论·相刺》：“贤圣不能正不食谏诤之君。”《汉书·谷永传》：“不食肤受之诉。”④日食，月食。后来写作

① 写于 1974 年。

蚀。《诗经·小雅·十月之交》:“日有食之。”《荀子·天论》:“日月食而救之。”

《简明古汉语字典》是这样排列的:

食　㊀ shí ①吃。《诗·魏风·硕鼠》:“硕鼠硕鼠,无食我黍。”曹丕《上留田》诗:“富人食稻与粱,贫子食糟与糠。”特指吃饭。桓宽《盐铁论·相刺》:“不耕而食,不蚕而衣。”王安石《感事》诗:“丰年不饱食,水旱尚何有?”②吞没。《书·汤誓》:“尔无不信,朕不食言。”③接受。《汉书·谷永传》:“不食肤受之诉。”④生活。《诗·卫风·氓》:“自我徂尔,三岁食贫。”王安石《送李秘校南归》诗:“却走南州食转贫。”⑤(封建领主和地主)享有邑、户的剥削收入。《汉书·张安世传》:“尊为公侯,食邑万户。”《宋书·谢灵运传》:“袭封康乐公,食邑三千户。”⑥(鬼神)享受祭祀。《史记·陈涉世家》:“至今血食。”⑦食物;吃的东西。《商君书·算地》:“饥而求食。”白居易《新乐府·卖炭翁》:“卖炭得钱何所营,身上衣裳口中食。”特指饭。《左传·宣公二年》:“使尽之,而为之箪食与肉。”⑧粮食。《墨子·七患》:“食者,国之宝也。”《商君书·慎法》:“彼民不归其力于耕,即食屈于内。”曹操《置屯田令》:“夫定国之术,在于强兵足食。”⑨垦殖。《礼记·檀弓上》:“我死则择不食之地而葬我焉。”⑩通“蚀”。亏损。特指日食或月食。《诗·小雅·十月之交》:“彼月而食,则维其常。”……

两相比较:《简明古汉语字典》比本字典在 shí 音项下多出六个义项,而且《简明古汉语字典》以“吃”为第一义项,以“食物、吃的东西”为第七义项;本字典以“食物、饭食”为第一义项,以“吃”为第二义项。

首先,“食”的本义应该是什么?段玉裁说:“食者自物言,饭者自人言。”这就是说,“食”是从物的角度讲,是名词,食物;“饭”是从人的角度讲,是动词,吃饭。“食”的甲骨文作,于省吾说:“卜辞食字象食物在器,上有盖之形。六穀之饭,凡可食者谓之食。

引申为饮食之义。”[1]可见，“食”的本义应该是名词，食物，不是动词，吃。“食物”应该放在第一义项。

其次，我们再来看看义项的分合。“粮食”是“食物”的近引申义，应与“食物”的义项合并。“生活”的义项也不宜单立。“三岁食贫”的“食”还是指的粮食，郑玄笺说：“女家乏穀食已三岁矣。”这个义项应该取消。严格地说，“垦殖”义也可不分立。“不食之地”即不打粮食的土地，还是“粮食”义用作动词。因其用得很少，可不出此义，读者自不会误解。如果要出，因其是“粮食”一义的近引申义，可归并在一起。本字典在“粮食”一义下又列出“俸禄”义，因古代官吏的俸禄，是以粮食计算的。这样，其中⑦⑧⑨三个义项可以归并为一个义项，④可以删除。“食”由“食物”义引申出吃食物的动作，所以应该立义项“吃”。“食言”的“食”是一种比喻，分出“吞没”义项似也有些多余。“食邑”的“食”、“血食”的“食”也都是“吃”的意思，只是在不同的上下文里产生一些具体的解释，不宜单立为义项。这样义项②⑤⑥都可以不立。通过这样的分析和归并，义项少了，更富于概括性，读者更容易通过本义去掌握它的引申义，条理清晰了，也更好懂了。

又比如“功”字，本字典写作：

功 ①事情，工作。《诗经·豳风·七月》：“上入执宫功。”《吕氏春秋·仲春》：“无作大事，以妨农功。”引申为事业。《孟子·公孙丑上》：“管仲晏子之功，可复许乎？”②成绩，成效。《庄子·天运》：“劳而无功。”《荀子·劝学》：“驽马十驾，功在不舍。”引申为功绩，功劳。《战国策·赵策四》：“位尊而无功。”《韩非子·人主》：“夫有功者受重禄。”……

《简明古汉语字典》是这样写的：

功 ①工程。《诗·小雅·黍苗》：“肃肃谢功，召伯营之。”《管子·度地》：“作土功。”②事；事业。《晋书·谢尚等传论》：“降龄何

---

①见于省吾主编《甲骨文字诂林》第2778条。

促，功败垂成。”③功劳；功绩。《韩非子·内储说左上》：“法者，见功而与赏，因能而受官。”《战国策·赵策》：“位尊而无功，奉厚而无劳。”④成绩；功效。《荀子·劝学》：“驽马十驾，功在不舍。”⑤把……认作自己的功绩。《史记·魏公子列传》：“公子乃自骄而功之，窃为公子不取也。”⑥取得成绩。柳宗元《天说》：“功者自功，祸者自祸。”⑦成。《管子·五辅》：“士修身功材。”……

《简明古汉语字典》义项设立似乎也缺乏概括性。义项①“工程”似不宜单立。“功”的本义应是“事情、工作”，《古汉语常用字字典》和向熹先生《诗经词典》与本字典同。“工程”义应包含在其中。义项③至⑥应合并成一个义项，它们都是“成绩、成效”义及其近引申义。义项⑦“成”义应该取消，郭沫若等《管子集校》认为此“功”通“攻”，意思是“致力于”。至于《尔雅·释诂》“功，成也”之训，实即“成效、功效”之义。通过合并，义项少了，条理也清楚了。

还有一个书证问题，它关涉到科学性与实用性两个方面，单独提出来谈。

一本字典或词典，必须要有书证。没有书证的字词典就像是一具骷髅。那么列举书证要注意什么，遵守什么原则呢？首先要遵守科学性的原则、历史主义的原则。王力先生多次强调“举例要举最早出现这个意义的书，也就是说要举始见书的例子”[①]。为什么要举始见书呢？这是因为，如果我们想要知道某个字的某个意义是从什么时候产生的，我们翻开字典一查就可以知道了。这样就不至于用后代才产生的意义，去解释前代书籍中的词，不至于犯颠倒历史、忽视词义时代性的错误。但是这件工作是十分艰巨的工作，它与汉语历史词汇学的研究状况紧密相连，只有某个词的某个意义在什么时候产生研究清楚了，字典上才能给予反映。目前的研究状况还远远做不到每个词的每个义项都能举出始见书的例证。但是，举始见书的例证应该是我们编写古汉语字典的指导原则和努力的方向。即使一时还不能举出始见书

① 见《词典问题杂谈》，《王力文集》第十九卷第124页。

的例证，仍然应该举出尽量早的书证为例，仍然应该充分反映目前汉语历史词汇研究的最新成果。比如学术界对“闻”字表示“嗅到”义产生的时代进行了深入的讨论。本字典吸收了目前的研究成果，在此义项下举出《吕氏春秋·权勋》“龚王驾而往视之，入幄中，闻酒臭而还”和《韩非子·内储说上》“顷尝言恶闻王臭”的例证。又比如“脚”字，“足、脚丫子”的意义起于何时，曾有过讨论。本字典认为，最早的书证应该是晋代郭璞给《山海经·海外北经》“其为人大，两足亦大”所作的注：“其人行，脚跟不著地也。”郭璞《山海经》注中多次以“脚”注“足”，或“足”“脚”互文①。又比如“阁”字“搁置”义各本字典或词典都举的是唐或唐以后的书证。本字典举《齐民要术·养羊》“于风凉处阁置”的例子，这样时间就提前了，可以使读者认识到，“阁”在北魏时代已有“搁置”的意义。但是，并不是把词义产生的时代提前的意见都是可取的。对于某些所谓新说，必须采取审慎的态度。比如有人说，“信”字“书信”义产生于汉代，有的举出古诗《为焦仲卿妻作》的“自可断来信”为证，有的甚至更提前到汉初，举出《史记·大宛列传》的“匈奴使持单于一信，则国国传送食，不敢留苦”为证②。其实，“自可断来信”的“信”是“信使，捎信儿的人”的意思，不是“书信”的意思。至于《史记》的“信”字，更不是“书信”的意思，而是“符信”“符节”的意思③。对于诸如此类的所谓新说，我们不但不应采用，而且应该屏弃。

其次，书证要具有典型性，要能够准确地说明义项。上边说到的“书信”义用“自可断来信”的书证，就是不准确的，因为句中的意思与义项“书信”是不相合的。再举两个例子。

《简明古汉语字典》“葵”字第②义项为“向日葵”，引司马光

① 也有人认为，“脚”的“足、脚丫子”义始于汉末，举出佛经译文“脚拇指”的例子。对于这些佛经译文，学术界还有分歧。因此我们编写古汉语字典时暂不予考虑。

② 见《中国语文》1986 年第 3 期。

③ 参见《中国语文》1986 年第 6 期谢质彬《〈信的书信义的更早例证〉质疑》。

《居洛初夏》“惟有葵花向日倾”为书证。据植物学家考证，向日葵原产美洲墨西哥，大约在明末经欧洲传入我国。司马光为宋代人，他的诗中不可能出现“向日葵”这种植物。司马光的诗大约出典于李商隐《为荥阳公谢表》“比园葵以自倾，昼惟向日”。而最早讲葵向日的大约是《淮南子·说林》的“圣人之于道，犹葵之与日也，虽不能与终始哉，其乡之诚也”。《淮南子》及李商隐文之“葵倾”，恐非言花而言叶。曹植《求通亲亲表》：“若葵藿之倾叶，太阳虽不为之回光，然终向之者，诚也。”则明言“倾叶”。此种葵即冬葵。司马光诗“葵花”与上句“柳絮”相对，指葵之花，而不是今称向日葵为葵花者，司马光诗之“葵”，绝非向日葵。

《简明古汉语字典》“匡”字第①义项“通‘筐’，筐子”。举《礼记·檀弓下》“蚕则绩而蟹有匡”为书证，恐亦未妥。“蟹有匡”，孔颖达说：“蟹背壳似匡，仍谓蟹背作匡。”此说得很明白，“匡”指蟹背，非“筐子”之义。即使如孔颖达上句“蟹背壳似匡”，也是说明蟹背称“匡”的来由，也不当以此作为“匡”字“筐子”义的书证。

另外，书证要尽量在名篇、一般读者较为熟悉的段落中选取，尽量是明白易懂的。本字典的做法之一是尽量选用各种大中学课本中的例子，这样，读者易于理解。比如：

埃 尘土。《荀子·劝学》：“上食埃土，下饮黄泉。”白居易《长恨歌》：“黄埃散漫风萧索。”

《荀子·劝学》和《长恨歌》都是名篇，又都是大中学课本中选过的，一般读者都比较熟悉。

那么，明白易懂的要求与始见书的原则二者之间的关系应如何处理呢？《简明古汉语字典·凡例》中说：“引例不拘历史时代，但求贴切妥适，明确易懂。”《古汉语常用字字典·凡例》说：“尽量选用典型性强，明白易懂的例句。一般不考虑是否出于始见书，也没有完全按时代先后排列。”在凡例中做出这种明确的规定，我们觉得是欠妥当的。首先应该强调始见书的问题，即使不能是始见书，也要尽量选用时代较早的。只有符合科学性的实用价值才是真正有意义的。王力先生在《谈谈学习古代汉语》的自序中说："学习古代汉语没有什么秘诀，说来说去就是一个历史观点问题。"王先生这话是针对一般读者说的。树立历史观点，注意词义的时代性，对于一般读者学习古代汉语，真正读懂古书，是至关重要的。所以我们编纂古汉语字典，通过例句给读者一个词义产生时代的正确认识，是使他们避免用后代的意义去解释前代的语言的最好办法。《古汉语常用字字典》在选择例句上对时代性还是有所考虑的，《简明古汉语字典》则完全抛弃了例句的时代性，这恐怕是这部字典最大的失误和缺憾。始见书或时代较早的书证，不一定都是不明白易懂的。比如"把"字"握、执"义，本字典引《战国策·燕策三》"臣左手把其袖"例（《简明古汉语字典》此义下引例是杜甫《兵车行》"纵有健妇把锄犁"），又比如"眺"字"远望、眺望"义，本字典引《吕氏春秋·仲春》"可以远眺望"例（《简明古汉语字典》《古汉语常用字字典》均引谢灵运《登池上楼》例），句义明白易懂，而且时代较早。如果选择始见书或时代较早的用例，句子难懂怎么办？本字典采取在例句下加简注的方式帮助读者理解。比如"宫"字"房屋"义，引《诗经·豳风·七月》："上入执宫功。"（上入：从田野回到村邑。执：作，从事。功：事。）又比如"枚"字"树干"义，引《诗经·周南·汝坟》："遵彼汝坟，伐其条枚。"（遵：沿着。汝：水名。坟：堤岸。）这样，既坚持了始见书的原则，又照顾了读者的理解。在这种情况下，很多时候，本字典还再选一个读者较为熟悉的明白易懂的例句，这一例子则不拘时代。比如"凌"字"冰"义，引《诗经·豳风·七月》"二之日凿冰冲冲，三之日纳于凌阴"（二之日：指周历二月，即夏历十二月。冲冲：凿冰声。凌阴：冰窖。）之后，又引孟郊《寒江咏》："涉江莫涉凌。"又比如"煤"字"烟熏所积的黑灰"义，引《吕氏春秋·任数》"向者煤炱入甑中"（炱 tái：烟气凝积成的黑灰。甑 zèng：古代蒸食物的炊具。）之后，又引刘禹锡《畲田行》："红焰远成霞，轻煤飞入郭。"

字典作为一种工具书，它的实用性是必须突出的。本字典在这方面做了充分的考虑，以给广大读者尽可能多的方便。

第一，从收字看，本字典收字在一万有余（不包括异体字），凡先秦两汉典籍中出现的字基本都收录在籍，汉以后新产生的字，除非常偏僻的字，或宋元明白话作品中特有的字外，一般都收入，因此阅读古代汉语典籍，遇到困难，都可以利用本字典查找。读者适应面比较宽，凡具有中等文化以上的读者都可以利用它解决阅读古书时碰到的词义理解的困难。

第二，例句的选择，除上文所说注意始见书或时代较早的书证，还特别注意尽量选择大中学课本出现过的文章里的例句，这样使人们理解起来较为容易，对于例句中难解的词都做了简单的注释，也有利于读者理解例句的意思。这在上文已有说明，不再重复。

第三，字条释义之后，不少地方设立【说明】的栏目，其内容有二：一是说明繁简字对应的情况。现行的简化字中，有不少与相应的繁体字在古代是意义不相同或音义皆不相同的两个字，这必须向读者交代清楚，免得发生错误。比如“谷2（穀）”字下【说明】“穀”和“谷”古代是不同的两个字，意义各不相同，现在“穀”简化作“谷”。又比如“荐2（薦）”字下【说明】古代“荐”和“薦”是两个字。在“牧草、草席、屡次”等意义上，二字可通用。而“薦”的其他意义则不能写作“荐”。现在“薦”简化作“荐”。二是对表意字或不易分辨的形声字做出字形结构的说明，这样既可以帮助读者理解字义，又给读者一些文字学上的简单的知识。比如：

“及”字下【说明】“及”为会意字，从又从人，表示追赶上、逮住的意思。参附录三（为排版方便，【说明】中不出古文字字形，凡需出古文字字形者都集中在一起，作为附录放在书后）。

“祭”字下【说明】“祭”为会意字，象用手拿着一块血淋淋的肉，表示杀的意思。参附录三。

“老”字下【说明】“老”为象形字，象长发老人手持拐杖形，表示年老的意思。参附录三。

“徒”字下【说明】“徒（辻）”为形声字，辵为形符，土为声符。

“嗣”字下【说明】“嗣”为形声字，形符是“口”和“册”，声符是“司。”本义专指继承君位，因此事须记录在册并加以宣读，所以从口从册。

【说明】中有时还说明一些与字形更迭变化有关的情况。比如：

“四”字下【说明】古文字“四”字象流鼻涕形，本义为鼻涕。后借用表示数目，而表示数目的“亖”不用了。鼻涕的意义又借用水名的“泗”字表示。

“影”字下【说明】“影”字古本作“景”，汉碑中始有“影”字，今先秦古籍之“影”字为后人改写。

第四，同义词辨析，在辞书中应占有相当的位置。某些字（词）有相同或相近的意义，但又同中有异，分析它们同中之异，又可以加深对词义的理解，这是非常有好处的。本字典在不少地方设立【辨析】一栏，就是这个意思。比如：

“病”字下【辨析】“病”“疾”。二字在“疾病”和“生病”的意义上是同义词，并没有轻重的区别，都既可以指重病，又可以指一般的病。《吕氏春秋·贵公》：“管仲有病，桓公往问之。”又《知接》：“管仲有疾，桓公往问之。”同一件事，有时用“病”，有时用“疾”，可见这两个字没有轻重之分。《吕氏春秋·至忠》：“子培疾而死。”疾而至于死，可见疾并不是指轻病。二者的区别是，“病”的本义是病情加重，“疾”不具备这个意义。

“憾”字下【辨析】“憾”“恨”“怨”。在先秦，“憾”“恨”是同义词，都是“遗憾、不满意”的意思，与“怨”不是同义词。汉魏以后，“憾”“恨”产生了“怨恨”的意义，才与“怨”是同义词。

“缓”字下【辨析】“缓”“徐”“慢”。“徐”和“缓”都有“缓慢”的意义，但“徐”指不疾速，其反面是“疾”；“缓”指不急迫，其反面是“急”。“慢”的“迟缓”义，是中古以后出现的。

“饭”字下【辨析】“饭”“食”。“饭”的本义是动词“吃饭”，引申为名词“吃的饭食”。“食”的本义是名词“食物”，引申为动词“吃东西”。“饭”的本义与“食”的引申义构成同义词，“食”的本义与“饭”的引申义构成同义词。

第五，标明入声字。王力先生在《关于古汉语字典的编写问题》中说："入声字应该标出，因为现代普通话没有入声，而唐诗、宋词则入声归入仄声，应该知道入声字，以便了解诗词格律。"遵照王力先生的意见，我们标出了入声字，以方便广大北方没有入声地区的读者。

科学性与实用性尽可能完美的结合，是本字典努力的目标。由于我们能力有限，不如人意的地方甚至错误的地方，恐怕会不少。我们衷心地、诚恳地希望广大读者和专家多多批评，以帮助我们不断地改进。吕不韦写完《吕氏春秋》之后，曾悬之咸阳市门，声言有能增损一字者予千金。我们虽然没有吕不韦的魄力，但对于指出我们错误的朋友，从心底里说一句"多谢您了"，确是实实在在的。

（原载《古代汉语字典》，北京大学出版社，1998年）

科学性：古汉语辞书编纂与修订的首要原则

无论是编纂还是修订古汉语辞书，科学性都应当作为首要原则。这个原则主要包括历史主义观点和语义学观点。所谓历史主义观点，就是要用历史发展的观点去看待词汇的演变和词义的变迁；所谓语义学观点，就是要把词义看作一个系统，要理清词义的引申脉络。古汉语辞书中很多问题都是与此密切相关的。我们应当把这一原则贯彻于古汉语辞书编纂与修订的始终，贯彻于编纂与修订的全过程。这个过程可能是长时期的，因为历史词汇学的研究会不断取得新的成果，所以辞书就有不断修订的可能和需要。我们贯彻这一原则，应当是全心全意的，不能受别的什么原则的干扰，不能用别的什么原则去取代它或冲淡它。如果违背或偏离这一原则，就只能给读者以误导。

一、关于历史主义观点

社会是发展的，语言词汇也随着社会的发展而发展。古代有的词和词义，后代可能改变了或消失了；后代新产生的词和词义，又是古代所没有的。因此研究词义要树立历史发展的观点，编纂和修订辞书也要树立历史发展的观点。现行某些古汉语辞书在释义方面存在着不符合历史发展观点的现象。举例说明如下：

（1）桥

《辞源》：①桥梁。《史记·秦本纪》昭襄王五十年："初作河桥。"……②器物上的横梁。《仪礼·士昏礼》："笄，缁被纁里，加于桥。"……③桔槔，井上提水的工具。《礼·曲礼上》："奉席如桥衡。"注："桥，井上桔槔。"

《简明古汉语字典》[1]：①桥梁。《史记·秦本纪》："昭襄王五十年，初作河桥。"②器物上的横梁；有横梁的器物。《仪礼·士昏礼》："笲加于桥。"③井上桔槔。《淮南子·本经》："桥直植立而不动。"……

这两本辞书都将"桥"的本义看作"桥梁"，是受了许慎《说文》的误导。《说文》："桥，水梁也。"这是用汉代的意义为"桥"作解。这种情况在《说文》中并非仅见。不能以此作为根据而把"桥"的本义定为"桥梁"。段玉裁说："见于经传者，言梁不言桥也。"其实，"桥"的"桥梁"义是汉代才产生的，先秦文献中，"桥"字无一例作"桥梁"解就是明证。"桥"的本义应该是桔槔或桔槔上的衡木，引申为器物的横梁。这两本字典颠倒了本义与引申义的关系，颠倒了古义与后起义的关系。

（2）副

《辞源》：1.fù 敷救切……①次，贰，位居第二。见"副王、副使"。……2.pì 芳逼切……⑦破开，剖分。《诗·大雅·生民》："不坼不副，无菑无害。"

《简明字典》：㊀ fù ①非正的。《史记·留侯世家》："良与客狙击秦皇帝博浪沙中，误中副车。"……㊁ pì ⑦剖；剖开。《礼记·曲礼上》："为天子削瓜者副之。"

这两本辞书又把本义和其他义弄颠倒了。《说文》："副，判也。"段注："郑仲师注《周礼》云：'贰，副也。'贝部贰下因之。《史记》曰：'藏之名山，副在京师。'《汉书》曰：'臧诸宗庙，副在有司。'周人言贰，汉人言副，古今语也。"段玉裁的话是对的。先秦古籍中，未见"副"有"非正的，次"的意义，到汉代才引申出此义。先秦则只用"贰"。"副"的本义和古义是判、剖分。应该排在第一义项的位置。

（3）殿

《辞源》：①古代高大房屋，通呼为殿。后专称帝王所居及朝会之所或供奉神佛之所为殿。《战国策·魏四》："仓鹰击于殿上。"②行军

---

①四川人民出版社，1986年版。以下简称《简明字典》。

的尾部。《论语·雍也》："孟之反不伐，奔而殿。"③下等，末等。见"殿最"。④镇抚，镇守。《诗·小雅·采菽》："殿天子之邦。"

《简明字典》：①高大的堂屋。《后汉书·蔡茂传》："茂初在广汉，梦坐大殿。"②（行军时）走在最后。《论语·雍也》："孟之反不伐，奔而殿。"③最后。《左传·襄公二十六年》："析公奔晋，晋人置诸戎车之殿，以为谋主。"④收梢；结尾。苏轼《雨晴后步至四望亭下》："懋懃木芍药，独自殿余春。"⑤镇；镇住。《诗·小雅·采菽》："殿天子之邦。"

这两本辞书将"高大的房屋"作为第一义项，而将"行军走在后边"及"镇守"等义置于其后，这也是颠倒了历史。《说文》："殿，击声也。"段玉裁注："此字本义未见。"先秦古籍中，仅《庄子》杂篇及《战国策》偶见"殿"指"高大房屋，宫殿"义的，然《庄子》杂篇乃庄周后学所为，多产生于秦汉之间，而《战国策》经西汉刘向整理，其中有刘向的改动，"殿"字当是一例。这就是说，"殿"的这个意义在先秦不曾有过，战国末期的《韩非子》和《吕氏春秋》都不曾出现此义。"镇守"及"行军走在后边"的意义先秦所在多有。即使"殿"的本义未出现，字典排列义项亦应以时代为序，"镇守"义应排在前边。

（4）段

《辞源》：①布帛等之一截。《文选》张衡《四愁诗》之四："美人赠我锦绣段，何以报之青玉案。"亦泛指长度，事物、时间的一部分，如片段、分段。②椎击。《说文》："段，椎物也。"……参见"段氏"。

《简明字典》：①节。《晋书·邓遐传》："遐挥剑截蛟数段而去。"②量词。用于成段的东西。萧绎《金楼子·志怪》："……有千余段木流出。"③锻。李贺《荣华乐》诗："绣段千寻贻皂隶。"④捶打。《十洲记》："以铁椎段其头数十下乃死。"⑤通"锻"。《考工记》有"段氏"，主管锻铸农具。

《王力古汉语字典》[1]：①锤击。《说文》："段，椎物也。"《周礼·考工记·輈人》有"段氏为镈器"。段氏即指锻铸工。此义后来写作"锻"。②截断，分开。银雀山汉墓竹简《孙膑兵法·擒庞涓》："于是段齐城、高唐为两。"又用作量词。《晋书·邓遐传》："遐挥剑截蛟数段而去。"……

这里《辞源》《简明字典》颠倒了古义和后起义、本义与引申义。"段"的本义是"棰击物"，"锻"是"段"的后起区别字，在"棰击物"的意义上是一个词。《王力字典》把这个意义作为第一义项是对的。《辞源》《简明字典》第一项"布帛等之一截""节"都是引申义。《王力字典》引银雀山竹简"截断，分开"义，正是"棰击物"义的引申，也正是"物的一段"义的源头。《简明字典》义项的排列更是混乱。

有些释义，某一义项用两个解释语，这两个解释语的时代是颠倒的，而且与书证发生混乱，使读者无所适从。比如：

《辞源》"粪"字条：①扫除。②粪便，污秽。《左传》僖二十八年："荣季曰：'死而利国，犹或为之，况琼玉乎，是粪土也，而可以济师，将何爱焉？'"③肥田，施肥。……

"粪"的第一个义项"扫除"是对的，这是"粪"的本义。第二个义项"粪便，污秽"把不同时代的两个意义作为同一个义项的解释语，搅乱了词义的历史发展。先秦时代，"粪"义为污秽或污秽之物，而"粪便"的意义是晋以后才产生的，《王力字典》、《古汉语常用字字典》[2]、《古代汉语字典》[3]都引贾思勰《齐民要术》例，是恰当的。《简明字典》将"屎，粪便"作为第一义项，是大错特错了。《辞源》引《左传》"粪土"例作为"粪便，污秽"释义的例证，使读者不知"粪土"的"粪"到底是指污秽还是粪便，引起混乱。这个义项的表

---

① 中华书局，2000年版。以下简称《王力字典》。

② 商务印书馆，1993年版。以下简称《常用字典》。

③ 北京大学出版社，2000年版。以下简称《北大字典》。

述可以这样：②污秽，污秽之物。《论语·公冶长》："粪土之墙，不可圬也。"《吕氏春秋·上农》："不操麻，不出粪。"引申指粪便。《齐民要术·种瓜》："内热牛粪中。"

关于历史主义观点，还有一个例证的始见书的问题。这也是一个很重要的问题。王力先生多次强调古汉语字典引例要举始见书的例子。有的字典明确否定这一原则，是不妥当的。《简明字典》凡例十六说："引例不拘历史时代，但求贴切妥适，明确易懂。"《常用字典》凡例十二说："例句的作用在于帮助读者理解词义。尽量选用典型性强，明白易懂的例句。一般不考虑是否出现于始见书，也没有完全按时代先后排列。"这两部字典的初衷可能是好的，是为便于读者理解词义，但明确提出不拘历史时代，不考虑始见书则是十分有害的。某个意义，在什么时代产生，在字典中，就是通过引用始见书的例证来告诉读者的。读者了解了这一点，就等于掌握了词义发展线索，就不会用后代才产生的意义去解释前代文献中的词，就不会犯颠倒历史、忽视词义时代性的错误。当然这是一项很困难的工作，要靠历史词汇学的研究成果作支撑。即使一时举不出始见书的例证，也要尽量举出现此义最早的例证，随着研究的不断深入，最终总会达到举始见书例证的目的。比如"仆"字，现行各字典如《辞源》《王力字典》《常用字典》《简明字典》《北大字典》等在"对自己的谦称"的意义上都是引司马迁《报任安书》中的句子作为例证。在当时，或以此例为最早，人们因此会有"仆"表自我谦称之义始于汉代的印象。但最近的研究发现，《吕氏春秋·高义》中有"杀人者，仆之父也"这样的例子，"仆"正是自我谦称之义。因此，修订字典时，应采用《吕氏春秋》的例子作为书证。这说明"仆"的自我谦称之义在战国末期就产生了。又比如"著"字的"穿戴"义，《王力字典》《常用字典》《北大字典》均引《木兰辞》"著我旧时裳"一例，《辞源》用《世说新语》注所引《文士传》"著此新衣"例。这两处例证都是魏晋前后的。新的研究发现《吕氏春秋·士节》有"著衣冠，令其友操剑奉笥而从"的例子，此处"著"正是"穿戴"的意义。这说明，战国末期，“著”字已有“穿戴”的意义。通过这两例说明，字典的始见书用例是在不断地完善的。同时，我们应当注意，我们在采用新的研究成果时要采取审慎的态度，王力先生早就批评过所谓“新颖可喜”，不要以为所谓新的都是好的，不能把词义的可能的发展看成发展的现实，新的成果不能凭空推测，一定要有确凿不刊的证据。

始见书的例证一般时代较早，有的不甚好懂，所以前引两种字典确定以明白易懂为原则而不考虑始见书。好像这个矛盾就只能这样解决而别无他法。殊不知这种做法是捡了芝麻，丢了西瓜。西瓜、芝麻都不丢，都要捡，也不是没有办法。办法可以是：一、先举始见书的例证，再举一明白易懂的例证；二、在举始见书例证时，如果文辞古奥，可采用括号加注的办法帮助读者理解。这样是可以做到两全其美的。

二、关于语义学观点

语义学内容很广泛，这里主要强调的是词义的系统性和词义的概括性。词义是成系统的，从一个原始意义，或者称作本义，随着社会生活的发展，不断产生新的意义，这种意义又称作引申义。本义和引申义之间有必然的联系，这种联系，是以民族的思维方式为纽带维系的。引申义有的是从本义直接引申出来的，有的是从引申义引申出来的。本义和这诸多的引申义就形成了词义的系统。我们的辞书应该把这种词义演变的系统清楚地描写出来，给读者一个清晰的认识。一般来说，本义应该作为第一个义项，然后是按引申远近排列各个引申义，近引申义归为一个义项，远引申义单列。现行的古汉语字典都是以字为单位的，字有假借，因此各个字的引申义后还有假借义[①]。要清楚地描写词义的系统，首先要抓住本义，本义是纲，纲举目张，纷繁的词义就会变得简单而有条理了。

与词义的系统性相关的是词义的概括性。词义的系统性要靠词

---

① 如果以词为单位，假借义则是属于另外一个词的，应单出词条。

义的概括性来支撑。离开词义的概括性，词义的系统性也就很难显现了。清人的《经籍籑诂》是将古人的训诂罗列在一起，以便于人们查检，是有它的益处的。现代我们编写辞书，不能再像《经籍籑诂》那样，只把上下文中所体现的意义罗列出来，而是要把上下文中所体现的意义，按词义引申关系进行概括。这样词义的发展脉络才能清楚，词义的本质才能得到真正的反映。《王力字典》序言所强调的八个特点，第一条就是扩大词义的概括性。王力先生说："一般字典辞书总嫌义项太多，使读者不知所从，其实许多义项都可以合并为一个义项，一个是本义，其余是引申义。"王力先生的话是对的。

现在有的辞书忽视词义的系统性和概括性，下面举例说明。

（1）屋

《辞源》：①房屋，居舍。《诗·秦风·小戎》："在其板屋，乱我心曲。"②泛指覆盖之物。《礼·杂记上》："素锦以为屋而行。"此指盖棺的小帐。……

这里把"屋"的本义定为"房屋，居舍"是不妥的。许慎《说文》："屋，居也。"是用汉代的意义作解，不是"屋"的本义。"屋"的本义当指屋顶。段玉裁说："屋，室之覆也。"《说文》"囱（窗）"下说："在墙曰牖，在屋曰囱。"所谓"室之覆"就是盖在室（房间）上的，即房顶。所谓"在屋曰囱"，就是在房顶上开的天窗叫窗。因为是"室之覆"才能引申出泛指覆盖之物，即《辞源》的第二义项。如果照《辞源》把"房屋，居舍"作为第一义项，如何引申为"覆盖之物"？词义的系统性又如何体现？

（2）祥

《辞源》：①幸福，吉利。《礼·礼运》："嘏以慈告，是谓大祥。"②吉凶的征兆。《左传》僖十六年："是何祥也？吉凶焉在？"本通指吉凶。《礼·中庸》："国家将兴，必有祯祥。"此指吉兆。《史记·殷本纪》："亳有祥桑谷共生于朝，一暮大拱。"此指凶兆。后多以吉兆为祥，而以凶兆为不祥。

这里第二个义项"吉凶的征兆"当是本义，应作为第一义项。又特指吉兆。从吉兆义引申出吉利、幸福。这样词义的引申系统清晰明了。《王力字典》《北大字典》正是这样做的。

《王力字典》：①征兆。《左传》僖公十六年："是何祥也？吉凶焉在？"特指好的征兆。《诗·小雅·斯干》："维熊维罴，男子之祥。"引申为幸福、吉祥。《左传》僖公三年："齐方勤我，弃德不祥。"

《北大字典》：①吉凶的征兆。《左传·僖公十六年》："是何祥也？吉凶焉在？"《论衡·异虚》："善祥出，国必兴；恶祥见，朝必亡。"特指吉兆。《吕氏春秋·应同》："凡帝王者之将兴也，天必先见祥乎下民。"引申为善，吉利。《墨子·天志中》："而不知其为不仁不祥也。"《左传·僖公三十三年》："纵敌患生，违天不祥。"

如果按照《辞源》那样排列义项，不但颠倒了历史，也破坏了词义的系统性，看不出词义的引申线索。这种情况是应该避免的。

（3）于

《辞源》：①超过。《荀子·劝学》："冰，水为之，而寒于水。"②往，去。《诗·周南·桃夭》："之子于归，宜其室家。"③取。《诗·豳风·七月》："昼尔于茅，宵尔索绹。"……⑦介词。……⑧连词。……⑨助词……

这里词义系统有些紊乱。第一义项"超过"是不是本义？用《荀子·劝学》"寒于水"证明，是否相符？"寒于水"的"于"是介词，引进比较对象，所谓"超过"是今人的翻译，并不是词自身的意义。下文义项⑦列有介词一项，其中又分别为5个小项，为什么将"寒于水"的"于"采用翻译的办法释义而单列，且作为第一义项，令人费解。应合并到义项⑦内。关于义项③"取"的解释，王力先生早有批评，"于"没有"取"的意义。

（4）投

《辞源》：①掷，扔。《诗·小雅·巷伯》："取彼谮人，投畀豺虎。"②投入。《庄子·让王》："因自投清泠之渊。"③投赠。《诗·卫风·木瓜》："投我以木瓜，报之以琼琚。"④投奔。《文选》张景阳《杂诗》之八："述职投边城。"⑤投送，呈递。见"投劾"。⑥投合。

《楚辞·大招》：“二八接舞，投诗赋只。”⑦到，临。……

这里的几个意义缺乏概括性，因此系统性突显不出来。“投掷，扔”引申为“投赠”，再引申为“投送”，线索比较清楚，是着眼于人使某物从此处及于彼处，至于掷、赠、递都是投的目的，可作为同义项的近引申义，因此可归并为一个义项。“投入”引申为“投奔”，是着眼于自身由此及彼，“投渊”是自身从渊上进入渊中，“投边城”是自身从边城以外的地方进入边城。这也是一个义项的近引申，应归并为一个义项。由“投奔”又引申为“到”，因“到”有具体也有抽象，故而可以分列为一个单独的义项。这样各义项的关系就清楚了，系统性也更强了。

（5）杖

《辞源》：①手杖，拐杖。《礼·曲礼上》：“……必赐之几杖。”②棍棒或棍状物。《孔子家语·六本》：“……大杖则逃走。”③兵器。《汉书·西域传》：“以金银饰杖。”④刑具。《魏书·刑罚志》：“民多不胜而诬引，或绝命于杖下。”

《王力字典》：①手杖，拐杖。《论语·宪问》：“以杖叩其胫。”②棍棒或棍状物。《吕氏春秋·贵卒》：“衣铁甲操铁杖以战。”又指兵器。《汉书·西域传》：“以金银饰杖。”又指刑具。《魏书·刑罚志》：“检杖之小大。”

《王力字典》将《辞源》的②③④三个义项合并为一个义项，符合词义的概括性原则。

（6）门

《简明字典》：①门。陶渊明《归去来兮辞》：“园日涉以成趣，门虽设而常关。”②形状或作用象门的东西。欧阳修《与尹师鲁书》：“下至灶门老婢，亦相惊怪。”③途径。杜甫《白马》诗：“丧乱死多门，呜呼泪如霰。”④家；家族。……⑤派别；学派。……⑥门类；类别。……⑦守门。《公羊传·宣公六年》：“勇士入其大门，则无人门焉者。”又为攻门。《左传·襄公十年》：“偪阳人启门，诸侯之士门焉。”

这里义项①②⑦可以合并，“门”用为动词有“攻门”“守门”的意义，从“门”引申，指“形状或作用象门的东西”，关系很清楚。把它分成三个义项，而且义项⑦与义项①隔得如此之远，既不符合概括性原则，又破坏了词义的系统性。

（7）豆

《辞源》：①古代食器，初以木制，形似高足盘，后多用于祭祀。《诗·大雅·生民》：“卬盛于豆，于豆于登。”②豆类植物。种类甚多，其实皆结荚。古称菽，自汉以后称豆。《文选》杨恽《报孙会宗书》：“种一顷豆，落而为萁。”③古量器名。《仪礼·士丧礼》：“稻米一豆实于筐。”注：“豆，四升。”又为重量单位。刘向《说苑·辨物》：“十六黍为一豆，六豆为一铢。”

“豆”的本义是食器，引申为量器名，又指重量单位，这都是先秦古义，且引申线索明确，应排在第一、第二义项。“豆类植物”义是汉初才产生的，很可能是一种假借，这个义项应放在“量器名”之后，排为第三个义项。同时，《辞源》“豆类植物”义引《报孙会宗书》嫌稍晚，《素问》中已有多处“豆”用于“豆类作物”义[①]。《素问》大约产生于汉初，当早于杨恽。

（8）招

《辞源》：①以手示意，或用某种方式召之使来，引致。《书·说命下》：“旁招俊乂。”《荀子·劝学》：“登高而招，臂非加长也，而见者远。”②自取，引起。《书·大禹谟》：“满招损，谦受益。”③供认罪行。《旧唐书·哀帝纪》：“乙未，敕伪称官阶人泉州晋江县应乡贡明经陈文巨招伏罪款，付河南府决杀。”④羁绊，牵系。《孟子·尽心下》：“如追放豚，既入其笠，又从而招之。”⑤射之的，箭靶。《吕氏春秋·本生》：“万人操弓，共射其一招，招无不中。”

这里义项①②应该合并，义项②是义项①的近引申义。义项④⑤

---

①《战国策·韩策一》：“五谷所生，非麦而豆。民之所食，大抵豆饭藿羹。”“豆”用作“豆类植物”义。此文或产生于秦汉之间，或出自刘向的整理。

都是从“招致”义引申出来的，应紧随其后。义项③夹在中间很不妥，应放在后边。《王力字典》正是这样排列的：①以手示意召之使来，招致。……引申为导致。……②羁绊。……③箭靶。……④供认罪行（后起义）。《王力字典》的义项归并与排列更能反映词义的系统性与概括性，也更科学。

古汉语辞书的科学性，除了重视历史观点，注意词义的时代性，强调词义的系统性、概括性之外，还要注意释义的准确、释义与书证的吻合等。下面举两个例子：

（1）病

《辞源》：①疾病，生病。轻者为疾，重者为病。《论语·子罕》：“子疾病。”《孟子·公孙丑下》：“今病小愈，趋造于朝。”

这里“疾病，生病”并列为一个义项，不妥当。“疾病”是为名词释义，“生病”是为动词释义，应当分开表述。书证“子疾病”的“病”是什么意义？读者很难从释义中找到答案。实际上“疾病，生病”都不是这里“病”的意义。《集解》引包咸曰：“疾甚曰病。”这里的“病”是“病情加重”的意思。“子疾病”的意思是“孔子病了，病得越来越重”。《说文》：“病，疾加也。”也是病情加重的意思。“病情加重”是“病”的本义。“病”作动词也有生病、染病的意义，引申为名词，指疾病。《北大字典》是这样表述的：①病情加重。《说文》：“病，疾加也。”《论语·子罕》：“子疾病。”《庄子·徐无鬼》：“仲父之病病矣。”又泛指染病。《孟子·滕文公上》：“今吾尚病。”《吕氏春秋·长攻》：“赵简子病。”又用作名词，泛指疾病。《韩非子·喻老》：“君之病在肌肤，不治将益深。”《吕氏春秋·察今》：“病万变，药亦万变。”《北大字典》的表述显得准确、清楚。再者，《辞源》所谓“轻者为疾，重者为病”亦不妥。这是误解《说文》等造成的。如上文所说《说文》的“疾加”并不是重病，而是病情加重，是动词而不是名词。“疾、病”在“疾病”与“生病”的意义上同义，没有轻重的分别，都既可指重病，也可指一般的病。《吕氏春秋·贵公》：“管仲有病，桓公往问之。”又《知接》：“管仲有疾，桓公往问之。”同一件事，或用“病”，或用“疾”，可见没有轻重之别。《吕氏春秋·至忠》：“子培疾而死。”“疾”而至于死，可见“疾”并不是轻病。“疾”与“病”的区别是“疾”不具备“病”的本义“病情加重”的意义。

（2）烂

《辞源》：①熟。《说文》作爤。《方言》七：“烂，熟也。自河以北赵魏之间，火熟曰烂，气熟曰糦，熟其通语也。”亦谓过熟或不熟。《吕氏春秋·本味》：“熟而不烂。”高诱注：“烂，失饪也。”

《辞源》认为“烂”“亦谓过熟或不熟”，失当。《吕氏春秋》“熟而不烂”的“烂”是“过熟”之义，这恐怕是任何人都不会理解错的。高诱注以“失饪”，高注是对的。所谓失饪是失生熟之节，或过熟或不熟，但在某一特定的语境中，它不可能兼而有之。是“过熟”就不是“不熟”，是“不熟”就不是“过熟”。高诱这里说的是“过熟”，所以是对的。《辞源》“亦谓过熟或不熟”不是在解“烂”字，而是在为“失饪”作解，所以错了。

（原载《辞书的修订与创新》，商务印书馆，2003年）

赵彤《战国楚方言音系》序

我与赵彤相识已十年有余。首次见面是在我的“《吕氏春秋》研读”课上。当时的印象是此人清瘦高挑，文静寡言，善于思索，能提出一些别的学生提不出的问题。赵彤本来是古典文献专业的，后来转到汉语专业。他古典文献的基础和汉语语言学的基础都比较好，在同辈学生中是出类拔萃的。他的硕士、博士期间都是跟我在一起的，攻读的是汉语史。这期间，我们就更熟识了，他经常和我讨论一些问题，提出他个人的见解，我对他的好学深思很是嘉许。他对上古音尤其是上古方言语音系统特别感兴趣，他的硕士论文选定《汉代方音研究》，以扬雄《方言》、许慎《说文》等反映方言的语词（他称之为标音字）为研究对象，考察汉代韵部并推测早期汉语的音系。这篇文章，虽然显得单薄，对所谓早期汉语的推测也证据欠足，但反映出赵彤敢于向困难挑战的勇气和魄力，也可以看出他在文献学和音韵学上的知识基础。博士阶段，他打算在上古方音方面继续攻坚。博士阶段的第一年，他希望去民族大学旁听藏语。因为当时人们好像都认为汉藏语比较是研究汉语上古音的利器，他也要去体验一下。我虽然对用汉藏比较研究上古音有不同看法，但觉得掌握一点藏语也许是有用的，将来有人用藏语唬人、骗人的时候，还可以揭露他，就同意他去了。后来，上海博物馆公布一批楚简。他觉得这是研究战国楚方言的绝好的材料，就打算利用这些材料及以前公布的郭店楚简做战国楚方言音系的研究。我非常赞许他的选题。当时对上古方言音系的研究，基本上是一片空白。这个选题是对上古音研究领域的新的开拓。赵彤敢于选定战国楚方言音系作为博士论文的题目，表现了一种前瞻性的勇气和学术思想的坚定性。尽管我觉得问题太复杂、太困难，但我相信赵彤有这个能力去战胜困难，取得成功。一是他有坚定的意志，二是他有着战胜困难的物质基础——广博的学识。他对于古文字学，一直表现出浓厚的兴趣，也有扎实的基础，已发表多篇楚简文字考释的论文。这是他利用楚简研究楚方言音系的必要条件。同时他也有着很深厚的古文献功底，对很多古籍都比较熟悉，利用起来会得心应手。

赵彤的博士论文如期完成，并顺利通过论文答辩。参加答辩的诸位先生多给予充分的肯定。论文通过以后，赵彤不急于出版，而是反复打磨。特别是上海博物馆后来又公布一批楚简，他不失时机地又利用这批材料对自己的论文进行充实，以使结论更科学、更可靠。

观今日赵彤《战国楚方言音系》，它给人的启示，它的重要成果，可概括有三：

一、本书充分利用出土文献，注重出土文献与传世文献相结合。出土文献是时间、地域确定的最可靠的语言材料，蕴藏着宝贵的语言信息，等待我们去发掘，去研究。古文字学者是首先利用这些材料去研究古文字，并进而考证古代文献的。音韵学者真正利用这些材料研究上古音的还不多。有些学者开始利用金甲文研究殷商音系，而利用简帛文字研究战国方言音系的，赵彤开了先河。同时，赵彤的书，特别注意了出土文献与传世文献的密切结合。王国维先生早就倡导以“纸上之材料”与“地下之新材料”相结合的“二重证据法”，赵彤的做法是符合先贤思想的。传世文献中的屈辞、宋赋、《庄子》等都很大程度上反映了战国楚方言的面貌，《淮南子》作为汉初楚方言的代表可以与“屈宋庄”做历史的比较、印证。赵彤对这些材料都做了深入的研究，并且把它与楚简的研究紧密结合起来。

二、本书注重文献的考证，同时不忘审音，构拟语音体系。赵彤花费很大功夫和气力对出土楚地简帛文字做了全面系统的整理归纳，考察了楚地简帛文字的谐声和假借现象，作有《战国楚简文字三十部谐声表》（此次修订后改作三十一部，分别列于各部分论之中）、《楚简声母谐声关系总表》，进一步考证出战国楚方言的声韵类别。同时，赵彤又亲自对“屈宋庄”的用韵做了系联和归纳，在前人的基础上又有新的发现。这些考证工作，是他研究的主体。从考证中所得出的战国楚方言声韵调归类，是他构拟音系的根据。离开对材料的审慎认真的考证，所构拟的音系只能是空中楼阁。赵彤对战国楚方言音系的构拟，基础是牢靠的。构拟是用音标彰显音类的方式，使所得出的音类更加醒目、直观，因此考虑必须周全。赵彤所构拟的系统照顾了方方面面，完全可以自圆其说（上古音系构拟能自圆其说已经是很完满了）。

三、本书呈现给大家的是战国楚方言完整的声韵调体系。恢恢20余万字，就上古某一方言音系来说，规模是相当宏大的。本书以《诗经》雅言音系为参照，建立了战国楚方言的声韵调系统：战国楚方言有28个声母，31个韵部共104个韵母，4个声调。本书还指出了战国楚方言声韵调与通语的不同与变化，比如复辅音声母已经简化为单辅音声母，演变的方式与后世通语不完全一致；部分脂部字转入微部，部分真部字转入文部；长入声已经变为去声，月部长入没有并入歌部，而是形成一个独立的祭部等。

赵彤所得出的战国楚方言音系为上古方言音系研究建立了一种方式。赵彤所取得的成绩是丰厚的，给人们的启示是多方面的，应该向他表示祝贺。同时，也希望他继续发扬传统，立足汉语，注重材料，在已有成绩的基础上，不断有所创获。

写到这里，见到鲁国尧先生的序。鲁老师在他的序言中引用了朱德熙先生晚年的一句话，并且发出一声出于内心的长叹，于我心有戚戚焉。

张双棣

2006年4月26日

庞光华《上古音及相关问题综合研究》序

我与光华相识是在上个世纪末，在我的“《说文解字》研读”课上，有一个坐在前排身边放着一个拉杆箱（里面都是书，以后他每次上课都带着这个拉杆箱）的人，不是班里的学生，下课后他到讲台跟我说，他是北外日语中心的硕士，对中国古代文化及文字音韵训诂十分感兴趣，想做这方面的研究，想来听我的课，当时我们的课，是可以随便旁听的。他听了“《说文解字》研读”和“《淮南子》研读”，后来就分配到华南师范大学去了。2002 年他考取我的汉语史博士生，攻读汉语史博士学位，毕业后去香港读过博士后，又去马来西亚教书，现在任教于广东五邑大学。光华从日语转入汉语，跟他要继承和发扬中国传统文化的理念有很大关系，而且，日语的研究对他研究汉语史，又有很多裨益。

光华笃志学问，他的精力几乎完全放到了做学问之上，摒弃了世俗利益的诱惑。他与我的谈话，除了学问，还是学问，似乎从来没有谈过生活上的事，即使春节的拜年电话，有时一聊就是半个多小时，内容还是他近期做学问的情况或他对某一学术问题的想法。光华做学问的兴趣十分广泛，涉猎语言文字及文史哲各个方面，有人说他的文章读起来比较吃力，就是因为他引证广博（当然，有时也显庞杂）。

光华很看重传统学术精神及方法的继承，尤其是对清儒的朴学精神赞赏有加。在这一点上，我们有着十分近似的看法。我曾经说过，中国语言学应该沿着中国自己的道路不断地前行，所谓中国自己的道路就是清代学者开辟的以朴学为基础的道路。朴学是以事实为研究对象，以事实为研究出发点，并以此为基础得出结论。这种结论往往是可靠的，坚实的。然而近若干年来，中国语言学似乎背离了这样一条路，几乎被西方各种不着边际的虚妄的所谓理论所左右。光华的著作，他的治学精神，是沿着朴学的道路前行，这使我们看到，有良知的中国学者还是大有人在的，这也许就是中国语言学发展的希望。

光华的博士论文是对古有复辅音声母的批评，他从多方面、多层次对上古不存在复辅音声母进行了有力的论证，得出了令人信服的结论。现在这本著作，就是他对博士论文《论汉语上古音无复辅音声母》的增补及某些修订，使原来的某些看法更加深化，材料更加丰赡。我觉得，这本书的长处主要在于：

一、基本立足点与出发点是正确的。他的基本立足点和出发点是材料，是上古文献。这一点非常重要，尤其是在目前，更显得难能可贵。

二、能多角度、多层次讨论汉语上古音没有复辅音声母的问题，有些是他人所忽略、不曾注意的，如汉字形体变迁的问题、异字同形的问题等。

三、能充分利用前人的研究成果，无论是立论或驳论都能言之有据。

四、文章从音理上对于多组声母相谐的问题，如明母与晓母、晓母与心母等都提出了很好的见解，有力地证明了这些都与复辅音声母无关。

本书的第四章“音韵学相关问题研究”，不是他博士论文的一部分，而是对音韵学一些个别的具体的问题的一些看法。我曾经建议他作为另一本书单独出版。考虑到现实出版界的状况，就只好放在一起了。

我已经退休多年，对复辅音声母的问题，没有很多关注。光华让我作序，就写了上面几句，姑且算序吧。

张双棣
于海淀博雅西园

《吕氏春秋》简论

《吕氏春秋》是先秦的一部重要典籍，有着十分丰富的内容。它的哲学思想、政治思想以及它所保留的科学文化方面的历史资料，是我们民族的一份珍贵遗产，我们应该给予充分的重视，进行深入的研究。这对我们了解战国末期的思想政治文化状况，具有重要意义。

一

据《史记》等书记载，《吕氏春秋》为秦相国吕不韦召集门下宾客儒士集体编撰。尽管这部书出自众宾客之手，但它基本上反映了吕不韦的思想。

关于吕不韦的记载，主要见于《史记》和《战国策》。我们这里依照《史记》，参照《战国策》做些简要的介绍。

吕不韦，濮阳人，阳翟的富商，家累千金。秦昭襄王四十二年，安国君立为太子，安国君有子二十余人，而宠幸的华阳夫人无子。安国君庶子公子楚因其母夏姬不被宠幸，地位低下，而为质于赵。此时，秦数攻赵，所以“赵不甚礼子楚”。子楚的处境很窘迫，且“车乘进用不饶，居处困，不得意”（《史记·吕不韦传》）。吕不韦经商邯郸，见到公子楚，认为“此奇货也，不可失”（高诱《吕氏春秋序》）。于是主动以千金为公子楚西游于秦，使安国君及华阳夫人立子楚为适嗣。昭襄王五十六年卒，安国君即位，为孝文王，立子楚为太子。次年，孝文王卒，子楚即位，为庄襄王。庄襄王曾许下“必如君策，请得分秦国与君共之”的诺言，于是“以吕不韦为丞相，封为文信侯，食河南雒阳十万户”。吕不韦一跃而成为秦国的达官显宦。吕不韦的弃商从政，反映了新兴地主阶级要求参与政权的强烈愿望。

吕不韦在庄襄王、秦始皇时期，为相十三年。庄襄王在位三年而死，秦始皇即位时年仅十三岁，尊吕不韦为相国，号称仲父。此时秦国的大政方针主要由吕不韦决定。他的权力超过了昭襄王相国应侯范雎，《战国策》说：“应侯之用秦也，孰与文信侯专？曰：应侯不如文信侯专。”吕不韦主理秦国国政，为完成统一大业做出了积极的贡献。吕不韦主张并致力于对六国的战争。典籍中明确记载吕不韦用兵的有两处：一处是《史记·秦本纪》：“庄襄王元年，东周君与诸侯谋秦，秦使相国吕不韦诛之，尽入其国。秦不绝其祀，以阳人地赐周君，奉其祭祀。”吕不韦亲自率兵消灭东周，使作为号召力的形式上的周天子不复存在，这是对东方诸侯的一次沉重打击。另一处是《战国策·秦策五》：“文信侯欲攻赵，以广河间，使刚成君蔡泽事燕三年而燕太子丹质于秦。赵王立割五城以广河间。归燕太子，赵攻燕得上谷三十六县，与秦十一。”吕不韦当政时期，秦国对六国发动了一连串的战争，取得了重大胜利，大大扩展了秦国的疆土，为秦国最终消灭六国统一天下奠定了基础。在内政方面，吕不韦也一反秦国独尊法家的政策，广收天下之士，尤其是引进了大批儒士。在经济上，在主张上农的同时，也鼓励工商，他曾说：“凡民自七尺以上，属诸三官：农攻粟，工攻器，贾攻货。”（《吕氏春秋·上农》）《史记·货殖列传》记载，秦始皇命大畜牧主乌氏倮“比封君，以时与列臣朝请”；并为依靠开掘丹砂致富的寡妇清筑女怀清台。这些事都发生在吕不韦执政时期，“鄙人牧长，穷乡寡妇”如此豪富，能够“礼抗万乘，名显天下”，无疑是吕不韦鼓励工商的经济政策带来的结果。由此也可以看出秦国经济发展的一斑。秦国经济的全面发展，为它消灭六国统一天下准备了丰厚的物质基础。然而，吕不韦在内政方面的这些政策，与秦始皇是格格不入的。所以秦始皇在亲政后的第二年，即秦始皇十年，以牵连到嫪毐与太后的事为借口，免去了吕不韦的丞相职务，使他回到河南的封地去。两年之后，秦始皇又怕他作乱，将他徙居蜀地，吕不韦见大势已去，便饮鸩自杀了。尽管他在与秦始皇的政治斗争中失败了，但他在秦国统一大业中建立的功绩还是应该肯定的。

《吕氏春秋》是先秦典籍中唯一可以知道确切写作年代的书。本书《序意》中说："维秦八年，岁在涒滩，秋甲子朔。朔之日，良人请问十二纪。"高诱认为这里的"八年"就是秦始皇即位的第八年。有人根据"涒滩"为"太岁在申"之名，而认为是秦灭东周后八年，即秦始皇五年。还有一些说法，相差不过在二三年之间。能够如此确切地知道它的成书年代，研究它的重要性就更加突出了。

在秦始皇亲政前夕，秦国行将统一天下之际，吕不韦召集门下宾客纂集《吕氏春秋》的目的是什么呢？《史记·吕不韦列传》说："当是时，魏有信陵君，楚有春申君，赵有平原君，齐有孟尝君，皆下士喜宾客以相倾。吕不韦以秦之强，羞不如，亦招致士，厚遇之，至食客三千人。是时诸侯多辩士，如荀卿之徒，著书布天下。吕不韦乃使其客人人著所闻，集论以为八览、六论、十二纪，二十余万言，以为备天地万物古今之事，号曰《吕氏春秋》。"司马迁认为吕不韦是为了和六国四公子比并而招士，为仿效荀卿等著书布天下而使客人人著所闻，完全是从个人荣辱出发的。我们要真正了解吕不韦纂集《吕氏春秋》的目的，必须从当时的政治形势入手来分析。当时，秦国统一天下已成必然之势，六国诸侯已无力再阻挡这一历史潮流。吕不韦清楚地认识到这一形势，他凭着政治家的敏感，又考虑到秦国的实际情况，感到秦国取得统一天下的胜利已经不是很困难的事了，而保持住这个胜利才是真正困难的，他说："胜非其难者也，持之其难者也。"（《慎大》）因此，作为相国的吕不韦必须考虑统一后的秦帝国如何治理，实行什么政策才能长治久安，吕不韦是不同意把自孝公以来就几乎处于独尊地位的法家思想作为治国的基本国策的，他必须把自己在秦国实行的政策理论化，作为统一的秦帝国的治国纲领。这一部《吕氏春秋》就是他的治国纲领。书成以后，吕不韦“布咸阳市门，悬千金其上，延诸侯游士宾客有能增损一字者予千金”。(《史记·吕不韦列传》) 吕氏这一行动，也是出于政治目的。他公开宣布自己的主张，企图以相国之位、仲父之尊，迫使秦始皇完全依照自己的主张行事，使自己的主张定于一尊，从而维持秦国的长治久安，也维持自己的地位和权力。如果说战国时期百家并起的情况是与诸侯纷争的政治形势相适应的，那么《吕氏春秋》的出现也正是适应秦国统一天下的需要的。

二

《吕氏春秋》的哲学思想具有朴素的唯物主义与朴素的辩证法性质。它明显地受道家思想的影响，而又对道家思想进行比较大的改造，摒弃了道家思想中某些唯心主义成分。

对于宇宙本原的认识，是战国时期各家学派争论得很激烈的问题。老子提出宇宙本原是“道”的思想，他说：“道生一，一生二，二生三，三生万物。”(《老子》四十二章) 又说：“天下万物生于有，有生于无。”(《老子》四十章) 这后一句是对前一句的很好的说明，他的“道”就是“无”，就是没有任何物质属性的虚无。《管子》中《内业》《心术》等四篇接受了老子关于道是宇宙本原的说法，但他们明确地提出这种“道”不是虚无，而是一种物质的“精气”。这就使人们对宇宙本原的认识具有了唯物主义的性质。《吕氏春秋》继承并发挥了这种唯物主义的精气说，认为宇宙的本原是一种极其精微的物质即精气，这种精气又叫作“太一”。正是由于这种精气或太一的运动和结合而产生了千姿百态、性质迥异的天地万物。《吕氏春秋》把这种精气又叫作“道”，认为“道”是一种没有形状、看也看不见、听也听不着的极其细微的物质，尽管它极其细微，但它确是构成万物的原始物质。这种物质没有谁知道它的起始，也没有谁知道它的终结，而且这种物质“其大无外，其小无内”(《下贤》)，这就是说它大到充塞天地，流溢宇宙，整个宇宙都是由它构成，而小到精细至极，不能再有任何容纳。由于当时自然科学水平的限制，《吕氏春秋》不可能对构成宇宙万物的物质本原做出科学的描述。在两千多年前能够认识到宇宙是由物质的精气构成的，这已经是难能可贵的了。

由于《吕氏春秋》对宇宙本原的物质性的认识，它对天道的认识也具有朴素的唯物主义的性质。如上文所说，它认为天是由精气形成的，因此不是固有的，而是有它形成的时期，它说："天地有始，天微以成，地塞以形。"（《有始》）精气中轻扬者上升而成为天，重浊者下沉而成为地。《吕氏春秋》讲天，经常是与地对言，天有日月星辰，地有草木禽兽，都是物质的自然界。这些日月星辰、草木禽兽，都不是神造的，而是由天地二气的结合及分离等自身矛盾运动而形成的。人们要认识"天"，就要根据这些自然现象。它说："民无道知天，民以四时寒暑日月星辰之行知天。"（《当赏》）从以上这些，我们可以看出，《吕氏春秋》所谓天，不同于孔墨老庄对天的认识，他们或认为天是人格化的上帝，或认为是有制约力的人事的主宰，或认为是由道产生的意识中的虚无。《吕氏春秋》的天道观，在很大程度上受了荀子"大道自然"的影响，认识到天是实实在在的由物质构成的自然界。

《吕氏春秋》提出了"类同相召，气同则合，声比则应"（《召类》）的具有朴素唯物主义思想的命题。它认为自然界中的同类事物之间都有一种客观的联系。它说："慈石召铁，或引之也。树相近而靡，或軵之也。圣人南面而立，以爱利民为心，号令未出，而天下皆延颈举踵矣，则精通乎民也。""身在乎秦，所亲爱在于齐，死而志气不安，精或往来也。"（《精通》）那么精气为什么会在此二者而不在彼二者之间沟通往来呢？它认为这是同类同气的缘故。它说："父母之于子也，子之于父母也，一体而两分，同气而异息。若草莽之有华实也，若树木之有根心也。虽异处而相通，隐志相及，痛疾相救，忧思相感，生则相欢，死则相哀，此之谓骨肉之亲。神出于忠而应乎心，两精相得，岂待言哉？"（《精通》）它认为，骨肉之亲如同一体而居两处，他们的心志靠精气相通而互相联系。它更进一步认为，天地万物也如同父母之于子女一样，它说："天地万物，一人之身也，此之谓大同。"(《有始》) 它认为，天地万物虽然形形色色，但它们都同样是由精气构成的，就如同一体而分居各处一样。所以天地万物同类同气互相应和也是一种物质上的联系，而不是超物质的意识或主宰在起作用。《吕氏春秋》希图用物质的精气说来解释自然界中的应同现象，表现了它在天道观上的唯物主义色彩。由于《吕氏春秋》出自众人之手，所以难免有些不一致的地方。它在《明理》《制乐》等篇中所讲述的灾异现象，虽然目的在于强调人事的重要，劝人为善，但总有些荒诞不经，与全书的唯物主义色彩有些乖剌不合。

《吕氏春秋》是不相信鬼神、不承认天命的。它在《博志》中对于所听说的"孔丘、墨翟，昼日讽诵习业，夜亲见文王周公旦而问焉"这件事，只强调他们"用志如此其精"。它还进一步对人们给这件事的结论"精而熟之，鬼神告之"(《博志》) 提出了驳议，它认为不是"鬼神告之"，只是"精而熟之"。它在《尽数》中说："今世上卜筮祷祠，故疾病愈来。"这里它对于世人崇尚卜筮祷祠求助天帝免除疾病的做法也提出了异议。它认为人体疾病是精气郁结而成，依靠卜筮祷祠求助上天，不但无补于疾病的痊愈，只能使疾病更加厉害。从这里我们可以清楚地看出，《吕氏春秋》是否认鬼神的存在的。同样，它对天命也是持否定态度的。它认为人的死生不是什么命中注定的，而只是一种客观的必然性。它说："凡生于天地之间，其必有死，所不免也。"(《节丧》) 用这种观点来看《知分》中禹的一段话就很清楚了：

禹南省，方济乎江，黄龙负舟。舟中之人，五色无主。禹仰视天而叹曰："吾受命于天，竭力以养人。生，性也；死，命也。余何忧于龙焉？"

这里的天，还是自然的天。本书在同一篇中紧接着对天和人的关系做了很好的说明，它说：

凡人物者，阴阳之化也。阴阳者，造乎天而成者也。天固有衰嗛废伏，有盛盈坌息；人亦有困穷屈匮，有充实达遂。此皆天之容物理也，而不得不然之数也。

人是由天地合和、阴阳变化而成，因此也就随着天地的变化而有生有死，这正是客观物质的必然性，不同于相信一切由上帝主宰的唯心主义的“天命”。《吕氏春秋》对“命”做过明确的解释，它说：“命也者，不知所以然而然者也。人事智巧以举错者，不得与焉。故命也者，就之未得，去之未失。”（《知分》）《吕氏春秋》所谓命，就是客观事物不以人的意志为转移的必然性。

总之，《吕氏春秋》的自然观具有朴素的唯物主义性质。

《吕氏春秋》认为由精气构成的天地万物在不断地运动，它说：“天为高矣，而日月星辰云气雨露未尝休也；地为大矣，而水泉草木毛羽裸鳞未尝息也。”（《观表》）这种运动是没有终极的，“与物变化而无所终穷”（《下贤》）。天地形成本身也是运动的结果，“浑浑沌沌，离则复合，合则复离，是谓天常”（《大乐》）。精气的这种离合就是自然界运动的规律。《吕氏春秋》认为，只有运动才能使事物维持长久，它所说的“流水不腐，户枢不蝼”（《尽数》）正是强调了运动的重要性。它在解释人体以至草木流水疾病的发生时，特别重视精气的流通，它认为人体以至草木流水之所以得病，就是因为精气郁结不通的缘故。它说：“精不流则气郁，郁处头则为肿、为风，处耳则为揭、为聋……”（《尽数》）又说：“病之留、恶之生也，精气郁也。故水郁则为污，树郁则为蠹，草郁则为菑。”（《达郁》）《吕氏春秋》从物质运动的角度来说明问题，是一种朴素唯物主义的观点。但是，《吕氏春秋》认为物质的运动是一种循环往复的运动。它从朴素的直观看待天体的运行，“日夜一周，圜道也”（《圜道》），“月躔二十八宿，轸与角属，圜道也”（同上），“精行四时，一上一下，各与遇，圜道也”（同上）。它认为日月星辰的运行和四时的更替都是一种周而复始的圆周运动。同时，它认为天地间生物的生长老死也是一种周而复始的运动，它说：“物动则萌，萌而生，生而长，长而大，大而成，成乃衰，衰乃杀，杀乃藏，圜道也。”（《圜道》）它认为，正是由于天地万物这种循环往复的运动，才维持着它们持久的平衡。它说：“天地车轮，终则复始，极则复反，莫不咸当。”（《大乐》）《吕氏春秋》的这种物质运动的循环论的思想无疑是一种形而上学的，它只看到物质的运动和变化，而没有在这种运动和变化中看到事物的发展和进化。更有甚者，《吕氏春秋》不恰当地引用阴阳家的五行终始说，把自然界的循环运动应用到人类社会生活中，它认为社会的演变和朝代的更替就像木火土金水五行那样相生相克终则复始的运动。当然，《吕氏春秋》在解释某些社会现象的时候，也流露出发展进化的思想。它在《恃君览》中叙述了人类如何由个体到群居，又如何从原始群居发展到有天子、国君的分封社会。在《察今》中继承荀子的观点，主张不能因袭先王的成法，而应随时变法。它说：“是故有天下七十一圣，其法皆不同。非务相反也，时势异也。”“世易时移，变法宜矣。”这些都反映了《吕氏春秋》关于社会进化思想的信息。

《吕氏春秋》的认识论具有朴素的唯物主义的性质。它认为人是可以认识事物的，人生来就具有的耳目口鼻心就是人们感知事物的器官。《吕氏春秋》认识到了感性认识和直接经验的重要，它说：“舜为御，尧为左，禹为右，入于泽而问牧童，入于水而问渔师，奚故也？其知之审也。”（《疑似》）并提出了考察人的八观六验，它说：“凡论人，通则观其所礼，贵则观其所进，富则观其所养，听则观其所行，止则观其所好，习则观其所言，穷则观其所不受，贱则观其所不为。喜之以验其守，乐之以验其僻，怒之以验其节，惧之以验其特，哀之以验其人，苦之以验其志。”（《论人》）这八观六验就是人们通过感官来考察人的方法。《吕氏春秋》认为，即使是不易直接认识的事物，人们也可以通过与它相联系的事物来认识。它说：“民无道知天，民以四时寒暑日月星辰之行知天……人臣亦无道知主，人臣以赏罚爵禄之所加知主。”（《当赏》）《吕氏春秋》还特别强调了人的认识不是先天具有的，而是后天得来的，即使是圣人也是如此。它说：“不知理义，生于不学。学者师达而有材，吾未知其不为圣人……圣人生于疾学。”（《劝学》）它认为圣人比一般人先知先觉，也并不是先天的，“非神非幸”，只是他们善于观察事物的征兆罢了。它说：“圣人之所以过人以先知，先知必审征表，无征表而欲先知，尧、舜与众人同等。征虽易，表虽难，圣人则不可以飘矣。众人则无道至焉。无道至则以为神，以为幸，非神非幸，其数不得不然。”（《观表》）这里《吕氏春秋》明确指出，事物如果没有征表，或者人们不去审知征表，而想要做到先知，是完全不可能的，这一点，被尊为圣人的尧、舜和一般人是没有什么两样的。《吕氏春秋》的这种看法从认识论上否定了唯心主义先验论的错误，是一种进步的思想。

《吕氏春秋》认为人的认识是有局限性的，它说：“目固有不见也，智固有不知也，数固有不及也。”（《别类》）又说：“穴深寻，则人之臂必不能极矣，是何也？不至故也。智亦有所不至。”（《悔过》）人的认识的这种局限性不只是来自客观外物，人的主观上的偏见也是妨碍人的认识的重要方面。《吕氏春秋》十分重视别宥、去宥，它说：“夫人有所宥者，固以昼为昏，以白为黑，以尧为桀，宥之为败亦大矣。亡国之主，其皆甚有所宥邪？故凡人必别宥然后知，别宥则能全其天矣。”（《去宥》）这里所谓宥就是主观的偏见、片面性，只有认识到这种主观的偏见并且去掉它，才能正确地认识事物。关于这种主观偏见的产生，它说：“所以尤者多故，其要必因人所喜，与因人所恶。东面望者不见西墙，南乡视者不睹北方，意有所在也。”（《去尤》）它在《去尤》中所讲的鲁人认为自己十分丑陋的孩子比大家公认的美人商咄还美，就是因为他对自己的孩子有所偏爱。在《去宥》中讲的齐人在金市上当众抢人家的金子，就是因为他的注意力完全集中到金子上的缘故。《吕氏春秋》认为混淆不同性质的事物也是妨害人们正确认识的重要原因。因为事物都具有特殊性，都有各自不同的性质，它说：“小方，大方之类也；小马，大马之类也；小智，非大智之类也。”（《别类》）它在《别类》中举出的公孙绰起死人的故事很有启发意义。它说：

鲁人有公孙绰者，告人曰：“我能起死人。”人问其故，对曰：“我固能治偏枯，今吾倍所以为偏枯之药，则可以起死人矣。”

偏枯与死人绝不是半和全的量上的差别，而是性质完全不同的。

不认识这种质的差别，只是从量上着眼，采用机械类推的方法，是十分有害的。

应该指出，《吕氏春秋》为去宥、别类提供的方法是消极的，它说："老聃则得之矣，若植木而立乎独，必不合于俗，则何可扩矣？"（《去尤》）它认为老聃得到去宥的方法，是因为他就像一根木桩一样，什么也不去想，什么也不去认识，自然就无所谓宥了。这是一种回避矛盾、逃避现实的态度，这种态度跟《吕氏春秋》一贯的积极进取的思想是相矛盾的。《吕氏春秋》多次要求人们要尽力去认识自己所不了解的事物，它说："太上知之，其次知其不知……不知而自以为知，百祸之宗也。"（《谨听》）只有承认"不知"，才能通过问、学等手段达到"知"，所以它在同一篇又说："不知则问，不能则学。"它强调人们通过学和问去认识事物。《吕氏春秋》出现这种自相矛盾的思想，正是因为执笔人受各家学说影响不同而主持人又有所疏忽的缘故。

《吕氏春秋》还流露了一些对事物的辩证的认识。它认为事物都是互相依存的，它说："小之定也必恃大，大之安也必恃小，小大贵贱，交相为恃。"（《谕大》）任何事物都有自己的长处，也都有自己的短处，人也是这样。所以它主张扬长避短，"假人之长以补其短"（《用众》），而不要"丑不能，恶不知"，它说："丑不能，恶不知，病矣；不丑不能，不恶不知，尚矣。"（同上）《吕氏春秋》还注意到事物在一定条件下可以互相转化，它说："夫草有莘有藟，独食之则杀人，合而食之则益寿。"（《别类》）有毒能致人死命的莘草藟草，在"合而食之"的条件下就可以转向它们的反面——益寿。不但自然物可以转化，人也可以转化。它说："子张，鲁之鄙家也，颜涿聚，梁父之大盗也，学于孔子。段干木，晋国之大驵也，学于子夏。高何，县子石，齐国之暴者也，指于乡曲，学于子墨子。索卢参，东方之巨狡也，学于禽滑黎。此六人者，刑戮死辱之人也，今非徒免于刑戮死辱也，由此为天下名士显人，以终其寿，王公大人从而礼之。此得之于学也。"（《尊师》）从这里我们可以看出，在事物的转化过程中，

《吕氏春秋》特别强调了条件的重要作用。没有适当的条件，也就不可能出现转化。《吕氏春秋》对事物互相依存，在一定条件下互相转化的认识，是它辩证思想的流露，这在当时是很可贵的。

总之，《吕氏春秋》的哲学思想，具有朴素的唯物主义性质，也有一定的辩证法色彩。同时，也有一些消极的或自相矛盾的地方，这些都需要我们深入地研究，很好地给予总结，赋予它恰当的历史地位。

三

《吕氏春秋》作为治国纲领，提出了一整套政治主张。它的政治主张的基础是“法天地”。它认为只有顺应天地自然的本性，才能达到清平盛世。因此，虚君实臣、民本德治的思想成了《吕氏春秋》的政治思想核心。

《吕氏春秋》主张君道虚，臣道实。它认为人类应该按照天地之间的关系来建立君臣之间的关系，只有摆正君臣之间的关系，君臣各行其道，互相不干扰，国家才能昌盛。它说：“主执圜，臣处方，方圜不易，其国乃昌。”(《圜道》)

《吕氏春秋》认为“昊天无形，而万物以成；至精无象，而万物以化”(《君守》)，因此，君主要处虚无为。《吕氏春秋》的无为，取源于道家，但又不同于老庄道家的“绝圣去智”的绝对无为。老庄无为的目的在于使人类退回到小国寡民，甚至是混沌的状态去。《吕氏春秋》的无为是为治理空前统一的大帝国服务的。它的无为只限于君道，它要求君主养性葆真，以达到无为而治。君主也只能通过无为才能使臣下有所为而各尽其能。

君主为什么一定要无为呢？《吕氏春秋》首先从认识论上分析，它认为君主和一般人一样不可能全知全能，他对外界事物的认识总要受到外界条件的限制而有一定的局限性。要克服这种局限性，君主就要利用臣下，充分发挥臣下的聪明才智，它说：“古之王者，其所为少，其所因多。因者，君术也；为者，臣道也。”(《任数》) 又说：“先王用非其有，如己有之，通乎君道者也。”(《分职》) 君主不能去做本该臣下做的事，不能事事躬亲；君主要去做本该臣下做的事，就如同人和骐骥赛跑，一定多所不及。所以说：“有识则有不备矣，有事则有不恢矣。”(《君守》) 其次，《吕氏春秋》认为，君主如果去做本该臣下做的事，会带来很多弊端和危害。它说：“其臣蔽之，人时禁之；君自蔽，则莫之敢禁。夫自为人官，自蔽之精者也。”(《勿躬》) 这样一来，就会给百官带来迷惑，使奸邪得以发生，“凡奸邪险陂之人，必有因也。何因哉？因主之为。人主好以己为，则守职者舍职而阿主之为矣。阿主之为，有过则主无以责之，则人主日侵，而人臣日得。是宜动者静，宜静者动也。尊之为卑，卑之为尊，从此生矣。”(《君守》) 君主的作为使自己的威信日益减损，人臣的势力日渐扩大，搅乱了尊卑上下君臣的关系，所以说，“君道无知无为，而贤于有知有为”(《任数》)。

君主如何才能做到无为而无不为呢？《吕氏春秋》认为，最根本的一条是君主要治其身，反诸己，也就是说要加强自身的修养。它说：“主道约，君守近，太上反诸己，其次求诸人。”(《论人》) 它认为古代圣王“成其身而天下成，治其身而天下治”(《先己》)。治身是治天下的根本，它说：“为国之本，在于为身，身为而家为，家为而国为，国为而天下为。”(《执一》) 它形象地说明治身与治天下的关系：“故善响者不于响于声，善影者不于影于形，为天下者不于天下于身。”(《先己》) 这就是说，凡事要从根本上着手，才能达到目的。因为根本的好坏是决定一切的，“百仞之松，本伤于下而末槁于上”(《先己》)。为君治国的根本在于君主治其身，反诸己。

《吕氏春秋》认为，君主治其身反诸己在于修养身心以顺应自然。它说：“何谓反诸己也？适耳目，节嗜欲，释智谋，去巧故，而游意乎无穷之次，事心乎自然之涂。”(《论人》) 能够节情适欲，顺天全生，自然就没有私欲贪求，而能够做到至公无私了。而至公无私正是为君的首要条件，因为“天下非一人之天下也，天下之天下也”(《贵公》）君主的确立也出于公，只有君主做到公，天下才能得到治理，“昔先圣王之治天下也，必以公。公则天下平矣。平得于公。尝试观于上志，有得天下者众矣，其得之以公，其失之必以偏”（《贵公》）。

《吕氏春秋》认为君主治其身的一个重要内容，在于自知、自罪。它说：“存亡安危，勿求于外，务在自知。”（《自知》）国家的安危存亡，重要的在于君主自知。君主能够自知才能反躬自责，有所戒惧。“三代之兴王，以罪为在己，故日功而不衰，以至于王。”（《论人》）以罪为在己，才能成就王者的事业。如果君主不能自知，就会带来灾祸。《吕氏春秋》举了历史上某些君主因为不自知而身死国灭的例子之后说：“败莫大于不自知。”（《自知》）不自知就一定会自智、自骄，而自智、自骄是亡国君主的表现。它说：“亡国之主，必自骄，必自智，必轻物。自骄则简士，自智则专独，轻物则无备。无备召祸，专独位危，简士壅塞。”（《骄恣》）君主自骄就会简慢贤士，从而使君道壅塞；君主自智就会独断专权，从而使君位倾危。

《吕氏春秋》认为君主要做到无为而无不为的第二个条件是必须求贤用贤。它说：“古之善为君者，劳于论人而佚于官事，得其经也。不能为君者，伤形费神，愁心劳耳目，国愈危，身愈辱，不知要故也。”（《当染》）天下贤明的君主用不着自己劳形伤神，只要掌握住为君治国的关键就可以了，这个关键就是得贤，“得贤人，国无不安，名无不荣”（《求人》）。

君主如何才能求得贤者呢？《吕氏春秋》认为最主要的一条是君主要做到至公。它说：

> 尧不以帝见善绻，北面而问焉。尧，天子也；善绻，布衣也。何故礼之若此其甚也？善绻，得道之士也。得道之人，不可骄也。尧论其德行达智而弗若，故北面而问焉。此之谓至公，非至公其孰能礼贤？（《下贤》）

君主只有做到至公，才能与贤者为友，对他们以诚相见，以礼相待。《吕氏春秋》以文王之所以王、齐桓公见小臣稷、魏文侯见段干木这些事例说明贤明的君主对待贤者的诚心和尊重，对待贤者不能有一点倨傲的态度。要求得贤者，还要千方百计“索贤人无不以也”（《求人》）。“欲求有道之士，则于江河之上，山谷之中，僻远幽闲之所，若此则幸于得之矣。”（《观世》）得到贤者之后，仍然需要以礼相待，“虽有贤者，而无礼以接之，贤奚由尽忠？犹御之不善，骥不自千里也”（《本味》）。“有道之士，必礼必知，然后其智能可尽也。”（《观世》）贤者能竭忠尽智，君主可以无为而天下治了。

《吕氏春秋》认为君主要做到无为而无不为的第三个条件是要正名审分，立官必使之方。君主设立百官，还要能控制百官，君主要做到无为而治，必须立官，必须“控其辔”。这个辔就是正名审分，“按其实而审其名，以求其情；听其言而察其类，无使放悖”（《审分》）。正名审分是使百官各尽其能达到天下大治的关键，它说：“至治之务，在于正名。名正则人主不忧劳矣。”（《审分》）名分确定以后，就要使百官各“使之方”。“为者，臣道也。”（《任数》）“当与得不在于君，而在于臣。”（《君守》）人臣不能“以不争持位，以听从取容”（《任数》），而要“毕力竭智”（《勿躬》）。做到这一点，“百官各处其职，治其事以待主，主无不安矣；以此治国，国无不利矣；以此备患，患无由至矣”（《圜道》）。君主也就可以无为而实际上无不为了。

总之，《吕氏春秋》认为，君主能够做到治其身反诸己，又能求贤用贤，正名审分，立官必使之方，就能够达到无为而无不为了。而君主的无为正是治国平天下的根本。

《吕氏春秋》除了提出君道无为的主张之外，还提出了一整套以民本思想为基础、以仁政德治为核心的治国方略。民本思想是儒家政治思想的重要组成部分，尤其在孟子的政治思想中占有突出的位置。孟子曾提出“民为贵，社稷次之，君为轻”。这种看重民众的思想是时代的产物，是新兴地主阶级政治家看到民众在他们取代奴隶主的斗争中的作用而逐步产生的。这种思想较之独裁专制的思想无论如何应该是一种进步的思想，或多或少有一些民主性的成分。《吕氏春秋》吸收了儒家的这种思想，并使之成为自己政治理论的重要方面。《吕氏春秋》认为民众是国家安危存亡的关键。它说：“主之本在于宗庙，宗庙之本在于民。”(《务本》)“人主有能以民为务者，则天下归之矣。”(《爱类》)《吕氏春秋》从历史的经验中看到，能否得民心，是能否建立功名的决定因素，它说：“先王先顺民心，故功名成。夫以德得民心以立大功名者，上世多有之矣。失民心而立功名者，未之曾有也。”(《顺民》)周文王拒绝纣赐予的千里之地而为民请求免去炮烙之刑，就是为了得民心，而得民心远远胜过得千里之地。要想得民心，就必须像周文王那样，切实地为民众攘除灾祸，创造幸福。《吕氏春秋》说：“古之君民者，仁义以治之，爱利以安之，忠信以导之，务除其灾，思致其福。”(《适威》)爱民利民的方式，要随时而异，“民寒则欲火，暑则欲冰，燥则欲湿，湿则欲燥。寒暑燥湿相反，其于利民一也。利民岂一道哉？当其时而已矣”(《爱类》)。在当时战争纷扰、民不聊生的情况下，首先的和最重要的是救民于水火之中，“天下之民，穷矣苦矣”，“凡王也者，穷苦之救也”(《慎势》)。《吕氏春秋》还特别明确提出它的仁只施与同类，它说：“仁于他物，不仁于人，不得为仁。不仁于他物，独仁于人，犹若为仁。仁也者，仁乎其类者也。故仁人之于民也，可以便之，无不行也。”(《爱类》)

在这种民本思想的基础上，《吕氏春秋》提出了以德治为主、以赏罚为辅的方针。这是对当时在秦国根深蒂固的法家思想针锋相对的挑战。首先，《吕氏春秋》强调德治。它认为施行什么政治就能收到什么结果。它说：“夫种麦而得麦，种稷而得稷，人不怪也。用民亦有种，不审其种，而祈民之用，惑莫大焉。”(《用民》)这个用民之种就是德政，“行德爱人，则民亲其上，民亲其上，则皆乐为其君死矣”(《爱士》)。因此，《吕氏春秋》认为用德政作为治国的指导思想，就会通达无阻，无往而不胜。它说：“为天下及国，莫如以德，莫如行义。以德以义，不赏而民劝，不罚而邪止。此神农黄帝之政也。以德以义，则四海之大，江河之水，不能亢矣；太华之高，会稽之险，不能障矣；阖庐之教，孙吴之兵，不能当矣。”(《上德》)用德政治国，不用赏赐，人民就自然努力，不用刑罚，邪恶就自会停止。所以说：“德也者，万民之宰也。”(《精通》)其次，《吕氏春秋》认为在施行德政的前提之下，赏罚可以作为一种辅助手段。它说：“凡用民，太上以义，其次以赏罚。”（《用民》）赏罚的标准应该是义，“其所以加者义，则忠信亲爱之道彰”（《义赏》），而不能是君主主观上的爱恶，“凡赏非以爱之也，罚非以恶之也，用观归也。所归善，虽恶之，赏；所归不善，虽爱之，罚”（《当赏》）。赏罚的内容应该是荣利辱害，荣利是人们所欲望的，辱害是人们所厌恶的，“辱害所以为罚充也，荣利所以为赏实也。赏罚皆有充实，则民无不用矣”（《用民》）。但是，赏罚作为一种辅助手段，不可无有，也不足专恃，只能适可而止。“威太甚则爱利之心息，爱利之心息而徒疾行威，身必咎矣。”（《用民》）“严罚厚赏，此衰世之政也。”（《上德》）

《吕氏春秋》德治的重要内容之一，是提倡忠孝礼乐。它认为孝是修身治国平天下的根本。它说：“凡为天下，治国家，必务本而后末。所谓本者，非耕耘种殖之谓，务其人也。务其人，非贫而富之，寡而众之，务其本也。务本莫贵于孝。人主孝，则名章荣，下服听，天下誉；人臣孝，则事君忠，处官廉，临难死；士民孝，则耕芸疾，守战固，不罢北。夫孝，三皇五帝之本务，而万事之纪也。夫执一术而百善至、百邪去、天下从者，其惟孝也。”（《孝行》）这就是说用孝作为道德思想的基础，不论是君臣，还是士民，都能本着孝的精神自觉地去做自己应该做的事，所以说以孝为本就能使“百善至，百邪去，天下从”。这种以孝而不是以耕战为治国之本的思想显然是《吕氏春秋》屏弃了法家的主张而吸收了儒家的思想。《吕氏春秋》讲孝的同时也讲忠，它认为孝是忠的基础。它要求人臣忠于君主，它说：“为人臣不忠贞，罪也。”（《权勋》）忠臣应该做到“苟便于主，利于国，无敢辞违，杀身出生以徇之”（《忠廉》）。它在《至忠》中举申公子培夺楚庄王所射之随兕不出三月而死的事，歌颂人臣以死忠君的美德。忠臣的行为不应止于救君主于危难，更重要的是“虽贵不苟为，虽听不自阿，必中理然后动，必当义然后举”（《不苟》）。人臣的忠，正是君主无为的基础。没有人臣的忠，君主的无为也就没有依靠了。

《吕氏春秋》的德治思想中，教育和音乐占有十分突出的位置。

《吕氏春秋》在三夏纪中集中阐述了教育和音乐对治国的重要作用。《吕氏春秋》反复强调了教与学的重要意义，它说："义之大者，莫大于利人，利人莫大于教；知之盛者，莫大于成身，成身莫大于学。"（《尊师》）又说："先王之教，莫荣于孝，莫显于忠。忠孝，人君人亲之所甚欲也；显荣，人子人臣之所甚愿也。然而人君人亲不得其所欲，人子人臣不得其所愿，此生于不知理义。不知理义，生于不学。"（《劝学》）《吕氏春秋》在这里着重强调了教育的目的，即通过教育使人懂得理义，做到忠孝。《吕氏春秋》还比较详细地阐发了它的为师为学的原则和方法，这些原则和方法都是为教育的目的服务的。因为教育可以使人做到忠孝，所以《吕氏春秋》把它放到重要位置。

《吕氏春秋》十分重视音乐的移风易俗作用。它在作为天子每月行动准则的十二纪中多次讲到天子对音乐的重视。《孟春纪》："命乐正入学习舞。"《仲春纪》："上丁，命乐正入舞舍采，天子乃率三公九卿诸侯亲往视之。中丁，又命乐正入学习乐。"《季春纪》："择吉日大合乐，天子乃率三公九卿诸侯大夫亲往视之。"从这里可以看出，音乐在天子的行动中是何等重要了。天子之所以如此重视音乐是因为音乐与政治风化有着十分紧密的联系。它说："凡音乐，通乎政而移风平俗者也。俗定而音乐化之矣。"（《适音》）"凡音者，产乎人心者也。感于心则荡乎音，音成于外而化乎内。"（《音初》）这就是说，音乐是人内心情感的流露，有一种神奇的潜移默化的功效，可以起到移风易俗的作用。所以一国的政治风化如何，只要考察一下它的音乐就可以知道了。它说："治世之音安以乐，其政平也；乱世之音怨以怒，其政乖也；亡国之音悲以哀，其政险也。"（《适音》）正因为音乐对政治有这么大的作用，所以《吕氏春秋》在它的德治中把音乐摆在重要的位置。《吕氏春秋》重视教育和音乐在治国中的作用的思想，无疑是吸收了儒家的思想。

作为仁政德治的补充，《吕氏春秋》主张顺应民心的义兵。它认为义兵是不能废止的，因为义兵"攻无道而伐不义"（《振乱》），"诛暴君而振苦民"（《荡兵》），所以会得到人民的拥护，它说："民之说也，若孝子之见慈亲也，若饥者之见美食也。”（《荡兵》）如果“天下无诛伐，则诸侯之相暴也立见”（《荡兵》）。这里它把这种诛伐看作制止诸侯兼并的措施。当然，《吕氏春秋》认为这种诛伐之权是掌握在秦国手中的，因此它反对诸侯“不别其义与不义而疾取救守”（《禁塞》）的做法，实际上，它认为“救守之心，未有不守无道而救不义也”（《禁塞》）。而这种救守，“不义莫大焉，害天下之民者莫甚焉”（《禁塞》）。《吕氏春秋》这种用义兵制止诸侯兼并，从而“诛暴君而振苦民”的思想，是对孟子反对诸侯兼并主张用王道统一天下的思想的继承性发展。《吕氏春秋》这里所主张的义兵，当然不局限于秦国对六国的战争，也应该包括秦统一以后对妨害其统治的人所进行的战争。所以《吕氏春秋》把义兵作为它的治国方略的一项重要内容。

这里附带说一下《吕氏春秋》关于战争的思想。它首先把战争分成正义的和非正义的，它说：“兵苟义，攻伐亦可，救守亦可；兵不义，攻伐不可，救守不可。”（《禁塞》）这种根据战争是否合乎正义来判断战争的性质并决定去取的思想是具有进步意义的。在战争思想上，它强调人在战争中的作用，它说：“夫兵有本干，必义，必智，必勇。”（《决胜》）这就是说，战争的胜负除了它是否合乎正义之外，就取决于人的智慧和勇敢了。它在强调人的作用的同时，也十分重视物质的作用，它说：“凡兵势险阻，欲其便也；兵甲器械，欲其利也；选练角材，欲其精也；统率士民，欲其教也。此四者，义兵之助也。”（《简选》）《吕氏春秋》强调战争胜负的决定因素是战争的性质和人在战争中的作用，同时认为武器装备等也是重要的因素。这种关于战争的思想具有唯物主义的性质，在当时甚至后世都有重要意义。

总之，《吕氏春秋》的政治思想是以儒家思想为主导，以被改造了的道家思想为基础，兼采各家对它有用的成分融合而形成的吕氏独特的政治思想。这种思想的产生顺应了时代发展的需要。不管秦王朝二世而亡是否与秦始皇否定了《吕氏春秋》的政治主张有关，汉初的文景之治与《吕氏春秋》政治理论的某些思想上的联系，是显然而无疑的。

四

《吕氏春秋》是一部很有价值的著作，除了它的哲学思想和政治思想在哲学史和思想史上有着重要的价值之外，还保存了很多先秦的史料及科学文化方面的珍贵资料。这些对研究先秦史和当时科学文化的发展情况也是很有价值的。关于历史方面的资料很多，杨宽先生在他的《战国史》中多所利用，这里就不详细引述了，只就科学文化方面的情况简单谈一谈。

《吕氏春秋》保存了很多古代卫生医学方面的知识。它认为人体有“三百六十节、九窍、五藏、六府”，各个器官都有各自的生理要求，肌肤要求致密，血脉要求畅通，筋骨要求强固，心志要求和顺，精气要求流行，能够满足它们的生理要求，疾病就不会发生了。因此它要求人们在饮食、情欲、运动方面都要多所注意。在饮食方面，它认为要食能按时，要不饥不饱，这样才能保养五藏，身必无灾。不要吃厚味烈酒，“味众珍则胃充，胃充则中大鞔，中大鞔而气不达”(《重己》)，这就是疾病的开始。所以它说：“肥肉厚酒，务以自强，命之曰烂肠之食。”(《本生》)在情欲方面，它认为必须有所节制，它说：“耳目鼻口，不得擅行，必有所制。”(《贵生》)又说：“圣人修节以止欲，故不过行其情也。”(《情欲》)如果失之放纵，就会“身尽府种，筋骨沈滞，血脉壅塞，九窍寥寥”(《情欲》)。它认为一味以“靡曼皓齿，郑卫之音”为乐，这就叫作“伐性之斧”(《本生》)。《吕氏春秋》认为，对于声色滋味，“利于性则取之，害于性则舍之”，才是“全性之道”(《本生》)。在运动方面，它强调精气流通，身体要不活动，精气就会郁结而生病。它认为“出则以车，入则以辇”，一味追求安逸舒适，这就叫作“招蹷之机”(《本生》)。总之，《吕氏春秋》认为：“大甘、大酸、大苦、大辛、大咸，五者充形则生害矣；大喜、大怒、大忧、大恐、大哀，五者接神则生害矣；大寒、大热、大燥、大湿、大风、大霖、大雾，七者动精则生害矣。”(《尽数》)因此人们要想长寿尽天年，必须避免这些危害。这就是养生之本。它认为只靠就医服药的办法来除治疾病是古人所轻视的下策。《吕氏春秋》所保存的这些卫生医学思想，符合现代的卫生学和预防医学的观点，是有很大的参考价值的。

《吕氏春秋》对音乐起源、原始音乐的记叙，是研究音乐史的可贵资料。它保存有音乐、舞蹈的产生，是为人们调节阴阳之气，建立适宜的生存环境的传说。比如朱襄氏时，阳气畜积，果实不成，所以士达创制五弦瑟，以来阴气；阴康氏时，阴气繁盛，沉积凝滞，阳气阻塞不通，民气抑郁，筋骨不舒，所以制作舞蹈加以宣导。它保存有音乐起源于人类对自然声音模仿的传说。比如帝颛顼喜欢风的声音，就命令飞龙作音乐效仿八风之音；帝尧命质作乐，质于是效仿山林溪谷之音而作成歌曲；黄帝还曾命伶伦作律，伶伦则根据凤凰的鸣叫，制定十二律音高标准。这些虽然是古老的传说，但从这些传说可以看出古人对音乐起源的认识。它还保存有原始音乐内容的传说，比如葛天氏时期操牛尾投足而歌八阕，反映了原始人畜牧和农耕的生活；大禹带领人民战胜洪水，于是制作乐舞，歌颂治水的英雄。这些传说也反映了原始音乐与生活的关系。所有这些，对研究音乐史都是不可多得的宝贵资料。另外，《吕氏春秋》还第一次比较全面地记载了我国乐律计算的三分损益法，它说："黄钟生林钟，林钟生太蔟，太蔟生南吕，南吕生姑洗，姑洗生应钟，应钟生蕤宾，蕤宾生大吕，大吕生夷则，夷则生夹钟，夹钟生无射，无射生仲吕。三分所生，益之一分以上生；三分所生，去其一分以下生。"（《音律》）有人说《管子·地员》中关于三分损益的记载先于《吕氏春秋》。《管子》一书的成书年代一直是个争论不休的问题，《管子》一书不成于管子之手，为后代人纂辑恐怕是可靠的，这样就很难确定它的先后。况且《管子》书中记载得也不完整。总之，《吕氏春秋》对三分损益法的记叙对研究古代音乐史是很有意义的。

《吕氏春秋》还保存有天文历法方面的记载。它记载有关于盖天说的早期思想，如"天道圜，地道方"（《圜道》）。"冬至日行远道"，"夏至日行近道"，"极星与天俱游，而天极不移"（《有始》）。它还完整地记载了九野和二十八宿的名称。这说明二十八宿的体系在战国时期已经形成。它还记录了很多云气与星的名称，以及一些奇怪的天象。这些对研究古代天文学都有重要的参考价值。另外，它还在十二月纪中按月记载了每月太阳、月亮所在的位次，以及与之相应的自然界的物候特征；还记录了人们根据物候与生产制定节气的原始形态，如“蛰虫始振”“始雨水”“小暑”“溽暑”“白露”“霜始降”等。这些对研究古代的气候以及生产与气候的关系也是很有用处的。

《吕氏春秋》还保存了战国时期的重农思想和农业生产技术。它在《上农》中提出重视农业的思想，这与当时的生产力水平是相适应的。在《任地》《辩土》《审时》三篇中集中地讲述了农业生产技术，其中包括对不同的土地要选择不同的耕作时间、施用不同的耕作方法，对不同的土地要加以不同的利用以使土地各尽其宜。比如它说：“凡耕之道，必始于垆，为其寡泽而后枯；必厚其靹，为其唯厚而及；䬴者莛之，坚者耕之，泽其靹而后之。”（《辩土》）又说：“凡耕之大方：力者欲柔，柔者欲力；息者欲劳，劳者欲息；棘者欲肥，肥者欲棘；急者欲缓，缓者欲急；湿者欲燥，燥者欲湿。”（《任地》）这就是说，要分辨土地的情况，然后决定什么土地早耕，什么土地缓耕；对各种不同的土质要加以改良，使之适宜种植。关于耕种方法，它说：“上田弃亩，下田弃甽。五耕五耨，必审以尽。其深殖之度，阴土必得。大草不生，又无螟蜮。”（《任地》）这就是说播种时高的田地不要做高畦，低的田地不要做凹畦。播种前要反复耕锄，要适当深耕，这样就不会长杂草，也不会生害虫。又说：“人稼之容足，耨之容耨，据之容手。此之谓耕道。”（《审时》）这就是说，耕作要不疏不密，要做到田里能下得去脚，锄地时能放得下耨，收摘要插得进手。它还特别强调种植五谷一定要审察时节，只有这样才能使籽粒饱满，取得丰收。它在《审时》中分别详细记叙了禾、黍、稻、菽、麦等农作物适时种植就能长势好，籽粒饱满，吃起来有香味[①]，同时讲到不适时种植

① 还讲到“麻”，枝叶少，而茎秆坚实，纤维厚而均匀。

的危害。所以它得出结论："得时之稼兴，失时之稼约。"《吕氏春秋》所讲的这些农业生产的知识对于研究战国时期农业发展的情况是不可多得的宝贵资料。

这样一部有价值的书，却长期没有引起人们的重视。只有司马迁在《报任安书》中把它与《周易》《春秋》《国语》《离骚》等相比并，看作是"倜傥非常之人"所作的重要著作；汉末高诱为之训解，称它"大出诸子之右"。此后，人们或囿于吕不韦的为人，或认为此书杂糅各家不成一家之言，几乎完全忽略了它的价值，很少进行深入的研究。宋人黄震说："今其书不得与诸子争衡者，徒以不韦病也。"（《黄氏日抄》）清人卢文弨说："世儒以不韦故，几欲弃绝此书。"（《抱经堂文集》卷十）近人冯友兰说："惟其成书于众手，各记所闻，形式上虽具系统，思想上不成一家。"（《吕氏春秋集释序》）近世的哲学史或思想史著作，几乎无一为《吕氏春秋》单辟一章，都只将其附于有关各家之后。这些看法几乎成为传统的定论，没有多少人提出异议。即使有人认为此书有可取的价值，也生怕跟吕不韦沾上边，必认为此书只是众宾客所为，与吕不韦无关。由于这些看法，致使历代没有深入研究此书者，清代毕沅只是做些校勘的工作，其他一些人只是做些补注而已。近人郭沫若的《吕不韦与秦王政的批判》才为《吕氏春秋》的研究廓清了路径。近来哲学史界和思想史界开始重视这部书了，并取得初步的成果。

关于吕不韦其人，前面已经叙述，他的功绩还是要肯定的。吕不韦和《吕氏春秋》的关系也是无法把它拆开的。《吕氏春秋》是在吕不韦主持下纂辑的，它的思想基本上就是吕不韦的思想。所以不能说吕不韦没有参与《吕氏春秋》的成书。至于对《吕氏春秋》属于杂家的理解，我们想再说几句。班固在《汉书·艺文志》中把它归入杂家。这个杂字，乃"会聚"之意，非"杂糅"之谓。班固并不认为它不成一家之言，班固对杂家有十分中肯而深刻的解说，认为杂家"兼儒墨，合名法，知国体之有此，见王治之无不贯"。班固的意思是，杂家主张治国安邦要兼采各家之长，并用自己的主导思想把它贯穿起来。《吕氏春秋》正是这样。从前面我们对它的政治思想的分析可以看出,《吕氏春秋》的政治思想采自各家,又不同于各家,它已经将各家思想融会贯通,成为它自己的思想。吕不韦认为,对于治国,各家都有有用的东西,又都有片面偏激的东西,必须把这些有用的东西集中融会起来,它说:“物固莫不有长,莫不有短”,要“假人之长以补其短”(《用众》)。并且说:“天下无粹白之狐,而有粹白之裘,取之众白也。”(《用众》)它认为只有集中各家之长才能成就自己完美的体系。它的“粹白之狐”与“粹白之裘”的比喻正是它融合百家之言而成《吕氏春秋》的主观愿望的形象说明,《吕氏春秋》思想体系的形成说明吕不韦的愿望基本上实现了。

《吕氏春秋》的编排是经过精心设计的,它自成一个完整的系统。这在先秦的著作中是仅见的。《吕氏春秋》全书分为十二纪、八览、六论三部分。十二纪,每纪五篇,计六十篇;八览,每览八篇,只《有始览》为七篇,计六十三篇;六论,每论六篇,计三十六篇;十二纪后有《序意》一篇,所以总计一百六十篇,约十一万言。纪、览、论又各成系统,十二纪是全书思想的主旨和纲领,正如《序意》所说:“凡十二纪者,所以纪治乱存亡也,所以知寿夭吉凶也。”每一纪都以月令开头,由于吕氏认为春季是万物滋生的季节,所以春季三纪里所辖的文章如《本生》《重己》等多与养生的内容有关。夏季是万物繁长的季节,所以将与人的生长特别需要的教育、音乐有关的内容放在夏季三纪之中。秋季万物成熟,有一种肃杀之气,所以秋季三纪中所辖的文章大体上谈论与战争有关的内容。冬季万物敛藏,所以将《节丧》《安死》之类的文章归属冬季三纪之中。八览是进一步阐述吕氏的思想,而且着重于君道和治术方面。《有始览》讲天地有始,然后说“天斟万物,圣人览焉,以观其类”。这就是说,所谓览,就是圣人览观万物之法。下面几览讲孝行、慎大、先识、审分、审应、离俗、恃君,都围绕着一个中心,十分贯通整齐。六论所论内容每论开头一篇有时联系并不很密切,如《开春论》,所以说六论有点像杂篇的性质了。《序意》一篇是全书的序言,讲述全书的指导思想,依照古人的体例应该放在全书之后，而现在放在十二纪之后，八览、六论之前，恐怕是因为《序意》残缺错简，只剩下论及十二纪的文字而没有了论及八览六论的文字，而被后人误置的结果。司马迁在《史记》中所记《吕氏春秋》的编排为八览、六论、十二纪，纪在最后。从全书的思想和内容看，恐怕这不是吕氏古本的原貌，而现存十二纪在前的编排才和吕氏的思想是一致的。由于《吕氏春秋》刻意追求形式上的整齐，所以出现一些割裂或重复的现象。有时为凑足一览一论的篇数，竟将同一个内容分割成几篇，如《有始览》的《去尤》与《先识览》的《去宥》,《有始览》的《应同》与《恃君览》的《召类》，等等。还有的是两篇之中有文字完全相同的叙述，如《长见》和《观表》中吴起治西河一事,《谕大》和《务大》中有关燕雀一段的记叙和议论，等等。

《吕氏春秋》现在所能见到的最早的版本是元代至正年间嘉兴路儒学刊本。明代出现了一批刻本，比较重要的有弘治十一年李瀚刻本，嘉靖七年许宗鲁刻本，万历己卯张登云校本，万历己卯姜璧重刻本，万历年间宋邦乂等校本，万历年间宋启明刻本，万历丙申刘如宠刻本，万历乙巳汪一鸾刻本，万历庚申凌稚隆套印本等十余种。清代乾隆年间，毕沅根据元刻本和他所能见到的部分明刻本进行过一次比较全面的校理，纠正旧刻错误不少。近人许维遹作《吕氏春秋集释》,又对毕校本有所是正。毕氏所见旧本不全，难免疏漏；许氏《集释》亦多有讹错及手民之误。我们的《吕氏春秋译注》以乾隆五十三年刻毕校本为底本，参照北京图书馆和北京大学图书馆所藏元明刻本十四种（详见《吕氏春秋》原文校勘所据旧刻本），以及许维遹《吕氏春秋集释》、蒋维乔《吕氏春秋汇校》，详加校订，斟酌去取。

（原载《吕氏春秋译注》，吉林文史出版社，1986 年）

刘安与《淮南子》

《淮南子》是汉代淮南王刘安集众宾客所作，隋唐之后多称之《淮南子》。《淮南子》是集先秦诸子学说之大成而又为一家言的一部大书。其内容牢笼天地，博极古今，是研究中国古代哲学、政治、军事、思想的重要典籍，也是探寻古代天文、历法、地理、物候、养生乃至文学、语言、神话、民俗等的宝藏。

《孟子》说："颂其诗，读其书，不知其人，可乎？"我们研究古人的书，应该先知其人。

一、刘安

（一）刘安其人

刘安是淮南厉王刘长的长子，刘长是汉高祖刘邦的第七子。高祖八年（前 199 年），刘邦进攻韩王信余部，从东垣返回时经过赵国，赵王张敖献美人赵氏女侍奉刘邦。后来赵王发现赵氏女有了身孕，便筑台使居于外。此时赵王相贯高谋反发觉，牵连到赵王及美人。赵氏女向官吏说明自己的身孕，刘邦未过问。赵氏女之弟赵谦请辟阳侯审食其通过吕后向刘邦说明情况，吕后不肯，审食其也不强求。赵氏女生下一子后自杀。官吏将此子送与刘邦，刘邦要吕后抚养。此子即是刘长。

高祖十一年（前 196 年），淮南王黥布谋反被灭，刘邦遂封刘长为淮南王，辖四郡。文帝即位之年（前 179 年），刘安生。刘长自以为与文帝最亲，屡次不守汉法，文帝都宽恕了。文帝三年（前 177 年），刘长去长安，在苑囿打猎，与文帝同车，且直呼文帝为大兄。

因当年辟阳侯审食其没有强求吕后，刘长在长安椎击审食其，并令随从将其杀死。文帝看在兄弟情分，没有治罪。刘长回到封国，即废除汉法，自立法令。文帝六年（前174年），棘蒲侯柴武的太子奇谋反发觉，牵涉到刘长。刘长被召到长安。众大臣上书要杀刘长。文帝赦其死罪，但废其封爵，流放至蜀地严道，刘长绝食而死。文帝以列侯的规格葬刘长于雍，三十户守冢。文帝八年（前172年），文帝封刘长幼子：长子安为阜陵侯，次子勃为安阳侯，三子赐为阳周侯，四子良为东成侯。文帝十二年（前168年），民间有歌谣说："一尺布，尚可缝，一斗粟，尚可舂，兄弟二人不能相容。"文帝听闻后说："天下岂以我为贪淮南王地邪？"于是用诸侯的礼仪为刘长置陵园，追谥厉王。文帝十六年（前164年），立阜陵侯刘安袭淮南王，安阳侯刘勃为衡山王，阳周侯刘赐为庐江王，三分淮南故地。当时东成侯刘良已死。

《史记》本传关于刘安的记载，皆为其谋反事。《史记》说，武帝建元二年（前139年）刘安到长安，时为太尉的武安侯田蚡到灞上迎接刘安，对刘安说："方今上无太子，大王亲高皇帝孙，行仁义，天下莫不闻。即宫车一日晏驾，非大王当谁立者！"刘安听后大喜，厚遗武安侯财物。从此私下结交宾客，安抚百姓，做叛逆的准备。《史记》又说，武帝建元六年（前135年），彗星出现。有人说，吴楚七国反时，有彗星长数尺。今彗星之长充满天空，天下兵当大起。于是刘安越发加紧准备攻城器械，积聚钱财，拉拢诸侯游士，做谋反的准备。

武帝元朔五年（前124年），刘安太子迁与雷被学剑，被雷被误伤，太子怒，向刘安说雷被坏话。雷被恐惧，准备往长安投军（当时法律，凡自愿投军与匈奴作战者，任何人不得阻止）。刘安撤雷被职，并与太子将其扣留。雷被逃到长安，上书说明缘由。武帝命地方官吏追查，逮捕太子迁。刘安欲不交出太子，发兵反，犹豫未有所决。此时武帝有诏令传讯太子。后来淮南相因扣留太子事，由廷尉处治。事情牵连到刘安。大臣请求逮捕刘安，其扣留雷被投军事当杀。武帝未许，削去其二县封地。《史记》说，此后刘安为谋反益甚。

刘安太子迁为嫡出，另有庶子不害。不害长于太子迁。但王后、太子都不以为先子。不害有子名建，见诸侯皆封子为侯，唯刘安不封其父为侯，心有怨恨。刘建知道太子有谋反心，欲告发，被太子知道，太子多次拘系鞭打刘建。刘建托人上书天子，告发太子迁打算谋杀汉使者。此时，辟阳侯审食其之孙审卿与丞相公孙弘交好，怨刘长杀其祖父，所以多说刘安坏话。公孙弘开始追查刘安谋反事。《史记》载，武被曾多次劝刘安谋反，并多方准备。刘安犹豫不决。最后又劝刘安勿反，并亲自到官吏处告发与刘安谋划反叛事。汉官吏逮捕太子迁及王后，围王宫。诸大臣要武帝杀刘安，武帝派宗正以符节治王罪。未至，刘安自刭而死。淮南国被废，立为九江郡。

《汉书》的主要材料来源于《史记》，但是记载了刘安著述的情况。高诱叙也讲到与《淮南鸿烈》有关的问题。

刘安为人好读书鼓琴，不喜弋猎狗马驰骋。文帝后元六年（前158年），刘安来朝，文帝下诏让刘安作离骚赋，日旦受诏，日早食完成。文帝十分喜爱，将文章收藏起来。刘安博学多才，又能延揽宾客，所以天下方术之士多往归之，其中著名的有所谓八公，即苏飞、李尚、左吴、田由、雷被、毛被、伍被、晋昌。还有诸儒大山、小山之徒。刘安与他们讨论学问，著书立说。据《汉书·艺文志》记载，大致有：

《淮南内》二十一篇 《淮南外》三十三篇 《淮南王赋》八十二篇

《淮南杂子星》十九卷 《淮南歌诗》四篇 《淮南道训》二篇

武帝建元二年（前139年），刘安献所作《淮南内》，这是刘安的新作。武帝非常喜爱，并收藏起来（上爱祕之）。刘安又献《颂德》及《长安都国颂》。每次武帝都设宴相待，谈论得失及方技赋颂，直至昏暮乃止。武帝十分钦佩刘安的才学，每次给他诏书，都要由司马相如润色以后方能发出。

（二）关于刘安谋反

《史记》《汉书》都说刘安谋反事发而自杀。但对此事，历来有不同的声音。疑点很多。《史记》淮南王本传记刘安谋反，篇幅极大，几乎占了四分之三，且语言生涩呆板，事理矛盾重重。写武被极力筹划谋反而又劝刘安勿反，刘安也是积极准备而又犹豫不决。这些绝不是武被和刘安的性格所致，而是太史公的难言之隐。语言生涩呆板，冗长拖沓，也绝非太史公的风格。这种破绽与矛盾留给后人有思考的空间。司马迁写刘安事，基本属于当代史，他不便直书，只能隐晦其辞，显露矛盾。《酷吏列传》写到狄山，狄山有一段话："臣固愚忠，若御史大夫汤乃诈忠。若汤之治淮南、江都，以深文痛诋诸侯，别疏骨肉，使蕃臣不自安。臣固知汤之为诈忠。"此话是在武帝元狩四年（前119年）说的，离刘安案只三年。可见当时就有对刘安的同情之声。

再者，田蚡对刘安的一席话也是有违常理，矛盾百出。武帝建元元年即位，年16岁。建元二年，刘安去长安朝见时，武帝17岁，而当时刘安已40岁，何谈"上无太子，一旦宫车晏驾"？武帝正值年富力强之时，此话何由说起？况且，刘安已经40岁，继承之事又怎能轮到他？再说，田蚡是武帝生母王太后的亲弟弟，外戚重权，何如为刘安说这些话？刘安博学多才，深知古今，岂能为田蚡的几句话就去准备谋反？

《原道》有一段话："夫天下者，亦吾有也，吾亦天下之有也。天下之与我，岂有间哉！夫有天下者，岂必摄权持势，操生杀之柄而以行其号令邪？吾所谓有天下者，非谓此也，自得而已。自得而天下亦得我矣，所谓自得者，全其身者也。全其身，则与道为一矣。"从这段话中，我们丝毫看不出刘安有夺取汉天子之权的欲望。只可以看出，刘安对有天下的看法，即自得而已。这符合刘安的思想。整部《淮南》都是以这个道家思想为基础的。

刘安谋反一案，实即汉王室削藩的结果。刘邦在楚汉相争的时候封了韩信等异姓诸侯王，是为了稳定军心，使这些人死心塌地为其效力。消灭项羽之后，刘邦即着手废除异姓王，罪名都是谋反。文、景时代，影响天子政令下达的，都是同姓王（废除异姓王后非刘氏不王）。这些诸侯王是天子实行极权的障碍。他们的势力，威胁到中央政权。文帝三年（前 177 年），就有所谓济北王反抗中央的事。文帝采纳贾谊的建议，用分地的办法，削弱诸侯王的实力，比如把齐国分为七，淮南国分为三，等等。但文帝没有完成削藩的工作。景帝时，晁错上“削藩策”，导致吴楚七国之乱。平乱后，景帝削藩决心更大，措施更加严厉。前元三年（前 154 年）下令：“诸侯王不得复治国，天子为置吏。”这样就剥夺了诸侯王设置官吏任命官吏的权力。到武帝时，诸侯王的势力已经不足以动摇中央政权，但仍有 26 个封国。武帝元朔二年（前 127 年），又采纳主父偃的“推恩令”，让诸侯王自封其子弟为侯，以此削弱诸侯王的实力和封地。对他人施行推恩令，对刘安则以谋反治罪，是因为刘安的势力及影响过大，且又有刘长案在前，可以以此为借口将其彻底消灭。

二、《淮南子》

（一）《淮南子》的作者及其成书年代

《史记》对刘安的著述未置一辞。《汉书·艺文志》著录《淮南内》，班固自注：“王安。”班固似乎认为《淮南内》为刘安所作。后代正史如《隋书》《新唐书》都沿袭这一看法。《西京杂记》也说：“淮南王安著鸿烈二十一篇。”《论衡·书解》也说：“淮南王作道书，祸至灭族。”这些似乎认为刘安所作。

《汉书》淮南王本传说：“淮南王安招致宾客方术之士数千人，作为《内书》二十一篇，《外书》甚众。”又说：“初，安入朝，献所作《内篇》。”汉末高诱为《淮南子》作注，他在叙中说：“与苏飞、李尚、左吴、田由、雷被、毛被、伍被、晋昌等八人及诸儒大山、小山之徒，共讲论道德，总统仁义，而著此书。”宋代黄震在《黄氏日抄》中说：“《淮南鸿烈》者，淮南王刘安以文辩招致天下方术之士，会粹诸子，旁搜异文以成之。”这些似乎认为刘安与众宾客一起完成。

不管怎么说,《淮南》一书，刘安的贡献应该是最大的。《淮南》的思想，应该就是刘安的思想。《淮南》的思想体系，是刘安一手创制的，这应该没有什么疑问。不能认为只是刘安召集宾客所作，从而抹煞刘安的贡献。刘安是一位才华横溢的学者，善于文辞。曾日旦受文帝诏，日早食即完成《离骚赋》。可见其文思之敏捷。刘安作有赋八十二篇，又有歌诗四篇。这都是他写作《鸿烈》的基础。同时，《淮南》一书，规模宏大，真乃鸿篇巨制，有其宾客参与也应该是可以理解的。我们可以说,《淮南》一书，是在刘安的策划主持并亲自执笔参与下与宾客共同完成的。

《淮南》一书,《汉书》记载，是刘安在武帝建元二年（前139年）亲自献给武帝的。“初，安入朝，献所作《内篇》，新出，上爱祕之。”宋代苏颂在《校淮南子题记》中说:“《内篇》则《鸿烈》也。《艺文志》谓之《内篇》。”《四库提要》也说:“今所存者二十一篇，盖《内篇》也。”刘安在建元二年献《内篇》，是其新作。这也就是说，在建元二年（前139年）《淮南》一书已经完成。高诱在《淮南鸿烈解叙》中说:“初，安为辩达，善属文。皇帝为从父，数上书，召见。孝文皇帝甚重之，诏使为《离骚赋》，自旦受诏，日早食已，上爱而秘之。天下方术之士多往归焉。于是遂与苏飞、李尚……等八人及诸儒大山、小山之徒，共讲论道德，总统仁义，而著此书。”刘安是在文帝十六年（前164年）封为淮南王的，其后，刘安数次上书，始得召见，时间大概在文帝后元了。方术之士归附后，于是与其中若干人一起研讨、著书，其时间大概到了文帝末年甚或景帝之时。由此可见,《淮南》的写作时间大约在文帝末年或景帝时直到武帝即位之际。此时刘安将近中年，思想已经成熟，对于宇宙及人事的看法已成系统。我们说，把《淮南》的写作及完成时间定在这时是恰当的。

此书刘安自名《鸿烈》,《要略》在说明二十篇最后一篇《泰族》时说:“此《鸿烈》之《泰族》也。”许慎注:“凡二十篇，总谓之《鸿烈》。”西汉末年，刘向、刘歆父子校理藏书时称之为《淮南》,《汉书·艺文志》又称之为《淮南内》，以与《淮南外》对应。颜师古《汉书注》说："《内篇》言道，《外篇》杂说。"汉代或称《鸿烈》，或称《淮南》。许慎作《鸿烈间诂》，高诱作《鸿烈解经》。（唐以后刻本称《淮南鸿烈间诂》《淮南鸿烈解》）葛洪《抱朴子外篇·喻蔽》始称之《淮南鸿烈》。由于刘向父子及班固将《淮南》置于诸子之列，故到东汉中后期，有人称之为《淮南子》，如《西京杂记》："淮南王安，著《鸿烈》二十一篇。号为《淮南子》，一曰《刘安子》。"《西京杂记》的作者存在不同意见。在唐本《玉篇》残卷中也引到此书，称为《淮南子》。顾野王是南北朝时人。另外，隋代杜台卿《玉烛宝典》引，亦称为《淮南子》。然于正史中称为《淮南子》者，当是《隋书·经籍志》。

（二）刘安著书的背景及意图

战国诸子遭秦火，汉初时，各家复起，当时"师异道，人异论，百家殊方，指意不同"。在政治领域，黄老道家思想占据主导地位。此时，各路学者都在构筑自己的思想理论体系，以作为逐渐巩固的大帝国的治国方略。刘安著书的目的也不外于此。

有人说，刘安著书是与汉武帝的独尊儒术相对抗的。这恐怕与事实不甚相符。当时，诸侯王中有复兴儒术者，如河间献王刘德，《汉书》说他所得书"皆先秦旧书，《周官》《尚书》《礼》《礼记》《孟子》《老子》之属，皆经传说记，七十子之徒所论。其学举六艺，立毛诗、左氏春秋博士。修礼乐，被服儒术，造次必于儒者，山东诸儒多从而游"。（见《汉书·景十三王传》）这只是学术多样性的一种表现，不能说儒术已经占了独尊的地位。当时，崇尚黄老之学的窦太后还健在，黄老之术仍占据统治地位。武帝刚刚即位，他的政治思想理念尚未明白显露，说刘安与独尊儒术相抗拒，是没有根据的。再说，董仲舒献《举贤良对策》是在建元六年（前 135 年），在刘安献其《鸿烈》后四年。刘安献书时，武帝并无独尊儒术之意。且武帝对其书"爱而秘之"，与刘安谈论方技赋颂，昏暮然后罢。说《淮南》一书是对抗武帝之说，是建立在刘安必定谋反的臆想之上的。

有人说，刘安著书是模仿吕不韦。这话看如何理解。只认为他是在形式上模仿，恐怕就过于简单了。就像《史记》说吕不韦是为模仿荀卿而写作《吕氏春秋》一样，只为了名声，绝不是吕不韦的初衷。刘安与吕不韦著书的目的确实有很多相似之处。吕不韦是为即将统一的秦帝国献上他的治国方略。当时秦王政即将亲政，吕不韦希望凭借他的相国之位仲父之尊主导秦王政采纳他的主张，以达到秦帝国的长治久安。刘安也是想为逐渐巩固的汉帝国献上他的治国蓝图。他们的不同之处在于，吕不韦是为了改变秦国一直尊奉的法家政策；而刘安则是要延续汉初以来一直实行的以黄老道家为主导的思想。

我们看一下他们在书的叙中所说的，就十分清楚了。

吕不韦在《吕氏春秋》的《序意》中说："凡十二纪者，所以纪治乱存亡也，所以知寿夭吉凶也，上揆之天，下验之地，中考之人，若此则是非可不可无所遁也。"

刘安在《淮南》的《要略》中说："夫作为书论者，所以纪纲道德，经纬人事，上考之天，下揆之地，中通诸理。"又说："若刘氏之书，观天地之象，通古今之事，权事而立制，度形而施宜，原道德之心，合三王之风。"又说："故著书二十篇，则天地之理究矣，人间之事接矣，帝王之道备矣。"

刘安和吕不韦一样，都是要考察天地人事的规律，作为他们治国的依据。

（三）《淮南子》的学派归属

《淮南子》的思想体系与《吕氏春秋》一脉相承，就学派归属，或谓之杂家，或属之道家。归属有歧，在于视角不同，谓之杂家者着眼于治道，属之道家者，着眼于思想主旨。

《汉书·艺文志》把它与《吕氏春秋》同归入杂家。

《艺文志》是这样描述杂家的："杂家者流，盖出于议官，兼儒墨，合名法，知国体之有此，见王治之无不贯，此其所长也。"颜师古注云："治国之体，亦当有此杂家之说。王者之治，于百家之道无不贯综。"班固的描述与颜师古的注释，全面恰当，深刻得体，丝毫没有贬损之意。杂家的特点就是，兼顾儒墨，融合名法，知道国家政体、王者政治必须将各家融会贯通。治理国家，不能专守一家之说，而必须取各家之长而为施政之本，才能称得起是王者之治。杂家政治家，正是符合这一标准的。

有人对“杂家”的“杂”字理解有误，以为“杂”为庞杂、杂凑之意，以为杂家是杂凑各家思想拼合而成，没有自己的独立体系。“杂家”之“杂”非杂凑之义，乃会聚之谓。刘文典在《吕氏春秋集释序》中说得明白中肯：“夫杂者会也，盖先以道德为目标，既定纲纪品式，乃博采九流，网罗百氏，纳于检格之中，实能综合方术之长，以成道术，非徒以钞内群言为务者也。”我们从杂家的两部代表作《吕氏春秋》《淮南子》中，可以清楚地看到，他们的思想体系是非常系统的，甚至是其他诸子著作所不能比拟的。他们的体系取自各家，但不是简单的抄取，而是有所取舍，而且将所取融入自己的体系之中，有机地构筑成自己的思想大厦。

杂家说在《汉志》以后得到较为广泛的认同。历代正史《经籍志》或《艺文志》，官私目录，如《郡斋读书志》《直斋书录解题》《崇文总目》以及《四库全书总目》等，都将《淮南鸿烈》列在“杂家”。

将《淮南子》归入道家者，当首推高诱。高诱在《淮南鸿烈解叙》中说：“其旨近老子，淡泊无为，蹈虚守静，出入经道。言其大也，则焘天载地；说其细也，则沦于无垠，及古今治乱存亡祸福，世间诡异瓌奇之事。其义也著，其文也富，物事之类，无所不载，然其大较归之于道，号曰《鸿烈》。”《淮南子》论道秉承老庄而有所发展。《原道》《俶真》《道应》数篇对老庄思想大加阐发，广博而且深入。《要略》开篇即曰：“夫作为书论者，所以纪纲道德，经纬人事，上考之天，下揆之地，中通诸理，虽未能抽引玄妙之中才，繁然足以观终始矣。”“纪纲道德”，亦即以道德为纲纪，为根本。此“道德”，乃老庄之道德，黄老学家之道德。据统计，《淮南子》一书称引（包括直引、暗引）《老子》言论达50余处，称引（主要是暗引）《庄子》言论达200余处，仅《说剑》不见引用。此足见老庄思想在《淮南子》书中之分量。

近人梁启超和胡适等，大畅道家说，尤以胡适为典型。他在《淮南王书》中说："道家集古代思想的大成，而淮南书又集道家的大成。道家兼收并蓄，但其中心思想终是那自然无为而无不为的道。"在《中国中古思想史长编》中又说："杂家是道家的前身，道家是杂家的新名。汉以前的道家可叫做杂家，秦以后的杂家应叫做道家。研究先秦汉之间的思想史的人，不可不认清这一件重要事实。"

杂家与道家本有渊源。司马谈《论六家要指》讲到道家时说："其为术也，兼儒、墨之善，撮名、法之要，与时迁移，应物变化，立俗施事，无所不宜。"与《汉书·艺文志》所论杂家多有吻合。《汉志》论说道家："道家者流，盖出于史官，历记成败存亡祸福，古今之道，然后知秉要执本，清虚以自守，卑弱以自持，此君人南面之术也。"《淮南鸿烈》治道中虚君实臣的思想亦即此"君人南面之术"。

《淮南子》的价值，不在于它属于哪一家、哪一学派，而在于它牢笼天地，博极古今，总览天地人间古今之事，为我们留下一份十分宝贵的精神财富。

（四）《淮南子》的思想文化

《淮南子》是古代思想文化的宝藏，它不仅具有丰赡而宝贵的思想精华，而且保存了大量的古代社会文化，是一笔宝贵的遗产。

《淮南子》是吸收各家思想之后所形成的自己的完整的思想体系。它吸收了老子、庄子的道家思想，也吸收了儒家子思、孟子、荀子的思想，还有孙子、管子、墨子、韩非的思想，当然，它的体系又与吕不韦是一脉相承的。它吸收各家思想，又都结合当时的情况有所发展。也就是说，它还吸纳了西汉初期的各种新的文化思想，较《吕氏春秋》又前进了一步。

《淮南子》的哲学基础是道家，它用大量的篇幅论述道。它认为道是宇宙的本体，在空间和时间上都没有终极，其大无外，其小无内，无终无始。道又是化生天地万物的最原始的物质或状态，无形无象，无为而无不为。《淮南》的道对《老子》的道有所改造。《老子》是“道生一,一生二,二生三,三生万物”，而《淮南》认为“道始于一”,《天文》说:“道始于一,一而不生，故分而为阴阳，阴阳合和而万物生，故曰‘一生二,二生三,三生万物’。”老子说“道生一”，刘安说“道始于一”。道生一,一是实体，是最原始的物质，道产生一，那么道就是虚无，就是无。道始于一，是说道从一开始，起于一，道就是一。道是实体，是物质。《淮南》的这个思想与《吕氏春秋》是一致的,《吕氏春秋·大乐》说:“道也者，至精也，不可为形，不可为名，强为之，谓之太一。”它们都认为世界的本原是物质的，这与《老子》有着本质区别。

《淮南子》在思维方式上继承了《老子》的辩证思想，它也认为好与坏、祸与福是互相转化的。在《人间》中有很多具体的故事，很说明问题。如塞翁失马的故事：

近塞上之人，有善术者，马无故亡而入胡，人皆吊之。其父曰:“此何遽不为福乎？”居数月，其马将胡骏马而归。人皆贺之。其父曰:“此何遽不能为祸乎？”家富良马，其子好骑，堕而折其髀，人皆吊之。其父曰:“此何遽不为福乎？”居一年，胡人大入塞，丁壮者引弦而战，近塞之人，死者十九，此独以跛之故，父子相保。故福之为祸，祸之为福，化不可极，深不可测也。

《淮南子》同《吕氏春秋》一样，是呈献给最高统治者的治国方略，而它的政治思想与治国理念，和《吕氏春秋》也有高度的一致性。它继承了《吕氏春秋》依据法天地的原则而提出的主道员臣道方的思想，也就是虚君实臣的思想。比如《主术》说：

主道员者，运转而无端，化育如神，虚无因循，常后而不先也。臣道方者，论是而处当，为事先倡，守职分明，以立成功也。是故君臣异道则治，同道则乱。各得其宜，处其当，则上下有以相使也。夫人主之听治也，虚心而弱意，清明而不闇，是故群臣辐凑并进，无愚智贤不肖莫不尽其能者，则君得所以制臣，臣得所以事君，治国之道明矣。

《淮南子》保留了大量的古代文化，《天文》保留了先秦至汉初人们对于天道及天文历法的认识，《地形》对山川地貌、人文地理以及神话传说等进行全面叙述，《精神》对精神修养及养生作了很好的阐释，《说山》《说林》保留了大量古代的格言警句，如此等等，都是留给后人的极可珍贵的文化遗产。

（五）《淮南子》的结构体系

《淮南子》一书的结构安排，是经过精心设计的。《要略》是全书的序，按照古代的规矩，放在全书的最后。《要略》详细地讲述了全书的结构安排，它说：

凡属书者，所以窥道开塞，庶后世使知举错取舍之宜适，外与物接而不眩，内有以处神养气，宴炀至和，而已自乐所受乎天地者也。故言道而不明终始，则不知所仿依；言终始而不明天地四时，则不知所避讳；言天地四时而不引譬援类，则不识精微；言至精而不原人之神气，则不知养生之机；原人情而不言大圣之德，则不知五行之差；言帝道而不言君事，则不知小大之衰；言君事而不为称喻，则不知动静之宜；以称喻而不言俗变，则不知合同大指；已言俗变而不言往事，则不知道德之应；知道德而不知世曲，则无以耦万方；知氾论而不知诠言，则无以从容；通书文而不知兵指，则无以应卒；已知大略而不知譬喻，则无以推明事；知公道而不知人间，则无以应祸福；知人间而不知修务，则无以使学者劝力；欲强省其辞，览总其要，弗曲行区入，则不足以穷道德之意。故著书二十篇，则天地之理究矣，人间之事接矣，帝王之道备矣。其言有小有巨，有微有粗，指奏卷异，各有为语。

二十篇的前后次序，浑然一体，非常严整。

《淮南子》与《吕氏春秋》的结构体系不甚相同，《吕氏春秋》是将全书分成三大部分，纪、览、论主次分明，纪是总纲，览主要论述政治思想，君道、臣道等等，论则有补充论述的意味。《淮南子》论述问题更为集中，每一个论题分别用一篇或几篇阐述，比如，道是《淮南子》中最重要的思想，用《原道》《俶真》集中阐述，而《道应》则用实例阐释老子的思想。又如,《主术》则阐述君道、臣道,《兵略》则论述战事与用兵的规律,都既总结了先秦诸子的精华,又融汇了汉初的经验,较《吕氏春秋》有了一定的升华。然而,如同《吕氏春秋》亦有篇章重复或错乱的情况一样,《淮南》结构亦并非完美,它出于众人之手,篇题下的内容,很多未紧绕该篇题而展开,显得松散。刘安统编亦有疏忽,致使各篇立论有相互矛盾之情况。

(六)《淮南子》历代注释及版本

最早整理《鸿烈》的应该是西汉末年的刘向。刘向之父阳城侯刘德修黄老术,有智略,又参与过刘安案的审理,多获刘安所著书,刘向少年即多有诵读。刘向校书时,将书名定为《淮南》。刘向校定本影响广泛,成了东汉通行本。东汉时为它作注的人很多,有许慎、马融、延笃、高诱等数家,马融、延笃的注本早已失传。许慎、高诱二家是最早的注本,许慎的注本称为《鸿烈间诂》,高诱的注本称为《鸿烈解经》。所谓"间诂",清人孙诒让说:"昔许叔重注淮南王书,题曰鸿烈间诂。间者,发其疑牾;诂者,正其训释。"孙诒让将他注墨子的书称作《墨子间诂》,就是仿效许慎。叶德炯说:"间诂犹言夹注,与笺同实而异名。"到唐代,许、高二家注还都存在。《隋书·经籍志》许、高二注并列。到宋代,二注即已相混。宋代苏颂《校淮南子题记》已经明言,"高注篇名皆有故曰因以题篇之语,其间奇字并载音读。"苏颂又说:"高本每篇下皆曰训,又分数篇为上下,以此为异。"关于许、高二家注混而为一,清代学者陶方琦写有《淮南许注异同诂》,他根据古代类书和旧注等引用过许、高二家注的文字,进行区分,认为今本《缪称》《齐俗》《道应》《诠言》《兵略》《人间》《泰族》《要略》等八篇是许慎注,其余十三篇是高诱注。陶氏的说法是正确的。从现存的本子可以看出,上述八篇与十三篇注解的详略及风格均不相同,且如苏颂所说,十三篇均有"因以题篇"之语,而八篇没有。清代校理《淮南》者很多,诸如王念孙、王引之父子及陈昌齐、刘台拱、孙诒让等。近代则有刘文典、吴承仕、杨树达、于省吾等。他们都为扫除语言障碍做出了重要贡献。

《淮南子》版本，已有不少学者做过专门研究，如吴则虞有《淮南子书录》，于大成有《淮南王书考》，美国学者 Harold D.Roth（罗浩）有 *The Textual History of the Huai-nan Tzu*（《淮南子版本发展史》）等。

现在所能见到的较早的版本，是刘履芬于同治十年影写的二十一卷本的北宋小字本，此本错字较多，但亦有很耀眼的地方，它本皆非而此本独是者亦令人可喜，这些皆可供校勘采用。二十世纪二十年代，上海商务印书馆影印出版，后收入《四部丛刊》。再者是明正统年间的道藏本。这是较早也较好的版本，王念孙云："余未得见宋本，所见诸本中，唯道藏本为优。"杨树达亦谓"如以道藏本为底本，后代版本的许多错误'可不改而自改'。"但该本也存在一些错误，并非尽善尽美。此本之祖本可以追溯至北宋，与北宋本很接近。但道藏本将《原道》《俶真》《天文》《地形》《时则》《主术》《氾论》七篇各分出了上、下两卷，全书为二十八卷。苏颂云高本"又分数篇为上下"，盖即道藏之祖本。此本旧藏北京白云观，二十世纪二十年代上海涵芬楼据之影印。此本为二十八卷本之始。

二十八卷本中最突出的是明代刘绩补注本。刘绩是明代有名的学者，他根据当时所能见到的版本及他的识断，除做些补注之外，正文也做了一些增改。刘绩于题识中称："旧本残讹，自诱注时已不能辨，据他书补码千字，改正数百字，删去数百字，其疑者仍存，难释者草草数语释之。"弘治辛酉年（1501 年）王溥首先刊印刘绩的本子，或称王溥本。嘉靖九年（1530 年）黄焯又据王溥本翻刻。此外，二十八卷本还有万历间朱东光辑订的中都四子本及叶近山本、刘莲台本、王元宾本、安正堂本、《道藏辑要》本等。

明代还有一批二十一卷本，茅一桂本约校印于明万历八年（1580 年）前后，前有茅一桂序，卷首题有"茅一桂订"字样。此本注文有删削，注音模式亦有改动。此本在当时地位较高，以它为底本的版本非常多，如汪一鸾本、《四库全书》本、茅坤本、张烒如集评本、汉魏丛书本等。

清代乾隆年间，庄逵吉校理《淮南子》，自称以道藏本为底本，但多与道藏本不合，他所用的底本应该是钱坫用道藏本所校的茅本。有清一代，庄逵吉的本子最为流行，但清代学者多有微词，很多人为他校订，改正不少错误，如浙江书局本，就是经过很多学者校订过的。浙局本较初刻本有很大改进。

二十世纪二十年代初，北大教授刘文典出版《淮南鸿烈集解》，刘先生吸收清代学者特别是王氏父子的意见，使《淮南鸿烈》的整理上了一个新的台阶。但因刘先生仍采用庄本为底本，庄本的错误很多还存在。所以杨树达批评说，如果以道藏本为底本，很多错误就可以不改自改了。随后有刘家立的《淮南集证》，此书改正文，不言出处，多无版本根据，价值不高，然亦偶有可用者。二十世纪末，中华书局将刘文典《淮南鸿烈集解》收入《新编诸子集成》，标点再版，方便了读者的阅读以及学者的研究。该书于附录中增加了刘文典后来所写《淮南子校补》和《淮南子逸文》。近年来，出现一些译注本，这对古籍的普及有一定的作用，如陈广忠的《淮南子译注》、刘康德的《淮南子直解》等。

（2007年9月稿，2017年9月改定于海淀博雅西园）

诸子学的复兴与新子学的建立

方勇先生提出新子学的概念，于今有重要意义。想就此谈一些体会和感想，向大家请教。

一、先秦诸子的百家争鸣及其对中国思想文化的贡献

中国社会，在春秋末战国时期，经历着大动荡，旧的制度在衰败，在崩溃，正所谓“礼崩乐坏”，新的形态在不断地产生和发展。诸多诸侯国，经过兼并战争，剩下齐、楚、燕、韩、赵、魏、秦七强。七国之间纵横捭阖，都力图通过经济、军事、外交、文化等手段发展壮大，占据统一天下有利的地位。这一时期争斗与发展并存，动荡与机遇同在。因此，社会经济蓬勃发展，思想空前活跃。各个学派的思想家纷纷阐发自己的思想，亮出自己的治国理念和主张，形成了百家争鸣的局面。这一时期，出现了以孔子、孟子为代表的儒家，以老子、庄子为代表的道家，以墨子为代表的墨家，以商鞅、韩非为代表的法家，以吕不韦为代表的杂家，等等。各家之间，没有尊卑贵贱之分，可以平等地自由辩难。《吕氏春秋·不二》对各家的特点有所总结。它说：“老耽贵柔，孔子贵仁，墨翟贵廉，关尹贵清，子列子贵虚，陈骈贵齐，阳生贵己，孙膑贵势，王廖贵先，兒良贵后。”各家都力图用自己的理论和行动影响各国的政治，力图使各国君主采纳自己的主张。因此，这一时期成为中国历史上思想最活跃、文化大发展的最佳时期。中国的诸子百家之学便在这种形势下产生了。

诸子的思想不但在当时发挥了重要作用，而且对后世产生了深远影响。后世的思想家都从诸子的思想中吸收了丰富的营养，使中华文

化得以不断的发展，没有被单一的思想完全桎梏。

二、先秦诸子的统合与杂家的产生

百家争鸣的局面，是思想文化蓬勃兴盛的象征。但是，各家思想都有长处，也都有缺点。这对于各国君主为了战胜他国，统一天下，特别是维持其长治久安，都是不够的。他们需要一种兼采各家之长的思想成为他们治国的思想基础。于是，诸子思想统合的要求便应运而生了。

当时国势最为强盛的秦国，统一六国已成不可阻挡之势。它的当政者吕不韦开始为统一大帝国的治理进行谋划，制定他的治国方略。他广为招揽天下人才，包括有各家思想主张的人，为他出谋划策，最后完成了综合各家思想而形成自家体系的《吕氏春秋》。吕不韦将它悬之咸阳市门，声言有能增损一字者予千金。实际上他是以这种办法胁使有法家独尊思想的秦王政接受他的主张，作为统一大帝国的治国方略。

吕不韦的思想，班固归之于杂家。我们说，杂家不是杂凑之家，而是综合之家、统合之家。杂家不为一家之言所囿，而是综采各家之长而为我所用。吕不韦打过一个比方，他说："天下无粹白之狐，而有粹白之裘，取之众白也。""粹白之狐"与"粹白之裘"的比喻正是吕不韦融合百家之言而成《吕氏春秋》思想体系的形象说明。先师王力先生说："杂家之所以可贵，就是它把儒墨名法镕为一炉，采其所长，而扬弃其所短。《吕氏春秋》一书，可以说是集儒墨名法的大成。"

三、独尊儒术与诸子学的衰落

秦始皇没有采纳吕不韦的主张，继续维持他的法家独尊思想，致使二世而亡。汉初文景之治所采用的所谓黄老政治，与吕不韦的主张有着明显的联系，应该是接受了秦帝国灭亡的教训的。

文景之治积累了大量的财富，使国势逐渐强盛。汉武帝没有接受秦始皇"独尊"的教训，反而接受董仲舒的建议，"罢黜百家，独尊儒术"，尤其是体现儒家思想的礼乐制度，成为他统治天下的唯一理论基础和行动准则。这里不仅"独尊"，而且先行"罢黜"。这样一来，思想被桎梏而僵化，战国时期的百家争鸣的自由局面不复存在了。思想家刘安在独尊之前，看到了这种征兆，做了最后的挣扎，但以失败告终。

独尊儒术的实行，极大地阻碍了中华文化的发展，此后诸子学进入了衰落期，只在某个特定的时期某一家的思想在某种程度上受到重视，得到阐释，有所恢复。如魏晋隋唐时期，道家思想受到一些士人的青睐，也得到某些统治阶层的认可，所以《庄子》有了郭象的注，成玄英的疏，陆德明的《经典释文》也把《庄子》包括在内。但就总体而言，诸子的思想即使没有隐灭，至少也在非主流的境地，不存在复兴及发展的可能。

四、复兴诸子学的时机已经到来

儒家独尊的局面曾有可能被打破，但历史没有抓住机遇，反而走入了歧途。近几十年来，思想得到解放，诸子学研究蓬勃展开，并取得了相当的成果，尤其是《子藏》工程的启动，使诸子学研究进入一个全面复兴和发展的新时期。2012 年的先秦诸子学术研讨会提出“全面复兴诸子学”的口号，凝聚了学界的共识，明确了奋斗的方向，复兴诸子学的时机已经到来。

五、新子学的建立必须在全面复兴诸子学的基础之上

方勇先生在提出复兴诸子学的口号之后，适时地提出建立新子学的构想，是具有前瞻性的。不过新子学的建立必须在诸子学全面复兴的基础上才能实现。

诸子学的复兴，大概至少有两个方面的标志：一、对传统诸子学的全面深入的整理和研究。这主要包括两个方面，一个是对诸子原典的整理，从版本校勘到语言文字的疏通，都要下一番实际的功夫。尤其是出土文献的发现，为诸子学增添了新的血液。现在还不能说以文献整理为主要工作的传统子学已走向终结。一个是对诸子原典义理的阐释，要发掘原典的真实含义，首先要通过古人的语言去体会古人的原意，而不是掺杂研究者个人随心所欲的解释。二、要注重诸子学的普及。诸子学的复兴，不能只在几个专家或学者的笔下，而应该成为

全民文化的一部分，特别是要使青年一代能够对诸子学有尽可能多的了解和认识。近几十年来，普及工作做了一些，还应该更加深入。

六、新子学是国学的重要组成部分

所谓“国学”，现在讨论得很热烈。国学的概念，应该不是一个一成不变的概念，而是随着时代的变化而有所改变。以儒学经典为国学主干的时代应该已经过去，今天的国学包括什么内容正是需要广泛讨论的问题。方勇先生提出“新子学，将应势成为国学新主体”，是值得重视的新看法。

儒家是诸子百家之一，而且是其中十分重要的一家。儒家文化的精髓是中华文化的重要组成部分。诸子学是诸子百家之学，儒家学说是诸子学的重要内容。我们今天讲国学，自然不能将儒家排除在国学之外。如此看来，包括儒学在内的诸子学成为国学的主干，乃顺理成章之事。

当今形势下的诸子学，即新子学应当是包容的，兼收各种传统的、现代的思想成果。方勇先生提到传统方技类不应在子学之列，从宏观上看，这应该是对的。但是，我们不应排斥方技类著作中所蕴含的思想内容，比如《黄帝内经》这类医书，就包含着丰富的哲理，我们应该吸纳它来充实新子学的内涵。

新子学是诸子学在新形势下的发展，因此，它既是独立的个体，又是融合的整体。也就是说，它有单一某一子的思想体系，又有包容各子思想的统合的思想体系。正如先秦诸子发展到秦，便产生了统合的需求，从而产生了综合的“杂家”。我们说新子学的统合体系，也就是所谓“新杂家”，一定会随着新子学的发展而逐步产生并得到发展。

新子学的建立，是一项复杂而艰巨的工作，要求当代学者从诸子思想中汲取精华并且发挥今天的智慧，与时俱进，去解决当今纷繁复杂的问题。我们期待新子学能为中华文化再现辉煌，为中华民族的新的复兴贡献力量和智慧。

（原载《诸子学刊》第九辑，上海古籍出版社，2013 年）

新子学与杂家

昨天看了林其锬先生的文章，他在文章的最后呼吁大家，在继承优良传统，发掘中国文化资源，吸收世界先进文明，构建中华现代文化体系中，应该重视和发掘过去长期不被重视的杂家文化思想资源。对于他的这种看法，于我心有戚戚焉。去年会上，我谈到先秦诸子与杂家的问题，所以想就这个问题再说几句。

我们研究诸子学，大多比较关注儒、墨、道、法等，对于杂家，大家关注得比较少。我觉得，杂家在诸子各家中，更具有开放性和多元性以及服务于现实的特点，它批判性地兼采各家之长，兼收并蓄，融会贯通，形成相似于各家又有别于各家的独特的思想体系。

春秋战国时期，各家思想相互交锋，相互辩难，形成百家争鸣的局面。在交锋与辩难的过程中，各家自有分化，儒分为八，墨离为三，各家之间又互有渗透。吸收他家以为己有，早见端倪，以后逐渐成为一种趋势。杂家的形成，就是这种趋势的必然结果。当然，也是社会变革的一种需要。

《汉书·艺文志》是这样描述杂家的："杂家者流，盖出于议官，兼儒墨，合名法，知国体之有此，见王治之无不贯，此其所长也。"杂家的特点是，兼顾儒墨，融合名法，知道国家政体、王者政治必须将各家融会贯通。班固对杂家的论述是全面恰当的，丝毫没有贬损之意。治理国家，不能专守一家之说，而必须取各家之长，融会贯通，才能称得起是王者之治。杂家政治家，正是符合这一标准的。

有人没有理解班固对杂家的说明，对杂家产生错误的理解，以为

“杂”是杂凑的意思，以为杂家是杂凑各家思想拼合而成，没有自己的独立的体系。这种看法在学术界和思想界长期占据着主导地位，从而使杂家研究长期处于不被重视的境地。只在二十世纪八九十年代以后，杂家研究才开始引起人们的注意，出现了一些研究专著，但是与其他各家的研究比较起来，仍然显得薄弱。

我们以杂家的代表作《吕氏春秋》为例，看看杂家的特点和杂家研究的意义。

在《吕氏春秋》中，可以清楚地看到，它的思想体系是非常系统的，甚至是其他诸子著作所不能比拟的。汉代高诱极其推崇这部著作，曾为它做过注解。在《吕氏春秋序》中，他说此书“大出诸子之右”。这部书的思想虽大都取自各家，但不是简单的抄取，而是有所取舍，并且将所取融入自己的体系之中，有机地构筑成自己的思想大厦。《吕氏春秋·用众》有一个很好的比喻，它说：“天下无粹白之狐，而有粹白之裘，取之众白也。”这个比喻正好说明杂家的由来和体制。

《吕氏春秋》是吸收各家思想之后所形成的自己的完整的思想体系。它吸收了老子、庄子的道家思想，也吸收了儒家子思、孟子、荀子的思想，还有墨子、孙子、韩非子、管子的思想。我在《吕氏春秋译注》的前言中曾经说过，《吕氏春秋》是以道家思想为基础、以儒家思想为主导并融合各家之长的一部自成体系的著作，是一套有纲领、有规划、可实施的治国方略。

《吕氏春秋》吸收或融合各家思想是自觉的，公开的，批判性的，有所扬弃的，是紧密结合当时政治、军事斗争现实的。

《吕氏春秋》吸纳道家的思想，并作为它的哲学基础。汉代高诱在《吕氏春秋序》中说：“此书所尚，以道德为标的，以无为为纲纪。”《吕氏春秋》吸纳了道家的“道”，不过它认为道不是虚无，而是“一”，即“太一”，或即“精气”，这种精气是构成天地万物的最基本物质。《吕氏春秋》也吸纳了老子的“无为”思想，并限定在君道方面，提出“君道无为，臣道有为”的主张。君道无为是前提，只有君道无为，才能做到臣道有为。对于老子的某些思想，吕氏认为与时代发展相左的，则弃而不采。比如老子提倡小国寡民，这与当时秦帝国统一天下而形成的大帝国，是完全不相适应的。吕不韦是要为统一的大帝国制定治国方略，如何能够采用小国寡民的思想？所以他必然将其舍弃。吕不韦作为统一大帝国的宰相，大帝国的管理者，他的态度是积极的，向前看的，因此对于道家的某些带有消极色彩的东西，他也只能弃而不取。

《吕氏春秋》大量吸纳了儒家的思想。儒家的核心思想是仁，《吕氏春秋》也讲到仁，《爱类》说："仁也者，仁乎其类者也。"儒家把孝弟看作仁德根本，孔子说："孝弟也者，其为仁之本与。"《吕氏春秋》也很重视孝道，《孝行》说："夫孝，三皇五帝之本务，而万事之纪也。"《吕氏春秋》受孟子民本思想的影响很深，它强调民众是国家安危存亡的根本和关键。它说："主之本在于宗庙，宗庙之本在于民。"又说："人主有能以民为务者，则天下归之矣。"同时，《吕氏春秋》还吸纳了儒家关于教育、音乐教化等思想，在三夏纪中突出阐述了教育和音乐对治国的重要作用。

《吕氏春秋》也很重视法家思想，法家思想在秦国一直处于独尊的地位，吕不韦的门客中就有法家的代表人物李斯。但吕不韦对于法家思想多有改造或批判。法家强调法的重要，强调耕战的意义，把它作为治国的根本，同时强调法、术、势综合运用。法家不重视德化，不重视贤人。《吕氏春秋》则强调德治为本，赏罚只是辅助手段，同时特别强调用贤，认为求贤用贤是实现君道无为的重要条件。《吕氏春秋》也吸纳了法家法后王的思想，主张与时俱进，随时变法。

《吕氏春秋》吸收了墨家的节葬思想，主张薄葬，但否定了它的非攻思想，鲜明地提出自己的义兵说。这是根据当时秦国政治、军事斗争需要而采取的做法。主张节葬是为国家积累财富，反对偃兵，是因为秦国正在以军事手段推进统一六国的斗争。吕不韦认为，秦国统一六国的战争是拯救人民于水火之中，是义兵，是不能停止的。

《吕氏春秋》广泛吸纳各家有用的东西，即使是方技类的内容，也兼而采之。比如它有专讲农业耕作种植技术的篇章。

《吕氏春秋》以后的杂家著作，都遵循包容的、兼收并蓄的、服务于现实的传统。我们甚至看到，儒家独尊以后，中国思想文化的发展，也都或多或少地体现出这种杂家风格。

新子学，即当今形势下的诸子学，或者说即诸子学在新形势下的发展。我们现在讨论新子学，应该充分借鉴杂家吸纳百家的做法，本着积极的、公开的、宽容的态度，对待古今中外的各种思想学说，择其善者而从之，其不善者而舍之。

一、建立新子学，首先要彻底了解传统子学的内涵与真谛，厘清每一子的产生和发展的历史脉络，从而为新子学的建立奠定基础。正如吕不韦召集天下各国智略之士，其中自然包括各个学派的人士，集思广益，作为他完成《吕氏春秋》的第一步。

二、建立新子学，要积极地研究当今世界各种思想文化，不管是西学还是东学，不能有畏缩感、自卑感，也不能有傲慢和轻视的态度，我们要建设的是强国思想文化的基础建筑，应该有这种不卑不亢的自信。正如吕不韦要规划秦统一大帝国的治国方略，正是本着这种精神，去吸纳各国各家的思想，去采撷各家成熟的成果，而为己所用。

三、建立新子学，要将传统与现代、外域与本土有机地融合，传统要为现代服务，外域要为本土服务，也就是说，要从传统与外域的思想文化中吸取营养和智慧，为当今社会的政治文化注入活力。正如吕不韦从前代和当代、从秦国和六国的思想文化中汲取可用的成分那样。

四、建立新子学，要特别着眼于创新，不能墨守成规。时代是发展的，社会是进步的，我们的思想文化建设不能只停留在一个层面上，必须与时俱进，有所创新。创新，是思想文化建设的生命，也是学术进步的生命。《吕氏春秋》政治思想体系的建立，就是吕不韦创新思想的产物。

我们说新子学的建立要借鉴杂家的做法，并不是因袭杂家。首先，还是诸子多元的、独立的发展，在诸子独立的发展过程中，借鉴杂家的宽容的、兼收并蓄的做法。诸子多元的发展应该是新子学首要工作。在诸子多元发展的基础上，会产生统合的需求，这时会产生新的杂家。

（原载《诸子学刊》第十三辑，上海古籍出版社，2016 年）

关于编写《淮南子》及许高注善本异文汇录的初步想法

《淮南子》是中国汉代一部重要的典籍，内容牢笼天地，博及古今，规模宏大，且流传久远，版本繁多。我做《淮南子校释》第一步就是选择其中重要版本进行校勘，在书中专列版本一栏。当时的指导思想是，诸家校笺多就庄本、集解本为言，故凡庄本、集解本与藏本不同之情况，尽于版本一栏中列出。其他各本有参考价值之异文，亦录以备考，明显讹误及有意删削增补者，则略而不言。

前些日，见到桥本秀美先生的《古籍整理的理论与实践》，他在《校引文必须知作者所据》一节中讲道：段玉裁《说文解字注》第十二篇上"耽"字下引《淮南·墬形训》"夸父耽耳在其北"，高注："耽耳，耳垂在肩上。耽读衣褶之褶。或作摄。以两手摄其肩之耳也。"高注末句费解。按：刘文典《集解》作"以两手摄耳，居海中"，不言有异文。何宁《淮南子集释》亦如此。然则段注引文有讹乎？"摄耳居海中"与"摄其肩之耳也"，相差甚远，无法理解如何讹误始变如此。后查北京大学出版社出版的张双棣的《淮南子校释》，才看到说王溥本、朱注本作"以两手摄其肩之耳"。所谓王溥本，即明代刘绩补注本，王念孙说"所见诸本中，唯道藏本为优，明刘绩本次之，其余各本皆出二本之下"，可见刘绩本在当时影响颇大。后来乾隆五十三年庄逵吉的刊本盛行于世，浙江书局的二十二子以及集解、集释均以为本，刘绩本又无影印本，若无张氏校释，恐怕我也不会想到去图书馆借阅刘绩本。

通过这件事，桥本先生认为，校书必须注意作者用过的书，用过的版本，也应该知道乾嘉学者用过的版本往往不是我们的常用版本。至于道咸以后学者使用过的书与版本，时间越晚越接近我们现在的藏书。

由此，桥本先生建议，像《淮南子》这样的重要典籍，非常需要类似《柳宗元诗文十九种善本异文汇录》那样整理各版本异文的书。

吴文治先生在《柳宗元诗文十九种善本异文汇录·后记》中的一段话，很可以给人以启发。他首先引用邓绍基先生的话说："当年王骥德校《西厢记》，自言根据五种旧本，如果他真的将各种异文一律注出，那么，人们买了他的校书，就等于买了五种版本。万一那五种版本中有一二种在流传中丢失，只要校本存在，还可恢复。""吴晓铃、单耀海、李国炎、刘坚四位先生编校《关汉卿戏曲集》，就是详录异文的……读者购买一部《关汉卿戏曲集》，不仅得到了所有关作，而且得到了所有关的版本。"吴文治先生接着说："《柳集》的善本，虽然为数不少，但一般读者不易借得，即使是专业人员也得凭介绍信，且只能到指定的善本阅览室看善本胶卷，想借回家看更是不可能。因此我编纂这种'异文汇录'把我所积累的柳宗元诗文十九种善本的异文全部汇集在一起，读者获此一编，就等于获得了《柳集》的十九种版本，不仅携带方便，且置之案头，随时可以使用。"

我见到桥本先生的建议和吴文治先生的《后记》，觉得确有道理，因此想到，在编纂《子藏·淮南子卷》的过程中正可以编纂一部《〈淮南子〉及许高注善本异文汇录》，以应各方面研究者之需。

编写这种异文汇录，首先要研究《淮南子》版本源流，即其版本演变发展的历史，确定所收录的版本。目前已有一些讨论《淮南子》版本源流的论著，如吴则虞的《淮南子书录》，严灵峰的《淮南子知见书目》，美国布朗大学罗浩教授（Harold D. Roth）的《淮南子版本发展史》（*The Textual History of the Huai-nan Tzu*）等，可资参考。根据目前的研究情况，现在所能见到的版本，较早的有刘泖生影写北宋小字本（上海涵芬楼影印，收入四部丛刊），其余主要是明刻本，如：

1. 明正统十年道藏本（北京白云观藏本，民国十四年上海涵芬楼据白云观本影印本），2. 明弘治十四年（辛酉）刘绩补注、王溥校刊本，3. 明嘉靖九年（庚寅）闽中王鎣刊本，4. 明嘉靖九年（庚寅）黄焯刊本，5. 明万历七年（己卯）朱东光辑订、张登云参补之中立四子本，6. 明万历八年（庚辰）茅一桂刊本，7. 明万历八年（庚辰）茅坤刊本，8. 明万历九年（辛巳）叶近山刊本，9. 明万历十八年（庚寅）汪一鸾刊本，10. 明万历二十年（壬辰）何允中刊本（广汉魏丛书本），11. 明万历二十一年（癸巳）刘宗器安正堂刻本，12. 明万历间吴勉学刻本，13. 明王元宾刻本，14. 明张烒如刻本，15. 明黄锡禧刊本（增订汉魏丛书本）。清刻本主要有乾隆五十三年（戊申）庄逵吉校刊本及嘉庆间蒋元庭据正统道藏本翻印之道藏辑要本。以上总计 18 个版本，大致可以包括前人引用《淮南子》所据的版本。至于采用哪些善本，可深入讨论决定。

再者，要对各个版本做详尽的、全面的校勘，对于《淮南子》来说，不但要校对正文，同时要校对许慎、高诱的注文，许、高注文是古代重要的训诂资料，也是前人引用的重要内容。校勘工作是一件十分重要，又十分费力的工作。本人做《淮南子校释》时，凭一已之力，用了几年时间，对道藏本及参校的 12 个版本的《淮南子》正文及许、高注文做过详尽的校勘，列有版本一栏，但并没有录出全部异文。此次做《淮南子》及许高注善本异文汇录，校勘工作，十分繁复，如以上述 18 种版本为校勘善本，除影印需要耗费很大人力、物力之外，校勘本身也需要相当的人力，而且参加的人应该是有相当小学功底的。这样以校勘为基础全面收录各版本的异文资料，才可以为研究者提供更为详尽的可靠的参考。具体做法可参照《淮南子校释》版本栏及《柳宗元诗文十九种善本异文汇录》，先选定底本，然后用每一个善本与底本对校，所用善本皆对校完成，再进行汇校，写出异文汇录，可以下断语处则下校勘断语，否则汇录而已。

如今做《淮南子》及许高注善本异文汇录，是作为《子藏·淮南子卷》的一个组成部分，《子藏·淮南子卷》收录《淮南子》的各种善本，异文汇录实际上相当于它的校勘记，《子藏·淮南子卷》卷帙浩繁，一般读者不易购得，异文汇录可以单行本发行，这样，读者有了这样一本异文汇录，也就等于有了《淮南子》各种善本了，可以大大方便读者阅读和研究者参考。

（本文是2014年子藏第二批成果发布会暨诸子学现代转型高端研讨会上的发言稿）

《吕氏春秋》与《淮南子》思想文化琐谈

《吕氏春秋》和《淮南子》是中国秦汉之际的两部大书，其内容牢笼天地，博极古今，是中国古代思想文化的宝藏。

《吕氏春秋》和《淮南子》在思想体系上一脉相承，写作目的也甚为相似，其作者吕不韦和刘安又有着近乎相同的遭遇。这在中国学术史上几乎是绝无仅有的。

吕不韦辅佐秦王政，位为相国，尊为仲父，权倾一时。在秦王政即将亲政之时，吕不韦召集众宾客写成了《吕氏春秋》，将它悬之咸阳市门。吕不韦为什么在这个时候写这样一部书呢？当时，秦国统一天下的大势已定，六国诸侯已无力阻挡这一历史潮流。吕不韦凭着政治家的敏感，感到秦国统一天下已经不是很困难的事了，而保持住天下才是真正困难的事。他说："胜非其难者也，持之其难者也。"（《慎大》）作为相国的吕不韦，他必须考虑统一后的秦国如何治理，实行什么政策才能使秦国长治久安，吕不韦不同意用自秦孝公以来几乎处于独尊地位的法家思想作为治国的基本国策，他必须提出自己的理论，作为统一的秦帝国的治国纲领。这一部《吕氏春秋》就是他为秦帝国维持长治久安所提出的治国方略。吕不韦企图以相国之位，仲父之尊，迫使秦王政即使亲政以后，也能完全依照自己的主张行事，使自己的主张定于一尊，维持秦国的长治久安，也维持他自己的权势地位。

刘安是汉初的一个诸侯王，他生于文帝元年（前 179 年），经历了文景之治。刘安博学多才，身边聚集了一群当世的学者，形成汉初的一个学术中心。汉帝国经过文景之治，国力渐强，刘安在汉武帝即位的第二年写作这部书，并将它献给汉武帝。他的目的也是十分明显的，即希望汉武帝能采纳他的主张，作为治国的基本方略。

刘安与吕不韦著书的目的确实有很多相似之处。吕不韦是为即将统一的秦帝国献上他的治国方略，希望秦王政采纳他的主张，以达到秦帝国的长治久安。刘安也是想为逐渐巩固的汉帝国献上他的治国蓝图。他们的不同之处在于，吕不韦是为了改变秦国一直尊奉的法家政策；而刘安则是要延续汉初以来一直实行的以黄老思想为主导的思想。他们都认为，他们的书总结了前世的经验，包揽了天地人事各方面的道理，是治国的良策。

吕不韦在《吕氏春秋》的《序意》中说："凡十二纪者，所以纪治乱存亡也，所以知寿夭吉凶也，上揆之天，下验之地，中考之人，若此则是非可不可无所遁也。"

刘安在《淮南子》的《要略》中说："夫作为书论者，所以纪纲道德，经纬人事，上考之天，下揆之地，中通诸理。"又说："若刘氏之书，观天地之象，通古今之事，权事而立制，度形而施宜，原道德之心，合三王之风。"又说："故著书二十篇，则天地之理究矣，人间之事接矣，帝王之道备矣。"

他们的治国之策，都没有被当权的秦始皇、汉武帝采纳，而且都遭到了杀身灭国之祸。

吕不韦被秦王政诬以参与嫪毐与太后之事而免相放逐，最后自杀于赴蜀途中；刘安被汉武帝以谋反的莫须有罪名搜捕，最后自杀于淮南封国。

一、关于杂家

《汉书·艺文志》把《吕氏春秋》和《淮南子》都归入杂家。

《艺文志》是这样描述杂家的："杂家者流，盖出于议官，兼儒墨，合名法，知国体之有此，见王治之无不贯，此其所长也。"杂家的特点是，兼顾儒墨，融合名法，知道国家政体、王者政治必须将各家融会贯通。班固对杂家的论述是全面恰当的，丝毫没有贬损之意。治理国家，不能专守一家之说，而必须取各家之长，融会贯通，才能称得起是王者之治。杂家政治家，正是符合这一标准的。

有人没有理解班固对杂家的说明，对杂家产生错误的理解，以为"杂"是杂凑的意思，以为杂家是杂凑各家思想拼合而成，没有自己的独立的体系。这种看法是大可商榷的。

我们从杂家的两部代表作《吕氏春秋》和《淮南子》中，可以清楚地看到，他们的思想体系是非常系统的，甚至是其他诸子著作所不能比拟的。汉代高诱极其推崇这两部著作，曾为这两部书做过注解。在《吕氏春秋序》中，他说此书"大出诸子之右"；在《淮南鸿烈解叙》中则说"其义也著，其文也富"，又说"故夫学者，不论淮南，则不知大道之深也"。这两部书的思想虽大都取自各家，但不是简单的抄取，而是有所取舍，并且将所取融入自己的体系之中，有机地构筑成自己的思想大厦。《吕氏春秋·用众》有一个很好的比喻，它说："天下无粹白之狐，而有粹白之裘，取之众白也。"《淮南子·说山》作为格言引用："天下无粹白狐，而有粹白之裘，掇之众白也。"这个比喻正好说明杂家的由来和体制。

《吕氏春秋》和《淮南子》吸收各家思想之后形成了自己的完整的思想体系。它们吸收了老子、庄子的道家思想，也吸收了儒家子思、孟子、荀子的思想，还有孙子、管子、墨子的思想。我曾经说过，《吕氏春秋》是一部以道家思想为基础、以儒家思想为主导并融合各家之长的自成体系的著作。《淮南子》的体系与吕不韦是一脉相承的。它吸收先秦各家思想，同时结合汉初的实际情况有所发展，更加系统化。

二、关于思想

1. 道

"道"字的本义是道路，《说文》："道，所行道也。"它被运用于政治哲学范畴，大概是春秋中后期的事。孔子讲道，老子也讲道，但他们所说的道是不同的。孔子说："朝闻道，夕死可也。"孔子所说的道，是社会政治及人生的最高准则和规范。老子所说的道，从人类社会扩展到整个自然界，是宇宙的本原。《吕氏春秋》中讲了一个故事，说："荆人有遗弓者，而不肯索，曰：'荆人遗之，荆人得之，又何索焉？'孔子闻之曰：'去其"荆"而可矣。'老聃闻之曰：'去其"人"而可矣。'"孔子讲的人，不限于楚国人，而是指的整个人类社会；老子则又不限于人类，指的是整个自然界、宇宙万物。

《老子》四十二章说："道生一，一生二，二生三，三生万物。"四十章说："天下万物生于有，有生于无。"这里的"有"，就是"一"，一生二，二生三，三生万物。这里的"无"似乎就是"道"。老子不是着眼于现实世界，而是追溯到太古之初。二十五章说："有物混成，先天地生。寂兮寥兮，独立而不改，周行而不殆，可以为天地母。吾不知其名，强字之曰道，强为之名曰大。"三十九章说："昔之得一者，天得一以清，地得一以宁，神得一以灵，谷得一以盈，万物得一以生。"老子的"道"，在"一"之上，天、地、神、谷、万物都是得"一"而生，然"一"又是生于"道"，"一"是实体，而"道"则是虚无。

《吕氏春秋》和《淮南子》的哲学基础秉承了老子的"道"，但很显然，《吕氏春秋》和《淮南子》的"道"，对老子的"道"有所改造，有所发展。

《吕氏春秋》接受了稷下学派关于道的精气说，认为宇宙本原是由一种称作"精气"的最基本物质所构成，这些"精气"没有形状，看也看不见，听也听不着。《大乐》说："道也者，视之不见，听之不闻，不可为状。"它无处不在，天地间万事万物都是由"精气"构成。《尽数》说："精气之集也，必有入也。集于羽鸟，与为飞扬；集于走兽，与为流行；集于珠玉，与为精朗；集于树木，与为茂长；集于圣人，与为夐明。"它大到充塞天地，流溢宇宙，小到精微至极，不能再有所容纳。《下贤》说："其大无外，其小无内。"这种精气，就是道，又名太一。《大乐》说："道也者，至精也，不可为形，不可为名，强为之，谓之太一。""太一"又简称"一"。很明显，在《吕氏春秋》中，“道”和“一”是同一个概念的两种称呼。

《淮南子》对“道”的阐述比《吕氏春秋》更为详尽而系统。《天文》说：“道始于一，一而不生，故分而为阴阳，阴阳合和而万物生，故曰‘一生二，二生三，三生万物’。”又说：“道始于虚霩，虚霩生宇宙，宇宙生气。气有涯垠，清阳者薄靡而为天，重浊者凝滞而为地。清妙之合专易，重浊之凝竭难，故天先成而地后定。天地之袭精为阴阳，阴阳之专精为四时，四时之散精为万物。”这里说“道始于一”，又说“道始于虚霩”，“虚霩”就是“一”。“虚霩”不是什么都没有的“无”，而是《吕氏春秋》所说的“不可为形，不可为名”“其大无外，其小无内”的“精气”，或曰“太一”（简称“一”）。

吕不韦和刘安与老子的不同在于对“道”的理解。老子说“道生一”，吕不韦说“道谓之太一”，刘安说“道始于一”。“道生一”，“一”是实体，是最原始的物质，道产生一，那么道就是无。“道始于一”，是说道从一开始，起于一，道就是一。道是实体，也是物质。《吕氏春秋》与《淮南子》的这个思想是一脉相承的，它们都认为宇宙的本原是实体的，这与《老子》有着本质区别。

2. 无为

《老子》最早提出“无为”的思想，“无为”一语，出现11次之多（据帛书本）。老子的“无为”思想是他“道法自然”思想的延续。他说：“以辅万物之自然而不敢为。”（六十四章）他的意思很明确，道效法自然，人的行为应该顺应自然的规律而不妄为。《庄子》对于“无为”的理解，是向着消极的方向发展了。他的“无为”实际上是他的“逍遥游”即不受任何约束的个人的绝对自由的延续，就是无所作为。

《吕氏春秋》没有专讲无为的篇章，它的无为思想主要体现在对君道的论述中。

《淮南子》继承了老子“无为”的思想，又有所发展。刘安认为，无为是道的本原，得到这个本原，就可以顺畅地应对天地万物了。《主术》说：“无为者，道之宗，故得道之宗，应物无穷。”由于对道的理解，刘安与老子有所不同，因此对无为的认识也就有差异。

刘安的“无为”不是庄子的什么也不做，他说：“或曰：‘无为者，寂然无声，漠然不动，引之不来，推之不往，如此者，乃得道之象。’吾以为不然。”（《脩务》）《淮南子》的无为是不先物为，也就是不做违背外物自然的行为。在这一点上，他继承了老子的思想，同时又充实了，发展了。他说：“漠然无为而无不为也，澹然无治而无不治也。所谓无为者，不先物为也；所谓无不为者，因物之所为也。所谓无治者，不易自然也，所谓无不治者，因物之相然也。”（《原道》）他的“无为”“无治”就是不改变自然的规律，不做违背自然规律的事情，而是按照自然规律去做事。刘安在《脩务》中对“无为”做了更具体也更深刻的阐释，他说：“吾所谓无为者，私志不得入公道，嗜欲不得枉正术，循理而举事，因资而立功，(权)[推]自然之势，而曲故不得容者，政事成而身弗伐，功立而名弗有，非谓其感而不应，(攻)[故]而不动者。若夫以火熯井，以淮灌山，此用己而背自然，故谓之有为。若夫水之用舟，沙之用肆，泥之用輴，山之用蔂，夏渎而冬陂，因高为田，因下为池，此非吾所谓为之。”“循理而举事，因资而立功”，这种无为，就是顺应自然规律而为。“水之用舟，沙之用肆，泥之用輴，山之用蔂，夏渎而冬陂，因高为田，因下为池”，这不是“为”而是真正的“无为”，“以火熯井，以淮灌山”的妄为才是“为”。他在《脩务》中列举了神农、尧、舜、禹、汤等五位圣王的事迹，他们“劳形尽虑，为民兴利除害而不懈”，他们“不耻身之贱，而愧道之不行；不忧命之短，而忧百姓之穷”，“圣人忧民如此其明也，而称以‘无为’，岂不悖哉”！“循理而举事，因资而立功”，顺应自然而为，即是“无为”的最基本的内容。同时，《淮南子》在这里明确地区分了“无为”与“有为”的界限，“循理而举事”是“无为”，“用己而背自然”是“有为”。这是对老子“无为”思想的进一步的阐释和发展。

先秦道家对于“无为”的思想，缺乏系统全面而一致的阐发，这个工作应该说是由汉初的黄老学派特别是《淮南子》来完成的，这正是《淮南子》对中国哲学思想史的重要贡献。

3. 君道

君道的问题，是先秦哲学家、政治家讨论甚为热烈的一个问题。《老子》五千言，实际上很多地方是在言谈政治，也就是讨论治道。他在“道法自然”之前，就说“人法地，地法天，天法道”，要人事效法天地。

《吕氏春秋》继承了《老子》的这个思想，在《序意》中提出，“盖闻古之清世，是法天地”，“天曰顺，顺维生；地曰固，固维宁；人曰信，信维听。三者咸当，无为而行”。在《圜道》中更进一步阐明君道要效法天地的意义，它说：“天道圜，地道方，圣王法之，所以立上下。”又说：“主执圜，臣处方，方圜不易，其国乃昌。”它认为人类应该按照天地的关系来建立君臣的关系。天无形而万物以成，至精无象而万物以化，君主就要如同天一样，没有具体的形象，是空灵无为的。君主要像天一样，要虚；臣下要像地一样，要实。这就是《吕氏春秋》根据天地的关系提出的“虚君实臣”的思想。

《吕氏春秋》中《君守》《求人》《下贤》《审分》等篇，比较集中地体现了“虚君实臣”思想的内涵。君主要有君主的操守，也就是君主的最高行为准则。君主的最高行为准则就是要养性保真，以达到无为而治。《君守》说：“得道者必静，静者无知，知乃无知，可以言君道也。”君主为什么一定要无知无为呢？它认为，君主与众人一样，受到外界环境的制约而有局限性。要克服这种局限性，就必须充分发挥臣下的聪明才智，让臣下去各司其职。否则，君主有所为，就会使臣下阿主之为，有过则无以责之。所以它说：“君道无知无为而贤于有知有为。”君主的无为就是有为，就是无不为。怎样才能做到无为而无不为呢？《吕氏春秋》认为最主要的是君主加强自身的修养，治其身，反诸己。治身是治天下的根本。它说：“为国之本，在于为身。”（《执一》）其次是必须求贤用贤。它说：“古之善为君者，劳于论人而佚于官事，得其经也。”（《当染》）又说：“得贤人，国无不安，名无不荣。”（《求人》）第三是要正名审分设立官职，使百官各司其职，各尽其力。“百官各处其职、治其事，以待主，主无不安矣；以此治国，国无不利矣”(《圜道》)。

关于君道的问题,《淮南子》完全继承了《吕氏春秋》依据法天地的原则而提出的主道员臣道方的思想，也就是虚君实臣的思想，并且总结吸收了汉初六七十年实行黄老政治取得的经验，使这个思想更加系统化。《淮南子》设有《主术》，集中阐述为君之道。《主术》说:“主道员者，运转而无端，化育如神，虚无因循，常后而不先也。臣道方者，论是而处当，为事先倡，守职分明，以立成功也。是故君臣异道则治，同道则乱。各得其宜，处其当，则上下有以相使也。夫人主之听治也，虚心而弱意，清明而不闇，是故群臣辐凑并进，无愚智贤不肖莫不尽其能者，则君得所以制臣，臣得所以事君，治国之道明矣。”这里主道员臣道方，清楚地说明了君臣各有其职守，君主要虚无其心，因循自然，顺应百姓，实行无为而治；臣下则要积极主动做好自身分内的工作，建立应有的功业。它特别明确地提出君臣异道则治，同道则乱的思想。君臣的职守是不同的，不能混淆，更不能错位，只有这样，君得以使臣，臣得以事君，“群臣辐凑并进，无愚智贤不肖莫不尽其能”，国家才能大治。

《淮南子》一再特别强调君主的无为,《主术》说:“人主之术，处无为之事，而行不言之教，清静而不动，一度而不摇，因循而任下，责成而不劳。”又说:“是故君人者无为而有守也，有[守](为)而无好也，有为则谄生，有好则谀起。”这些思想继承了《吕氏春秋》的思想而又更进一步。

《淮南子》基于无为的思想，为君主提出明确的要求:“非淡漠无以明德，非宁静无以致远，非宽大无以兼覆，非慈厚无以怀众，非平正无以制断。”(《主术》)这几点，就是君道无为的具体体现，也只有在无为的基础上才能做到。

《吕氏春秋》关于虚君实臣的思想，没有被秦王政即后来的秦始皇采纳，这不能不说是秦王朝迅即灭亡的一个原因。汉初的统治者实行黄老政治，实际上是采纳了吕不韦的主张，而淮南王刘安对这一思想又有所发展。

三、关于文化

1. 天文历法

《吕氏春秋》和《淮南子》中有不少天文历法方面的记载，《吕氏春秋》有《圜道》及十二月纪，《淮南子》有《天文》《时则》等。

《吕氏春秋》第一次完整地记载了九野及二十八宿的名称。《淮南子》更进一步记载了每个星宿在天体中所占的度数。《天文》："星分度：角十二，亢九，氐十五，房五，心五，尾十八，箕十一四分一，斗二十六，牵牛八，须女十二，虚十，危十七，营室十六，东壁九，奎十六，娄十二，胃十四，昴十一，毕十六，觜巂二，参九，东井三十三，舆鬼四，柳十五，星七，张、翼各十八，轸十七，凡二十八宿也。"

中国历法建立得很早，春秋时期《左传》里就有了"分、至、启、闭"的说法，它指的是春分、秋分、夏至、冬至、立春、立夏、立秋、立冬八个节气。《吕氏春秋》中已经记载了节气的部分名称，如"立春、雨水、立夏、小暑、立秋、立冬、日长至、日短至"等，有些还不定型，如有"日夜分、霜始降"等，还没有出现"春分、秋分、霜降"等名称；《淮南子》则第一次完整地记载了一年的二十四节气，冬至、小寒、大寒、立春、雨水、惊蛰、春分、清明、谷雨、立夏、小满、芒种、夏至、小暑、大暑、立秋、处暑、白露降、秋分、寒露、霜降、立冬、小雪、大雪。这是随着农业发展，历法节气确立的结果。《淮南子》不但记载了二十四节气的名称，同时结合天文知识对这二十四节气做了具体的说明和阐释。这二十四节气与后代及现在所用的几乎完全一致。

《吕氏春秋》的十二月纪，《淮南子》的《时则》，都记载了每月太阳、月亮所在的位次，以及与之相应的物候特征等。这些对研究古代天文物候都是十分可贵的。

2. 养生

《吕氏春秋》保存了很多古代卫生医学方面的知识。它认为人体有"三百六十节、九窍、五藏、六府"，各个器官都有各自的生理要求，能够满足它们的要求，疾病就不会发生。因此它要求人们在饮食、情欲、运动等各方面都要多所注意。比如在饮食方面，它说：“凡食，无强厚味，无以烈味重酒，是以谓之疾首。食能以时，身必无灾。凡食之道，无饥无饱，是之谓五藏之葆。”它要求人们不要暴食，饮食要按时，要无饥无饱，这样才能保养五脏，没有病灾。在情欲方面，它说：“圣人修节以止欲，故不过行其情也。”（《情欲》）“耳目口鼻，不得擅行，必有所制。”（《贵生》）它要求人们的情欲要有所节制，不得擅行。对于声色滋味，要“利于性则取之，害于性则舍之”（《本生》）。在运动方面，它强调精气的流通，身体要运动，否则精气就会郁结而生病。它说：“血气欲其通也，精气欲其行也，若此则病无所居，而恶无由生也。”（《达郁》）它告诫说：“肥肉厚酒，务以自强，命之曰烂肠之食。”“靡曼皓齿，郑卫之音，务以自乐，命之曰伐性之斧。”“出则以车，入则以辇，务以自佚，命之曰招蹷之机。”（《本生》）

《淮南子》多处讲到生命，讲到养生的问题。《精神》专讲与养生有关的问题，而且系统全面。《原道》中论述了神形的关系，说：“夫形者，生之舍也；气者，生之充也；神者，生之制也。”它认为，形是生命的居所，气是生命的实体，神是生命的主理。它说：“故以神为主者，形从而利；以形为制者，神从而害。”这就是说，养生当以养神为主，养生要注重养神。它说：“治身，太上养神，其次养形。”（《泰族》）“夫天地之道，至纮以大，尚犹节其章光，爱其神明，人之耳目曷能久熏劳而不息乎？精神何能久驰骋而不既乎？”（《精神》）它十分强调神和，亦即精神的和谐。“知举错取舍之宜适，外与物接而不眩，内有以处神养气，宴炀至和，而已自乐所受乎天地者也。”（《要略》）能做到“举错宜适，处神养气，宴炀至和”，就可以得到天地给与的愉悦，精神愉悦，则“血脉无郁滞，五藏无蔚气”，这样就可以达到长生了。对于“五色、五声、五味、趣舍”这些天下用以养生的东西，不能过分，过分则伤生。它说：“故曰：嗜欲者，使人之气越；而好憎者，使人之心劳。弗疾去，则志气日耗。”（《精神》）在

《精神》的最后告诫人们，养生要知道养生之本，它说："故以汤止沸，沸乃不止，诚知其本，则去火而已矣。"

3. 音乐

《吕氏春秋》记述了音乐的起源及原始音乐。它详细论述了音乐起源的过程，说明了音乐与生活的直接关系。《古乐》叙述了朱襄氏、葛天氏、阴康氏、黄帝、帝颛顼、帝喾、尧、舜、禹、汤、周文王、周公旦等作乐的原因及过程，是音乐史的极其宝贵的文献。

《吕氏春秋》和《淮南子》比较全面地记载了我国乐律的六律六吕及其计算法的三分损益法，是研究古代音乐史的宝贵资料。《吕氏春秋·音律》详细地记载了十二律即六律、六吕的名称及相生情况，它说："黄钟生林钟，林钟生太蔟，太蔟生南吕，南吕生姑洗，姑洗生应钟，应钟生蕤宾，蕤宾生大吕，大吕生夷则，夷则生夹钟，夹钟生无射，无射生仲吕。三分所生，益之一分以上生；三分所生，去其一分以下生。"《淮南子·天文》说："故律历之数，天地之道也。下生者倍，以三除之，上生者四，以三除之。"

4. 语言

《吕氏春秋》和《淮南子》有很多寓言故事，后代形成成语。这些成语有很深刻的思想蕴涵，成为汉语语言宝库的重要成分。比如：

《吕氏春秋·察今》："楚人有涉江者，其剑自舟中坠于水，遽契其舟。曰：'是吾剑之所从坠。'舟止。从其所契者入水求之。舟已行矣，而剑不行。求剑若此，不亦惑乎。"此一故事形成一个成语"刻舟求剑"。这个成语说明，事物不是静止的，而是随时间发展变化的，不能墨守成规，做事治国都是如此。

《淮南子·人间》："近塞上之人，有善术者，马无故亡而入胡，人皆吊之。其父曰：'此何遽不为福乎？'居数月，其马将胡骏马而归。人皆贺之。其父曰：'此何遽不为祸乎？'家富良马，其子好骑，堕而折其髀，人皆吊之。其父曰：'此何遽不为福乎？'居一年，胡人大入塞，丁壮者引弦而战，近塞之人，死者十九，此独以跛之故，父子相保。故福之为祸，祸之为福，化不可极，深不可测也。"这一故事形成一个成语“塞翁失马，焉知非福”。这一成语说明，事物的变化是可以向相反的方向转化的，做事要掌握变化的规律。

《吕氏春秋》产生了不少新词新义，比如“音乐”“遗老”。

《大乐》：“音乐之所由来者远矣。”《适音》：“故先王必托于音乐以论其教。”

《简选》：“显贤者之位，进殷之遗老，而问民之所欲。”《慎大》：“命周公旦进殷之遗老，而问殷之亡故。”

《淮南子》保留了很多汉代初年的楚地方言，比如当时谓母为社，谓士为武：

《说林》：“东家母死，其子哭之不哀，西家子见之，归谓其母曰：‘社何爱速死，吾必悲哭社。’”高诱注：“江淮谓母为社。”

《览冥》：“夫死生同域，不可胁凌；勇武一人，为三军雄。”高诱注：“江淮间谓士曰武。”

当时楚地“母”与“社”的发音、“武”与“士”的发音十分接近，《淮南子》中属于“社、武”一类（古韵称作鱼部）的字经常与“母、士”一类（古韵称作之部）的字在一起合韵。据我统计，有53处之多。

5. 杂说

关于古代的耕作方法，我们知道在春秋战国之际，都是使用耒耜。《孟子》里讲“陈相与其弟辛负耒耜而自宋之滕”，“负耒耜”是背着耒耜这种农具。可见当时是用耒耜耕作的。有人认为商周时已有犁铧，人拉着向前耕作。也有人说，孔子弟子中有一个叫冉伯牛的，字子耕。古人的名与字是有联系的，名为牛，字为耕，可见当时已用牛耕。《淮南子》中没有明确提到过当时的耕作情况，但在某些地方流露出一些信息。《缪称》中说：“织者日以进，耕者日以却，事相反，成功一也。”所谓“耕者日以却”，就是说，耕地的人是往后退着进行，这正是使用耒耜的耕作动作。如果是拉犁，是牛耕，那一定是进，而不是却。这说明在汉代初年，耒耜至少还是主要的耕作工具。

古代博弈用的棋子，是什么形状，古代典籍中没有十分明确具体的记载，《淮南子》在它的记述中也流露出一些端倪。《齐俗》中说："譬若播棋丸于地，员者走泽，方者处高，各从其所安，夫有何上下焉？"从这里看，当时的棋子，是有圆有方的。我们从而可以推想，当时棋子不像今日以颜色区分，一边执黑色，一边执白色；而是以形状区别，一边是圆形，一边是方形。

关于蹝的形制，《淮南子》中亦有所透露。《主术》说："（尧）举天下而传之舜，犹却行而脱蹝也。"高诱注："言甚易也。""却行脱蹝"是形容其易，那么，为什么"却行脱蹝"就容易呢？《说文》："躧（蹝同），舞履也。"《汉书·地理志下》："女子弹弦跕躧。"颜师古注："躧与屣同，屣谓小履而无跟者也。"颜注本于《说文》。《淮南子》此注即许慎注（《文选·孔稚圭〈北山移文〉》注引许慎《淮南子注》云"言其易也"。"其"为"甚"字之讹），这说明许慎《说文》的解释正是根据《淮南子》此文。蹝是没有跟的鞋，所以倒着走十分容易脱掉。

（本文是2008年10月韩国梨花女子大学讲座稿）

《淮南》许注与《说文》字义之比较[1]

许慎，东汉时著名儒学大师，著有《说文解字》，这是人所共知的，《后汉书·儒林传》有明确的记载。除此之外，许慎还曾为《淮南子》做过注，这在正史中没有记载。但古代类书及唐人传注多次引用过许慎的《淮南子注》，这也是人所共知的。给《淮南子》做过注的，可知的有四人：马融、许慎、延笃、高诱。其中马、延之注早无踪迹，今天所见到的《淮南子》，一般认为是高氏的注，直至清代乾嘉学者还是如此认识。实际上，宋代苏颂已就此事做过考证，他在《校淮南子题序》中说："今校崇文旧书与蜀川印本暨臣某家书凡七部，并题曰《淮南子》……互相考正，去其重复，共得高注十三篇，许注（十）八篇。"后又经过清末人陶方琦等人以及现代学者的研究，确认现在的《淮南子》注本，是高诱注与许慎注的混合体[2]，其中有十三篇是高诱注，有八篇是许慎注[3]。这十三篇与八篇，注释风格以及详略均不相同，而八篇之注文与类书及古注中引到的许慎注有很多相同或相近之处。

至于《淮南子》及许慎的《淮南子注》与《说文解字》有什么关系，清代学者陶方琦曾作《淮南说文补诂》八卷，惜已不传，仅有《叙》存于世。王仁俊亦有《许君说文多采用淮南说》（稿本）。

---

① 本文所据《淮南子》为张双棣《淮南子校释》，《说文》用徐铉《说文解字》、徐锴《说文系传》及段玉裁《说文解字注》。

② 高诱注本称作《淮南鸿烈解》，许慎注本称作《淮南鸿烈间诂》。

③ 此八篇是：缪称、齐俗、道应、诠言、兵略、人间、泰族、要略。

他们认为，许慎《说文》多参用《淮南》，而其《淮南注》又多汲取《说文》的成果。我们考察《说文解字》，发现今本《说文》明确引用《淮南》仅有四处。《艸部》："淮南王曰：'芸艸可以死复生。'"《虫部》："淮南王曰：'蛧蜽状如三岁小儿，赤黑色，赤目，长耳，美发。'"《田部》："淮南王曰：'玄田为畜。'"《鬼部》："淮南传曰：'吴人鬼，越人䰡。'"这四处是否皆出自内篇，还有分歧。除《鬼部》所引，见于今本《人间》（今本吴作荆），其余三处，恐皆出自《万毕术》和《鸿宝》。《说文》参用《淮南》之处，陶、王文中已有言及。

《说文解字》与《淮南子》有什么关系，《说文解字》是如何利用《淮南子》的，本文不拟讨论。本文要讨论的是许慎的《淮南子注》与《说文》的关系。对于许慎《淮南注》与《说文》的同异优劣，段玉裁在《说文注》中曾说道："凡为传注者主说大义，造字书者主说字形，此所以注《淮南》、作《说文》出一手而互异也。"杨树达在《淮南子证闻后序》中说："其美恶之相去，盖不可以道里计也。岂《间诂》为少年时书，而《说文》成于晚岁欤？抑说字与立训异术，一人固不得兼工欤？抑或《说文》前有所因，取精而用弘，《间诂》成于一手，故不能粹美欤？"段玉裁认为《说文》与《淮南注》之不同，在于两书的性质不同，一是就字形阐明字的本义，一是就文句加以解释，所以即使是一人所为，也存在差别。段氏所言应该是客观合理的。杨先生的评论一褒一贬，他认为，《淮南注》较其《说文》有很大差距。到底二者关系如何，还是实际做一下彻底的比较，让事实来回答。

许慎《淮南子注》是就《淮南》正文所做多方面的注解，其与《说文》发生联系主要在于字义。因此，比较《淮南》许注单字（包括联绵字）与《说文》的释义，可以帮助我们看出二者的关系究竟如何。这是一件很有意义的事，对于"淮南学"与"说文学"都有很大的意义。

本文分三部分，第一部分是今本《淮南子》八篇许注与《说文》字义的比较，以及古代传注类书等引用之许注与《说文》字义的比较。第二部分是《淮南》许注与《说文》字义关系的分类，说明二者之关系类型。第三部分是本文的结语。

一

（一）今本八篇

缪称

洞同覆载而无所碍　许注："碍，挂。"《说文》："碍，止也。"段注："《列子·黄帝篇》作硋。"双棣按："《广韵》：'絯，挂也。出《淮南子》。'《庄子·天地》成疏：'絯，碍也。'《广雅·释诂三》：'挂，止也。'王念孙疏证：'挂与碍同义。'碍、止、挂三者相通。"

《易》曰："即鹿无虞，惟入于林中，君子几不如舍，往吝。"许注："即，就也。虞，欺也。几，终也。"《说文》："即，即食也。"又："虞，驺虞也。白虎黑文，尾长于身，仁兽也。食自死之肉。"段注："此字假借多而本义隐矣。"《说文》："几，微也。殆也。"双棣按："即就也，乃古之常训。《诗·东门之墠》毛传：'即，就也。'《易》'即鹿无虞'孔疏：'即，就也。'《说文》'即食'是'即'之字形义，甲骨文作，像一个人就食，是一种具体的意义。引申一下，就是概括的'就'的意义。或者认为'即'是通过就食的行为表达'就'的词义。《易》'即鹿无虞'之'虞'，历来解释繁多，许其一说也。'虞'古有'欺'义，《左传》'我无尔诈，尔无我虞'，即是'欺'义。《广雅·释诂二》：'虞，欺也。'盖即本于许注。"

圣人之道，犹中衢而致尊邪。许注："道六通谓之衢。尊，酒器也。"《说文》："四达谓之衢。"又："尊，酒器也。"双棣按："四达为衢，乃《尔雅》《说文》《释名》之通训。许注作'六通'者，庄逵吉等谓'六'当作'四'，字之误也。杨树达谓许本诸《精神》'散六衢'之文为说耳。《精神》当是《俶真》。王逸《天问》注：'九交道曰衢。'《荀子·王霸》杨倞注：'秦俗以两为衢。'《说文义证》引一曰：'衢，五达。'然则'衢'无定制。《齐俗》有'四达之衢'之语，《说文》'四达谓之衢'，盖即本之为说。尊之释义，许注与《说文》同。"

凡行戴情，虽过无怨；不戴其情，虽忠来恶。许注："戴，心所感也。情，诚也。"《说文》："戴，分物得增益曰戴。"又："情，人之阴气有欲者。"双棣按："洪颐煊谓戴、载声近义通，戴当为载也。凡行戴情，谓行载其情也。洪说是。俞樾与洪说同，又谓许未得戴字之义，亦是。戴与载音义皆近，段玉裁云：'引申之凡加于上皆曰戴。'又云：'言其上曰戴，言其下曰载也。'载亦谓人、物加于车上，唯就车言之耳。"

自视犹觖如也。许注："觖，不满也。"《说文》无"觖"字。双棣按："陶方琦云：'唐本《玉篇》引许注觖作歁。《说文》："歁，食不满也。"训正合。觖乃误字。'"

满如陷，实如虚。许注："陷，少。"《说文》："陷，高下也。"双棣按："《孟子·尽心上》：'如其自视欿然。'朱熹集注：'欿然，不自满之意。''陷'盖'欿'之借，'不满'亦即'少'也。'欿'与'歁'声义并同，与'满'为对文。"

或以治，或以乱，非自遁，求同乎己者也。许注："遁，欺。"《说文》："遁，迁也。一曰逃也。"双棣按："《广雅·释诂三》：'遁，欺也。'王念孙曰：'古者谓欺为遁，《管子·法禁篇》曰："遁上而遁民者，圣王之禁也。"谓上欺君下欺民也。'下文'不身遁，斯亦不遁人'，许注为'隐'，王念孙谓亦当为'欺'。"

小人在上位，如寝关曝纩。许注："纩，茧。"《说文》："纩，絮也。"段注："《玉藻》'纩为茧'，注曰'今之新绵也'。郑释纩为新绵者，以别于缊之为新绵及旧絮也。许则谓纩为丝絮，不分新故。"《说文》："茧，蚕衣也。"

侏儒瞽师，人之困慰者也。许注："慰，可蹶也。一曰慰，极。"《说文》："慰，安也。一曰恚怒也。"双棣按："困慰与前凶毒为对文，困慰义相近，慰亦困也。许注'慰，极'，极亦困也。《汉书·匈奴传》'罢极苦之'颜师古注：'极，困也。'《史记·淮阴侯列传》'能千里而袭我，亦已罢极'，《汉书·王褒传》'人极马倦'，两'极'字皆为'困'义。若乃'慰'训'可蹶'，恐有讹夺。"

是故圣人制其剟材，无所不用也。许注："剟，疏杀也。"《说文》："剟，刊也。"双棣按："杨树达谓从叕之字多有短义，剟当训短，剟材即短材。杨氏着眼于同源，其说是。许注着眼于字义，其说亦可。疏杀即刊削减杀之义，以喻侏儒瞽师之有残缺也。"

故倡而不和，意而不戴。许注："意，恚声也。戴，嗟。"《说文》："意，志也。"段注："意，即识，心所识也。"《说文》："戴，分物得增益曰戴。"双棣按："王念孙谓戴读为载，载，行也。许此注恐皆有误，'恚声'恐'志意'之误，'志'误作'恚'，形近而误，随之'意'误为'声'矣。'嗟'何由致误，待考。"

盖力优而克不能及也。许注："克，犹能也。"《说文》："克，肩也。"段注："肩谓任，任事以肩，故任谓之肩，亦谓之克。凡物压于上谓之克。《释言》曰'克，能也。'引申之义。"双棣按："许注用克之引申义。"

锦绣登庙，贵文也。许注："登，犹入也。"《说文》："登，上车也。"双棣按："登，引申为上也，升也。故曰犹入也。"

故君子行期乎其所结。许注："结，要终也。"《说文》："结，缔也。"双棣按："《广雅·释诂四》：'结，终也。'《玉篇》：'期，要也。'许注当为'期，要。结，终也'。'要'当为'期'字之注。"

心之精者，可以神化而不可以导人。许注："导，教。"《说文》："导，引也。"双棣按："《说文》：'教，上所施下所效也。'《尔雅·释诂》郭璞注：'道，谓教导之。'郝懿行义疏：'导、教同义。'"

目之精者，可以消泽而不可以昭諰。许注："昭，道。諰，诫也。"《说文》："昭，日明也。"段注："引申为凡明之称。"《说文》："諰，诫也。"双棣按："吴承仕云：'昭当为诏。《尔雅·释诂》："诏，道也。"此注正合雅训，可证本自作诏。诏諰即教诫也。'吴说是。道即导字，郭璞《释诂》注：'道，谓教导之。'"

身苟正，怀远易也。许注："怀，来。"《说文》："怀，念思也。"段注："念思者，不忘之思也。《释诂》、《方言》皆曰：怀，思也。"双棣按："《说文》：'来，周所受瑞麦来麰也。天所来也，故为行来之来。'《尔雅·释言》：'怀，来也。''怀远'犹'来远'也，亦即使远来服也。"

礼不隆而德有余。许注："隆，多也。"《说文》："隆，丰大也。"双棣按："多也即丰大之引申。"

故若眯而抚。许注："眯，芥入目也。抚，扪之。"《说文》："眯，草入目中也。"又："抚，安也。一曰揗也。"双棣按："眯，许注与《说文》义同。《说文》'抚，揗也。'揗即摩也，'扪之'亦即抚摩也。"

若跌而据。许注："跌，仆。"《说文》："跌，踢也。一曰越也。"双棣按："《说文》：'踢，跌也。'跌、踢均为跌倒。跌为失足倒地，《说文》：'仆，顿也。'仆为向前倒地，混言之，则无别。"

男子树兰，美而不芳。许注："兰，芳草。"《说文》："兰，香草也。"双棣按："许注与《说文》义同。"

不身遁，斯亦不遁人。许注："遁，隐也。"《说文》："遁，迁也。一曰逃也。"双棣按："此处'遁'字，当训'欺'，王念孙有说，上文已言及。"

无不得则无莙，发莙而后快。许注："无莙，结。发，动也。"《说文》："莙，牛藻也。"又："发，射发也。"段注："引申为凡作起之称。"双棣按："吴承仕、马宗霍皆谓注'无'字为衍文，是也。杨树达谓'莙'与'蕴'通，《说文》：'蕴，积也。'积犹结也。"

夷声阳，句吴其庶乎。许注："阳，吉也。庶，几也。"《说文》："阳，高明也。"又："庶，屋下众也。"双棣按："'阳'本训'山南'，'高明'其引申之义也。'吉'其借喻义也，庄逵吉云，考《易》阳为吉，阴为凶，故训阳为吉。王念孙《杂志》云：'几亦庶也。'《论语·先进》'回也其庶乎'皇侃曰：'庶者，庶几。'朱熹集注：'庶，近也。'此庶、几亦谓近也。"

良工渐乎矩凿之中。许注："渐，习。"《说文》："渐，渐水。"双棣按："《周易·渐》孔颖达疏：'渐者，不速之名也。凡物有变移，徐而不速谓之渐。'又曰：'渐，徐动之名。'《说文》：'习，数飞也。'段玉裁注：'月令"鹰乃学习"，引申之义为习孰。'渐有渐进之义，习亦渐进之义，二字义同，且正与'良工渐乎矩凿之中'义合。此与训'渐水'者无关。"

同材而各自取焉。许注："自，从也。"《说文》："自，鼻也。"双棣按："自，从也，乃古之常训，《尔雅·释诂上》：'从，自也。'郭璞注：'自，犹从也。'段玉裁谓鼻义之引申。此'自'为介词，或与'鼻'义无关。"

伋于不己知者，不自知也。许注："伋，急。"双棣按："《说文》：'急，褊也。'字隶变作'伋'，实本一字。"

矜怚生于不足。许注："怚，骄也。"《说文》："怚，骄也。"双棣按："王念孙谓'怚'当为'怚'。王说是。"

华诬生于矜。许注："矜，贪功也。"《说文》："矜，矛柄也。"双棣按："谭献云：正文当作'矜怚'，注当作'矜怚，贪功也'。其说正文是，说注恐非。'矜怚生于不足，华诬生于矜怚'，正相对为文。前文已注'怚'字，此处不当再'矜怚'并注。'矜'有自贤之义，《玉篇》：'矜，自贤也。'许《诠言》注：'矜，自伐其功也。'此盖贪功之说之所由来。"

熊之好经。许注："经，动，导引。"《说文》："经，织从丝也。"段注："缢死何言经死，谓以绳直县而死，从丝之义之引申也。"双棣按："《精神》'熊经鸟伸'高诱注：'经，动摇也。'与许注同。经之动义即引申之义也。"

子产腾辞。许注："腾，传也。"《说文》："腾，传也。"《说文》："传，遽也。"

犹繁而无邪。许注："繁，多也。"《说文》："緐，马髦饰也。"段注："马髦，谓马鬣也；饰亦妆饰之饰。盖集丝绦下垂为饰曰緐。引申为緐多，又俗改其字作繁，俗形行而本形废，引申之义行而本义废矣。”双棣按：“许注用繁之引申义。”

尧舜传大焉，先形乎小也。许注：“形，见也。”《说文》：“形，象也。”段注：“象当作像，谓像似可见者也。”双棣按：“许注用形之引申之义。”

刑于寡妻，至于兄弟，禅于家国，而天下从风。许注：“禅，传也。”《说文》：“禅，祭天也。”双棣按：“《说文》：‘嬗，一曰传也。’段注：‘凡禅位字当作嬗，禅非其义也。禅行而嬗废矣。’《汉书·律历志》‘尧嬗以天下’颜师古注：‘嬗，古禅让字也。’古籍中‘禅让’多用‘禅’字，故字书立此义，《广雅·释诂四》：‘禅，传也。’”

钧之哭也……其哀则同，其所以哀则异。许注：“钧，等也。”《说文》：“钧，三十斤也。”段注：“古多假钧为均。”双棣按：“《礼记·投壶》郑玄注：‘钧，犹等也。’《吕览·贵信》高诱注：‘钧，等也。’此钧亦均之借。《说文》：‘均，平遍也。’引申为凡平之称，再引申为同也，等也。《左传·僖公五年》释文：‘均，同也。’《史记·酷吏列传》索隐：‘均，等也。’”

凿地漂池，非止以劳苦民也，各从其蹠，而乱生焉。许注：“蹠，愿也。”《说文》：“蹠，楚人谓跳跃曰蹠。”双棣按：“‘蹠’本无‘愿’义，马宗霍谓‘蹠’之‘愿’义，来于‘庶’。似是。蹠从庶得声，蹠铎部，庶鱼部，可对转。且庶有冀义，《玉篇》：‘庶，冀也。’《玄应音义》：‘庶，犹冀也，冀望得也。’此亦即愿望也。《齐俗》‘各乐其所安，致其所蹠，谓之成人’，杨树达、马宗霍皆谓‘蹠’亦为‘愿’义。当是。”

嫚生乎小人。许注：“嫚，倨，小人行也。”《说文》：“嫚，侮傷也。”段注：“各本作易，今正。人部曰：侮者，傷也。傷者，轻也。”双棣按：“《说文》：‘倨，不逊也。’与‘傷’同义，皆轻慢也，小人之行也。”

善生乎君子，诱然与日月争光。许注：“诱，美称也。”《说文》：“䛻，相訹呼也。诱，或从言秀。”双棣按：“马宗霍曰：‘《说文》“羑，古文䛻”，案：羊部有羑，训“进善也”。䛻从羑，即以羑为古文。然则进善亦即羑之古义也。由进善之义引申之，故美亦得为美称。'”

金锡不消释则不流刑。许注：“刑，法。”《说文》：“荆，罚辠也。易曰‘井者法也’。”双棣按：“荆今作刑。杨树达曰：‘注刑训法，读刑为型也。’《说文》：‘型，铸器之法也。’段注：‘以土曰型。’桂馥《义证》：‘型，通作刑。’”

忧寻不在民，则是绝民之繫也。许注：“繫，所以拘维民。”《说文》：“繫，系繥也。一曰恶絮。”双棣按：“《说文》：‘係，絜束也。’《淮南》之‘繫’乃‘係’之借字。‘维’与‘係’义同，《广雅·释诂二》：‘维，係也。’絜束谓係，所以絜束亦谓之係。”

照惑者以东为西，惑也，见日则寤矣。许注：“照，晓。”《说文》：“照，明也。”双棣按：“《说文》：‘晓，明也。’许以晓注照，即用明义。”

小子无谓我老而羸我。许注：“羸，劣。”《说文》：“羸，瘦也。”双棣按：“《慧琳音义》卷十一引《考声》：‘瘦，羸也。’《广雅·释言》：‘羸，瘠也。’《慧琳音义》引《尔雅》曰：‘瘦，瘠也。’杜预注《左传》、韦昭注《国语》皆曰：‘羸，弱也。’《说文》：‘劣，弱也。’《慧琳音义》卷十一、二十八、四十、四十二、五十一、六十二、六十三、六十四、六十七引许注《淮南子》皆曰：‘羸，劣也。’与今注合。又引贾逵《国语》注：‘羸，劣也。’盖许注所本。易顺鼎曰：‘瘦则少力，故又训劣也。’”

无所用之，碧瑜粪土也。许注：“瑜，玉也。”《说文》：“瑜，瑾瑜也。”双棣按：“《说文》：‘瑾，瑾瑜，美玉也。’段注：‘其义既举于上字，则下字例不复举。’”

可谓不踰于理乎。许注：“踰，越。”《说文》：“踰，越也。”

其谢之也，犹未之莫也。许注：“莫，勉之也。”《说文》：“莫，日且冥也。”双棣按：“杨树达曰：‘莫训勉，乃读莫为慔。《说文》：“慔，勉也。”’”

吴铎以声自毁。许注：“铎，大铃。”《说文》：“铎，大铃也。”

猨狖之捷来措。许注：“措，刺也。”《说文》：“措，置也。”双棣按：“杨树达曰：‘措假为籍。《说文》：“籍，刺也。”引《春秋传》曰：“籍鱼鳖。”许训措为刺，正读措为籍也。’许引《春秋传》当为《国语》。”

晖日知晏，阴谐质雨。许注：“晖日，鸩鸟也。晏，无云也。”《说文》：“鸩，毒鸟也。一曰运日。”又：“晏，天清也。”“瞢，星无云也。”双棣按：“《淮南》刘绩补注云：‘晖，一作运。’运日即鸩鸟。晏与瞢同，天清，亦即天晴无云也。故许注与《说文》义同。”

纣为象箸而箕子嘰。许注：“嘰，唏也。”《说文》：“嘰，小食也。”双棣按：“《说山》嘰作唏。《十二诸侯年表》同。《论衡·龙虚篇》引传曰‘纣作象箸而箕子泣’。泣之者，痛其极也。《说文》：‘唏，笑也。一曰：哀痛不泣曰唏。’此嘰当借为唏。”

鲁以偶人葬而孔子叹。许注：“偶人，桐人也。”《说文》：“偶，桐人也。”

城峭者必崩，岸崝者必陀。许注：“崝，峭也。陀，落也。”《文选·七里濑》注引《淮南子》：“岸峭者必陀。”引许慎注：“陀，落也。”《说文》：“崝，崝嵘，山皃也。”段注：“《方言》曰：‘崝，高也。’郭云：‘崝嵤，高峻之貌。’崝即今之峥字。”双棣按：“《文选·长笛赋》注引《淮南子》曰：‘岸峭者必阤。’许慎曰：‘阤，落也。’《说文》无‘陀’字，陀盖阤、陊之借，《说文》：‘阤，小崩也。’又：‘陊，落也。’段注：‘大曰崩，小曰阤。后人多用陊为之。’又曰：‘今字假堕为陊，而假陊为阤。’陀、阤、陊均定母歌部，可以通借。”

治国譬若张瑟，大弦絙则小弦绝矣。许注：“絙，急也。”《说文》：“絙，缓（段谓当为绶）也。”王念孙曰：“絙读若亙，字本作揯，又作緪。《说文》：‘揯，引急也。’又曰：‘縆，急也。’”《说文》：“緪（縆），大索也。一曰急也。”段注：“《淮南子》曰：‘张瑟者小弦緪，大弦缓。’注曰：‘緪，急也。’王逸注《九歌》曰：‘緪，急张弦也。’緪亦作縆，非从亘之絙也。”双棣按：“从亙、从亘之字，隶变多从亘，古籍亦多从亘。王念孙谓‘絙’即‘緪’之省文，是。”

勿挠勿撄，万物将自清。许注：“撄，缨。”双棣按：“《说文》无‘撄’字。马宗霍曰：‘《说文》：“缨，冠系也。”引申为凡系着之称，故马鞅亦曰缨。马鞅所以络马颈。然则本文勿撄，犹言勿相羁络也。《庄子·在宥》“无撄人心”，释文引崔云：“撄，羁落也。”落、络古字通。’”

交拱之木无把之枝。许注：“拱，抱也。把，握也。”《说文》：“拱，敛手也。”又：“把，握也。”段注：“《孟子》‘拱把之桐梓’，非沓手之拱，拱之小者也。赵岐云‘合两手’。”双棣按：“《说文》抱是捊的或体，非本文之抱。《说文》：‘褱，裹也。’义为两臂合围。拱为两手合围。此拱亦为《孟子》拱把之拱。许此注为泛指，《说文》为特指。”

是与俗俪走而内行无绳。许注：“绳，所以弹曲也。”《说文》：“绳，索也。”双棣按：“许注当作‘绳，所以弹曲直者也’。即谓匠人之墨绳，再引申则为‘法度、准绳’，此则《淮南》之义也。”

兼覆盖而并有之，度伎能而裁使之者，圣人也。许注：“裁，制也。”《说文》：“裁，制衣也。”段注：“刀部曰制者裁也，二字为转注。”双棣按：“《说文》用字形义，许注乃引申义。”

齐俗

齐俗　许注：“齐，一也。”《说文》：“齐，禾麦吐穗上平也。”段注：“引申为凡齐等之义。”

今世之为礼者，恭敬而忮。许注：“忮，害也。”《说文》：“忮，很也。”段注：“《雄雉》《瞻卬》传皆曰：‘忮，害也。’害即很义之引申也。”双棣按：“害犹嫉恨也。《诠言》：‘虽有忮心，必无怨色。’义与此同。”

君臣以相非，骨肉以相怨，则失礼义之本也，故搆而多责。许注：“搆，搆怨也。”《说文》无“搆”字，字作“構”，云：“盖也。”又有“冓”字，云：“交积材也。”双棣按：“搆与構通。从‘冓’之字有交积、交合之义。许注之搆即交结也。”

其兵戈铢而无刃。许注:“楚人谓刃顿为铢。”《说文》:“铢,权十絫黍之重也。”双棣按:“许注此‘铢’盖用假借义。《说文》:‘錭,钝也。’朱骏声云:‘铢假借为錭。’铢、錭古音相通,故可通假。《广雅·释诂三》:‘铢,钝也。’顿与钝通,《广雅》即用许注之义。”

故有大路龙旂,羽盖垂緌,结驷连骑,则必有穿窬、拊楗、扣墓(抽箕)、踰备之姦。许注:“抽[扣],掘也。备,后垣。”《说文》无“扣”字。王引之云:“扣字本作搰,《说文》:‘搰,掘也。’或作扣,《广雅》曰:‘扣,掘也。’”双棣按:“《说文》‘备,慎也’,‘葡,具也。’今合为一字,皆作备。下文‘凿培而遁之’,许注:‘培,屋后墙也。’《吕氏春秋·听言》亦作‘培’,《汉书·扬雄传》作‘凿坏以遁’。《庄子·庚桑楚》:‘正昼为盗,日中穴阫。’备、培、阫、坏均並母之部,可通用。‘后垣’之训,亦慎之引申也。”

有诡文繁绣,弱緆罗纨,必有菅屩跐踦、短褐不完者。许注:“緆,细布也。罗,縠。纨,素也。菅,茅也。跐,偶也。踦,适也。褐,大布。”《说文》:“緆,细布也。”“罗,以丝罟鸟也。”“纨,素也。”“菅,茅也。”“踦,一足也。”“褐,编枲袜。一曰粗衣。”《说文》无“跐”字。杨树达曰:“李(哲明)云跐踦有不齐义,是也。‘菅屩跐踦’谓草屦参差不耦。”双棣按:“《齐俗》下文‘晋文公大布之衣’许注:‘大布,粗布。’大布即粗布,粗衣即大布之衣。许‘跐踦’之训无据,‘踦’训一足,有不偶之义,‘跐’如杨说有参差之义。或谓‘跐踦’为支部叠韵联绵字(从奇得声之字,汉代多从歌部转为支部),参差不偶之义。”

夫虾蟆为鹑。许注:“鹑,鴽也。”《说文》:“鹑,鴽属也。”

夫胡人见黂,不知其可以为布也。许注:“黂,麻子也。”《说文》:“萉,枲实也。黂,或从麻贲。”

子路撜溺而受牛谢。许注:“撜,举也。”《说文》:“抍,上举也。撜,抍或从登。”

柱不可以摘齿,筐不可以持屋。许注:“筐,小簪也。”王念孙曰:“筐乃筳字之误,筳读为庭,又读为挺,庭、挺皆直也。小簪形直，故谓之筳。《玉篇》：‘筳，小簪也。’义即本于此注。”《说文》：“匡，饭器，筥也。筐，或从竹。”又：“筳，維丝筦也。”双棣按：“王说是。顾野王所见《淮南》，筳字尚未误。筳与柱对文，柱为持屋之大木，筳为摘齿之小枝。王逸《离骚》注：‘筳，小折竹也。’张铣《答客难》注：‘筳，小木枝也。’《淮南》作‘筳’字无疑。”

其于以致雨不若黑蜧。许注：“黑蜧，神蛇也。潜于神渊，盖能兴云雨。”《说文》：“蜦，蛇属，黑色，潜于神渊，能兴风雨。蜧，蜦或从戾。”

若风之过箫，忽然感之，各以清浊应矣。许注：“箫，籁。”《说文》：“箫，参差管乐。”双棣按：“《说文》：‘籁，三孔龠也。’又：‘龠，管乐，六孔，以和众声。’以籁训箫，盖浑言之。”

狟狢得埵防，弗去而穴。许注：“狟，狟豚也。埵，水埒也。防，隄。”《说文》：“狟，犬行也。”（又：“貆，貈之类。”）“埵，坚土也。”“防，隄也。”杨树达云：“狟狢与貆貉同。”双棣按：“从犬从豸，古多相通。《尔雅·释兽》：‘貈子，貆。’《诗·伐檀》郑笺：‘貉子曰貆。’貈、貉同。许注‘狟，狟豚’，犹《山海经》‘其状如貆而赤豪’郭璞注：‘貆，豪猪也。’陈昌齐曰：‘埵当作埭。’埭即塍之或体，《广雅》：‘塍，隄也。’李善《蜀都赋》注引刘逵曰：‘大曰隄，小曰塍。’《广雅·释宫》：‘埒，隄也。’义正合。陈说是。”

原人之性，芜濊而不得清明者，物或堁之也。许注：“堁，坋尘也。”《说文》无“堁”字。双棣按：“《文选·风赋》李善注引《淮南子》许慎曰：‘堁，尘塺也。’与此注义同。《说文》：‘坋，尘也。’‘塺，尘也。’”

羌、氐、僰、翟，婴儿生皆同声，及其长也，虽重象、狄騠，不能通其言。许注：“羌，西戎。氐，南夷。僰，西夷也。翟，北胡也。象、狄騠，驿也。”《说文》：“羌，西戎，牧羊人也。”又：“氐，至也，本也。”又：“僰，犍为蛮夷也。”又：“翟，山雉尾长者。”又：“象，长鼻牙，南越大兽。”双棣按：“氐、翟，此处许用其引申假借义。又：《礼记·王制》：‘五方之民，言语不通，嗜欲不同，达其志，通其欲，东方曰寄，南方曰象，西方曰狄鞮，北方曰译。’騠与鞮、驿与译通。汉时传四夷之语者总谓之译，《说文》：‘译，传译四夷之言者。’许注与《说文》正合。”

若玺之抑埴，正与之正，倾与之倾。许注：“玺，印也。埴，泥也。”《说文》：“壐，王者之印也。玺，籀文从玉。”又：“埴，黏土也。”双棣按：“古者，凡印皆曰玺。《礼记·王制》孔疏：‘周时称印曰玺。’《左传·襄公二十九年》孔疏引卫宏云：‘自秦以来，唯天子之印独称玺。’”

故圣王执一而勿失，万物之情既矣，四夷九州服矣。许注：“既，尽也。”《说文》：“既，小食也。”段注：“引申之义为尽也。”双棣按：“王念孙曰：‘既，本作溉。后人以义改之也。《群书治要》引此正作溉。’《说文》：‘溉，深所至也。’段注：‘《吕览》高注：“溉，尽也。”此本义也。’既，甲骨文、金文作，为食尽离去。故引申有尽义。《诗经·大雅·凫鹥》‘既燕于宗’郑玄笺：‘既，尽也。’《周易·临卦》：‘既忧之，无咎。’孔颖达疏：‘既，尽也。’可不如王说必为溉矣。”

曾参之养亲也，若事严主烈君。许注：“烈，酷也。”《说文》：“烈，火猛也。”双棣按：“烈引申为凡猛之称，再引申则为酷烈。《吕览·尽数》高诱注：‘烈，犹酷也。’《说文》：‘酷，酒味厚也。’酷之引申义为严酷，《荀子·议兵》‘其使民也酷烈’杨倞注：‘酷烈，严刑法也。’故许以酷注烈。”

三苗髽首，羌人括领，中国冠笄，越人劗发，其于服一也。许注：“髽，以枲束发也。括，结。笄，簪。鬋，断。”《说文》：“髽，丧结也。”段注：“斩衰括发以麻，则髽亦用麻也。”又：“括，絜也。”段注：“引申为絜束之絜。”又：“笄，簪也。”段注改为“先也”并注：“先下云，首笄也。俗作簪。”《说文》无“劗”字。双棣按：“杨树达云：‘晋灼《汉书·严助传》注引《淮南子》作“越人劗发”，张揖谓“劗”为古“翦”字。’许注作鬋，《曲礼》‘不蚤鬋’，段谓鬋为翦之假借字。‘劗、鬋、翦’三字同源，同为元部，劗从母，鬋、翦精母，精从旁纽，皆有剪断之义。故可通用。《淮南》正文作劗，许注作鬋，盖传写之故。”

妇人不辟男子于路者，拂之于四达之衢。许注：“拂，扐。”《说文》：“拂，过击也。”段注：“徐锴曰：‘击而过之也。’”双棣按：“扐与搒同，《集韵》：‘搒，或作扐。’《广雅·释诂》：‘搒，击也。’故许以扐释拂。”

今之国都，男女切踦，肩摩于道。许注：“踦，足。”《说文》：“踦，一足也。”双棣按：“杨树达谓《管子·侈靡篇》亦用踦为足，与《淮南》同，切踦犹云摩肩。杨说是。切犹摩也，近也。《俶真》高注：‘切，摩也。’李善《舞赋》注：‘切，相磨切也。’《广韵》：‘切，近也。’《吕览·先识》作‘切倚’，高注：‘切，磨；倚，近也。’”

越王句践劗发文身，无皮弁搢笏之服。许注：“搢，佩紟。笏，佩玉也，长三尺，抒上终葵首。”《说文》无“搢、笏”二字。《新附》有之，云：“搢，插也。”“笏，公及士所搢也。”双棣按：“搢笏之搢训插，乃古之常训，许训佩紟，《说文》：‘紟，衣系也。’谓系衣之带。《说文》：‘曶，一曰佩也。’段玉裁注：‘曶者，臣见君所秉。’《穆天子传》一：‘搢曶夹佩。’郭璞注：‘曶，长三尺，杼上椎头。’洪颐煊云：‘曶，古笏字。’”

胡貉匈奴之国纵体拖发。许注：“拖，纵也。”《说文》：“拕，曳也。”双棣按：“拖是拕之俗字。许义拖与纵义近，《说文》：‘纵，缓也，一曰舍也。’以纵释拖，纵与曳义亦相因。”

楚庄王裾衣博袍，令行乎天下，遂霸诸侯。许注：“裾，裒也。”《说文》：“裾，衣袌也。”段注：“衣前裣谓之袌。”双棣按：“裒是褒的俗体，《集韵》：‘褒，或作裒。’《说文》：‘褒，衣博裾。’引申为凡博大之称。吴承仕云：‘居声之字，亦有大义，故释裾为褒。’《氾论》有‘褒衣博带’，此裾衣与彼褒衣义同。”

故礼因人情而为之节文，而仁发怲以见容。许注：“怲，色也。”

《说文》无“恲”字。双棣按：“《淮南》‘恲’字仅一见，秦汉以前古籍亦罕有，唯《七谏》有‘恲恲’连文者，王逸训‘忠直之貌’。此‘发恲’与‘见容’相对，义谓发于色而现于容也。‘色’与‘容’，谓颜色容貌。”

纶组节束。许注：“纶，絜也。束，缚也。”《说文》：“纶，纠青丝绶也。”又：“束，缚也。”双棣按：“《说文》：‘组，绶属。’纶组连文，皆为丝绳类物。马王堆汉墓出土轪侯妻，缠以九道丝带，当即此‘纶组节束’。许释以絜，孙诒让《墨子·节葬》‘纶组节约’间诂，引许此注以释之，《王力古汉语字典》，亦以此立一义项，可备一说。”

葬墙置翣。许注：“翣，棺衣饰也。”《说文》：“翣，棺羽饰也。”段注：“羽衍文。《檀弓》‘墙置翣’，翣者，下垂于棺两旁，如羽翼然，故字从羽，非真羽也。”

尸祝袀袨。许注：“袀，纯服。袨，黑斋衣也。”《说文》无“袀、袨”二字。段注本补“袀，玄服也”。双棣按：“《吕览·悔过》高诱注：‘袀，同也。’《玉篇》：‘袀，纯也。’盖皆本许义。袨本或作玄，玄为黑色，《玉篇》：‘黑衣也。’”

今知脩干戚而笑钁插。许注：“钁，斫属。”《说文》：“钁，大鉏也。”双棣按：“《一切经音义》九十四引许注：‘钁，斸也。’斸是斵之或体，《说文》：‘斵，斫也。’（段玉裁改作‘斪斵’，‘斪’下云：‘斪斵，所以斫也。’）《兵略》：‘奋儋钁。’许注：‘钁，斫也。’斫用作名词，即段玉裁所谓‘所以斫也’。与‘大鉏’同义。”

夫一仪不可以百发。许注：“仪，弩招颜也。”《说文》：“仪，度也。”双棣按：“蒋礼鸿谓颜为质误，释招质为准的，恐于文意不合。于省吾《墨子》‘弩有仪’新证：‘仪即弩机牙后之上出者，《梦溪笔谈》所谓“望山”。以仪为准，可窥弦矢之高下。’《韩非子》‘仪的’连文，王先慎集解云：‘仪，准也。’‘弩招颜’盖即弩上瞄准之具。若依蒋说为质的，则‘弩’字为赘文矣，且不合《淮南》文意。”

其不能乘云升假亦明矣。许注：“假，上也。”《说文》：“假，不真也。一曰至也。”双棣按：“《庄子·大宗师》‘登假于道者’，成疏：'登，升也。假，至也。'《精神》'所以能登假于道也'，高注：'假，至也。'段玉裁谓'假'训至，乃借为'徦'。《说文》：'徦，至也。'《尔雅·释诂下》：'假，升也。''上'亦'升'也，升则至矣，故此'假'似亦即'至'义。《说文》以'不真'释'假'，乃汉当时之义。"

倕以之斲。许注："倕，尧巧工。"《说文》无"倕"字。双棣按："《庄子·胠箧》有'攦工倕之指'。《吕览·离谓》'周鼎著倕而龁其指'，高注：'倕，尧之巧工。'"

伐楩柟豫樟而剖梨之。许注："剖，判。梨，分。"《说文》："剖，判也。""梨，梨果也。"双棣按："梨当为𠟭之借，扬雄《长杨赋》'分𠟭单于'，《文选》作𠟭，《汉书》作梨。《说文》：'𠟭，剥也。'段注：'《方言》："劙，解也。"劙与𠟭双声义近。'"

或为棺椁，或为柱梁，披断拨檖，所用万方，然一木之朴也。许注："披，解也。拨，析理。遂，顺。"《说文》："披，从旁持曰披。""拨，治也。""遂，亡也。"双棣按："《说文》：'柀，一曰析也。'段玉裁注：'柀析字见经传极多，而版本皆讹为手旁之披，披行而柀废矣。'此处之披，亦当为柀字。又，拨训治，训理，一也，理亦治也。'析'字或当为'柀'之注，'解'字乃'析'字旁记之字而误入注文者。王念孙谓正文之檖乃遂字之误，王说是。遂训顺，盖引申之义。韦昭《国语·周语》注：'遂，顺也。'成玄英《庄子·在宥》疏：'遂，顺也。'皆盖本之许注。"

炉橐埵坊设，非巧冶不能以治金。许注："炉、橐、埵，皆冶具也。坊，土刑也。"《说文》："炉，方炉也。"段注："凡然炭之器曰炉。"《说文》："橐，囊也。"又："埵，坚土也。"《说文》无"坊"字。双棣按："橐训囊，引申之为排橐，如今之风箱，亦冶具也。《墨子·备穴》：'具炉橐，橐以牛皮。'正其物也。《老子》五章王弼注：'橐，排橐也。'《本经》：'鼓橐吹埵，以销铜铁。'橐为鼓风之器，埵乃吹风之管，高诱注：'埵入火中吹火也。'高注盖本于许注。'刑'乃'型'之借。桂馥《说文义证》云：'型，通作刑。'《荀子·强国》'刑范正’，字正作刑。《说文》:‘型，铸器之法也。’段注:‘以木为之曰模，以竹曰笵，以土曰型。’然‘坊’释‘型’罕见。”

屠牛吐一朝解九牛，而刀可以剃毛。许注:“剃，截发也。”《说文》无“剃”字。双棣按:“‘剃’乃‘鬀’之俗字。《玉篇》:‘剃，鬄也，除发也，亦作鬀。’《说文》:‘鬀，鬄发也。’《玉篇》及许注之‘剃’盖皆为后人所改。《慧琳音义》卷三十四引许慎《淮南子》注正作‘鬀，截发也。’”

庖丁用刀十九年，而刀[当作刃]如新剖硎。许注:“剖，始也。硎，磨刀石。”《说文》:“剖，判也。”《说文》无“硎”字。双棣按:“《庄子·养生主》‘而刀刃若新发于硎’郭象注:‘硎，砥石也。’陆德明《释文》:‘硎，磨石也。’盖皆本于许注。《吕览·精通》作‘而刃若新鄺研。’许注‘始’疑为‘治’之误，《楚辞·缪谏》王逸注:‘剖，犹治也。’新治于硎，即新磨于硎也。”

去非者，非批邪施也，去忤于心者也。许注:“施，微曲也。”《说文》:“施，旗皃。”双棣按:“刘台拱曰:‘施’当为‘迤’之借。《说文》:‘迤，衺行也。’刘说是。《要略》‘接径直施’许注:‘施，衺。’与此读同。”

为宽裕者曰勿数挠。许注:“裕，饶也。”《说文》:“裕，衣物饶也。”双棣按:“段注:‘引申为凡宽足之称。’是也。《诗·角弓》毛传:‘裕，饶也。’”

望我而笑，是攓也。许注:“攓，慢也。”《说文》无“攓”字。双棣按:“刘台拱曰:‘攓，读骄蹇之蹇。’《汉书·淮南厉王长传》‘数骄蹇’，颜注:‘蹇，谓不顺也。’‘蹇’本训跛，引申之为不顺，再引申之为不顺从，为简慢。”

辟若伣之见风雨也，无须臾之间定矣。许注:“伣，候风雨也。”《说文》:“伣，譬喻也。一曰间见。”双棣按:“王念孙谓注‘雨’当为‘羽’，是。陶方琦曰:‘伣乃綄字之讹。《北堂书钞》《艺文类聚》《文选·江赋》李善注引许慎《淮南子注》并作“綄，候风之羽也。”《广韵·缓韵》“綄”字下云:“候风羽。出《淮南子》。”是许注旧本作綄明矣。’《说文》无‘绽’字。唐本《玉篇》引《淮南》或作‘绽’，或作‘院’，‘绽、院’与‘俔’皆为元部，或音近通借耳。”

驽马十舍，旬亦至之。许注：“旬，十日也。”《说文》：“旬，徧也。十日为旬。”

饰智而诈上，犯邪而干免。许注：“干，求也。”《说文》：“干，犯也。”双棣按：“《尔雅·释言》：‘干，求也。’‘干’古籍多有训‘求’者，或‘犯’义之引申。”

搢笏杖殳以临朝。许注：“殳，木杖也。”《说文》：“殳，以杖殊人也。周礼，殳以积竹，八觚，长丈二尺。”又：“杸，军中士所执殳也。”双棣按：“《诗·伯兮》毛传：‘殳，长丈二而无刃。’《广雅·释器》：‘殳，杖也。’《文选·西京赋》薛综注：‘殳，杖也，八棱，长丈二而无刃，或以木为之，或以竹为之。’《说文》分‘殳、杸’为二字，殳为动词，杸为名词，强生分别，杸乃殳之后起区别字。”

周公摄天子之位，负扆而朝诸侯。许注：“户牖之间谓之扆。”《说文》：“扆，户牖之间谓之扆。”

凿培而遁之。许注：“培，屋后墙。”《说文》：“培，培敦，土田山川也。”双棣按：“《吕氏春秋·听言》亦作‘培’，《汉书·扬雄传》：‘凿坏以遁。’应劭曰：‘坏，壁也。’字亦作阫。《庄子·庚桑楚》：‘正昼为盗，日中穴阫。’陆德明释文：‘裴云：阫，墙也。’培、坏、阫均並母之部，可通用。《说文》：‘坏，一曰瓦未烧。’培之屋后墙义，正‘坏’此义之引申。”

故六骐骥，四駃騠，以济江河，不若窾木之便者，处势然也。许注：“駃騠，北翟之良马也。窾，空。”《说文》：“駃，駃騠，马父骡子也。”《说文》无“窾”字。双棣按：“《史记·匈奴列传》集解引徐广曰：‘駃騠，北狄骏马。’《邹阳列传》索隐引《字林》云：‘駃騠，北狄之良马也，马父骡母。’盖本诸许注及《说文》。《说文》：‘款，意有所欲也。’段玉裁注：‘古款与窾通用。窾者，空也。款亦训空，空中则有所欲也。《释器》：“款足者谓之鬲。”小司马引旧说“款足谓空足也”。’依段说，则款之本义亦当为空。窾训空，古籍多有。”

鹈胡饮水数斗而不足。许注："鹈胡，污泽鸟。"《说文》："鴺，鴺胡，污泽也。鹈，或从弟。"段注："《释鸟》：'鹈，鴮鸅。'毛传：'鹈，洿泽鸟也。'按，今《尔雅》多俗字，毛传作'洿泽'，是也。郑注《表记》云：'鹈，鹈胡，污泽也。污泽善居泥水之中。'许、郑皆云鹈胡，《尔雅》、毛诗不言胡者，此鸟本单呼鹈，以其胡能抒水，故又名鹈胡也。"

智伯有三晋而欲不赡。许注："赡，足。"《说文》无"赡"字。双棣按："《小尔雅·广言》：'赡，足也。'《原道》高诱注：'赡，足也。'赡足乃古之常训。"

林类、荣启期衣若悬衰，而意不慊。许注："慊，恨。"《说文》："慊，疑也。"双棣按："《说文》：'嫌，不平于心也。'不平于心即恨也。后世'慊'与'嫌'之用，正相颠倒。《淮南》及许注皆当做'嫌'，后人多以'嫌'为嫌疑义，故改作'慊'耳。"

为行者相揭以高。许注："揭，举。"《说文》："揭，高举也。"

浇天下之淳，析天下之朴。许注："浇，薄也。淳，厚也。"《文选·招隐诗》注、《永明九年策秀才文》注、《广绝交论》注、《大藏音义》十八、八十、九十、九十七引许注："浇，薄也。"《说文》："浇，沃也。"又："淳，渌也。"段注："凡酞者，浇之则薄，故其引申之义为薄。"又："（淳）不浇之训，纯、醇二字之假借也，假借行而本义废矣。"

刍豢黍粱、荆吴芬馨以嚂其口。许注："芬，珍味也。嚂，贪求也。"《说文》："芬，艸初生其香分布也。"段注："《众经音义》两引《说文》'芬，芳也'。《大雅》毛传曰'芬芬，香也'。然则玄应所据正是古本。"《说文》无"嚂"字。双棣按："许以'珍味'释'芬'，是取其句中之义。又，杨树达谓'嚂'当为'婪'之借。《说文》：'婪，过差也。'段注：'凡不得其当曰过差，亦曰婪。'故引申为贪求。《玉篇》：'嚂，贪也。'盖即本之许注。"

暮行逐利，烦挐浇浅。许注："浅，薄也。"《说文》："浅，不深也。"双棣按："不深则薄，故引申之义为薄。"

且富人则车舆衣纂锦。许注："纂，绘。"《说文》："纂，似组而赤。”双棣按：“纂为赤色丝带，绘为会合五彩，许注盖取其彩色义。”

短褐不掩形，而炀灶口。许注：“炀，炙。”《说文》：“炀，炙燥也。”

道应

菑、渑之水合，易牙尝而知之。许注：“菑、渑，齐二水也。”《说文》无“菑、渑”二字。双棣按：“《吕氏春秋·精谕》‘淄、渑之合者，易牙尝而知之’高诱注：‘淄、渑，齐之两水名也。’菑当通淄，高注本之许注也。”

何以异于枭之爱其子也。许注：“枭子长，食其母。”《说文》：“枭，不孝鸟也。”双棣按：“长食其母，即不孝也。许注与《说文》义同。”

襄子疏队而击之。许注：“疏，分也。队，军二百人为一队。分斯队卒击之。”《说文》：“疏，通也。”又：“队，从高队也。”双棣按：“疏分之训，当为通之引申之义。《玉篇》：‘队，百人也。’《左传·襄公十年》‘以成一队’杜预注：‘百人为队。’段玉裁曰：‘盖古语一队，犹言一堆，物堕于地则聚，因之名队为行列之称。’于省吾曰：‘队古隧字，谓潜道也。疏谓疏通。言通其隧道而击之也。’与许说不同。”

孔子劲杓国门之关，而不肯以力闻。许注：“杓，引也。”《说文》：“杓，枓柄也。”王念孙云：“杓当为扚。《史记·天官书》‘扚云如绳者’，索隐引许慎注《淮南》云：‘扚，引也。’《玉篇》、《广韵》皆云‘扚，引也’。”双棣按：“王说是。《说文》：‘扚，疾击也。’‘引’乃‘扚’引申之义也。《淮南》手旁、木旁多有相混者。”

于是为商旅将任车以商于齐。许注：“任，载也。《诗》曰：‘我任我辇。’”《说文》：“任，保也。”段注：“引申之凡儋何曰任，《小雅》‘我任我辇’。”

爝火甚盛，从者甚众。许注：“爝，炬火也。”《说文》：“爝，苣火祓也。”双棣按：“《说文》：‘苣，束苇烧也。’后俗作‘炬’。吴承仕云：‘《御览》引许注为“爝火，炬火也”。’”

遂成国于岐山之下。许注：“岐山，今之美阳北山也，其下有周地，因是以为天下号也。”《说文》：“郊，周文王所封，在右扶风美阳中水乡。”双棣按：“许注与《说文》义合。”

是直圣人之糟粕耳。许注：“糟，酒滓也。粕，已漉之精也。”《说文》：“糟，酒滓也。”《说文》无“粕”字。双棣按：“陶方琦谓许注‘之精’二字乃‘粗糟’之误。此说是。《慧琳音义》卷九引《淮南》曰：‘古人糟粕。’引许注：‘糟，酒滓也。漉糟曰粕也。’《音义》卷七十七、卷九十二引许注皆曰：‘糟，酒滓也。粕，已漉糟也。’今《说文》：‘糟，酒滓也。’与许注同。《说文新附》：‘粕，糟粕，酒滓也。’段玉裁《说文注》云：‘《庄子音义》、玄应书皆引许君《淮南注》曰：“粕，已漉粗糟也。”’于省吾谓许注精字乃粗字之讹。”

大疾则苦而不入。许注：“苦，急意也。”《说文》：“苦，大苦，苓也。”双棣按：“《庄子·天道》：‘徐则甘而不固，疾则苦而不入。’成玄英疏：‘甘，缓也。苦，急也。’陆德明释文引司马云：‘甘者，缓也。苦者，急也。’皆本之许注。缓、急之训，皆比喻义，亦引申也。”

大徐则甘而不固。许注：“甘，缓意也。”《说文》：“甘，美也。”见上。

子佩疏揖，北面立于殿下。许注：“疏，徒跣也。揖，举手也。”《说文》：“疏，通也。”又：“揖，攘也。”双棣按：“马宗霍谓：疏从疋，疋，足也，故疏有足义。徒跣必解袜，足亲地，与疏之足义正合。《左传·哀公二十五年》‘褚师声子袜而登席’，杜注：‘古者见君解袜。’是徒跣为古者见君之礼。与许注合。马说似是。李哲明谓：疏当训长，《氾论》高注：‘疏，长。’疏揖乃长揖也。为又一说。”又按：“《说文》‘揖’段玉裁注：‘凡拱其手使前曰揖。凡推手小下之曰土揖，推手小举之曰天揖。’盖许之‘举手’即段所谓天揖也。”

君王许之，今不果往，意者臣有罪乎。许注：“果，诚也。”《说文》：“果，木实也。”双棣按：“《文选·魏文帝笺》注、《与钟大理书》注、《于安城答灵运》注引许慎《淮南子注》：‘果，成也。’诚与成通。谓某事成为现实。《孟子·梁惠王下》‘君是以不果来’亦是此义。”

臣有所与供儋缠采薪者九方堙。许注：“缠，索也。”《说文》：“缠，绕也。”双棣按：“王念孙曰：‘缠无训索者。缠当为纆，字之误也。《说文》作𬙊，云“索也”。字或作纆。’王说是。古籍中多有误纆为缠者。”

至于河上，而航在一汜。许注：“汜，水涯也。”《说文》：“汜，水别复入水也。一曰穷渎也。”双棣按：“《尔雅·释丘》‘穷瀆，汜’，邵晋涵正义：‘穷瀆之厓名汜。’《广雅·释丘》‘汜，厓也’，王念孙疏证：‘对文则穷渎之厓为汜，通渎之厓为漵，散文则漵汜通称。’汜自有水涯义。下文‘汰沃之汜’许注：‘汜，涯也。’与此注同。”

子发攻蔡，踰之。许注：“踰，越，胜之也。”《说文》：“踰，越也。”双棣按：“注与《说文》同，‘胜之’为句中文义。”

大司马捶钩者年八十矣，而不失钩芒。许注：“捶，锻击也。钩，钓钩也。”《说文》：“捶，以杖击也。”又：“钩，曲钩也。”双棣按：“《庄子·知北游》成疏：‘捶，打锻也。’释文：‘江东三魏之间皆谓锻为捶。’‘以杖击’引申为凡击之称，《广雅》：‘捶，击也。’又可以有具体所指，如锻击。又凡‘曲钩’皆可谓之钩，钓钩为其一种也。”

文王砥德修政，三年而天下二垂归之。许注：“砥，砺也。”《说文》：“厎，柔石也。砥，厎或从石。”双棣按：“砥为柔石，砺（《说文》作厉）为旱石，砺坚于砥，皆为磨石。引申之，则可用为动词，又用于抽象。”

得驺虞、鸡斯之乘。许注：“驺虞，白虎黑文而仁，食自死之兽，日行千里。”《说文》：“虞，驺虞也。白虎黑文，尾长于身，仁兽也。食自死之肉。”双棣按：“许注与《说文》同。”

玄玉百工。许注：“二玉为一工也。”《说文》：“珏，二玉相合为一珏。”蒋礼鸿云：“原本《玉篇》云：‘《淮南》“玄玉百工”，许叔重曰“二玉为工”。’段玉裁注《说文》珏部曰：‘按《淮南书》曰“玄玉百工”，注：“二玉为一工”，工与珏双声，百工即百珏也。’窃谓《说文》说玉字云，象三玉之连。工盖象二玉之连，乃珏之初文。”

大贝百朋。许注:“五贝为一朋也。”《说文》:“凤,神鸟也。……朋,古文凤。”双棣按:“《说文》‘朋’为凤之古文,与此无关。王国维云:‘古制贝玉皆五枚为一系,合二系为一珏,若一朋,……古者五贝一系,二系一朋。’王说是。许注约略言之也。”

玄豹、黄罴、青犴、白虎文皮千合,以献于纣。许注:“犴,胡地野犬也。”《说文》:“豻,胡地野狗。犴,豻或从犬。”

臣,偷也,愿以技赍一卒。许注:“赍,备。卒,足。”《说文》:“赍,持遗也。”双棣按:“注‘卒,足’非是。易顺鼎曰‘卒’为衍文,是。‘卒’即下文‘卒有出薪者’之‘卒’,无烦作注。《慧琳音义》卷八十一引《淮南子》曰:‘愿以伎道赍一本。’引许注云:‘备足也。’卷七十八引许注《淮南》曰:‘赍,备足也。’正无‘卒’字。”

而夫子荐贤,丘请从之后。许注:“荐,先也。”《说文》:“荐,兽之所食草。”双棣按:“‘荐’无‘先’义,吴承仕谓荐先之训为声训。《淮南》‘荐’为‘先’之借。窃谓夫子荐贤,夫子谓颜回,荐贤义为先贤于我,故下文云丘请从之后。”

穆公闻之,素服庙临,以说于众。许注:“说,解。”《说文》:“说,说释也。”段注:“说释者,解开之意。采部曰:‘释,解也。’”双棣按:“段说是,以说于众,即向众人解释,《吕览·悔过》正有解说之词。”

深目而玄鬓,泪注而鸢肩。许注:“泪,水。”《说文》无“泪”字。王念孙谓:正文“泪注”当为“渠颈”,注当为“渠,大”(渠俗作淭,泪或作淚,二字形近),皆字之误也。《艺文类聚》引正作“渠颈而鸢肩”,注作“渠,大也”。于省吾谓:注无缘误颈。注乃脰之音借,二字侯部迭韵。《说文》:“脰,项也。”双棣按:“王说‘泪、渠’之误,于说‘注、脰’之借,皆是。”

卢敖就而视之,方倦龟壳而食蛤梨。许注:“楚人谓倨为倦。龟壳,龟甲也。”《说文》:“倦,罢也。”“倨,不逊也。”《说文》无“壳”字。双棣按:“马宗霍谓倦为卷,倨为居。《说文》:‘卷,厀曲也。’‘居,蹲也。’此言蹲于龟甲之上而食海蚌。凡蹲者必曲其厀,故知正文当作卷，注文当作居也。马说是，可从。”

其比夫不名之地，犹窔奥也。许注：“奥，室中也。”《说文》：“奥，宛，室之西南隅。”双棣按：“许不当只注‘奥’不注‘窔’，注当为‘窔奥，室中也’。窔为室之东南隅，奥为室之西南隅，总言之，可谓之室中。”

此其外犹有汰沃之汜。许注：“汜，涯也。”双棣按：“参见上文‘而航在一汜’条。”

吾比夫子，犹黄鹄与蠰虫也。许注：“蠰虫，幼虫也。”《说文》：“蠰，蟷蠰也。”双棣按：“段玉裁谓蟷蠰与堂蜋一语小异，盖即螳螂属。《尔雅·释虫》：‘蠰，啮桑。’即俗所谓天牛，陈藏器谓其‘飞腾不远’，此正可与‘黄鹄’相对。此许注释为‘幼虫’，失于过泛。”

终日行不离咫尺，而自以为远，岂不悲哉。许注：“八寸为咫，十寸为尺。”《说文》：“咫，中妇人手长八寸谓之咫。”又：“尺，十寸也。”

蟪蛄不知春秋。许注：“蟪蛄，貂蟟。”《说文》无“蟪”字，《新附》有之，云：“蟪，蟪蛄，蝉也。”双棣按：“《庄子·逍遥游》成玄英疏：‘蟪蛄，夏蝉也。’此盖《新附》所本。《广雅·释虫》：‘蟪蛄，蛁蟟也。’许注‘貂’与‘蛁’通。蛁蟟即蝉之一种。《广雅》盖即本之许注。如此，《说文》何故不收？”

罔两问于景。许注：“罔两，水之精物也。景，日月水光晷也。”《说文》：“蛧，蛧蜽，山川之精物也。淮南王说，蛧蜽状如三岁小儿，赤黑色，赤目，长耳，美发。”又：“景，日光也。”双棣按：“‘景’为光，凡光皆有阴，故引申为影。《说文》：‘晷，日景也。’此‘景’即为阴影。”

扶桑受谢，日照宇宙。许注：“扶桑，日所出之木也。”《说文》：“榑，榑桑，神木，日所出也。”双棣按：“扶与榑通，扶桑，即榑桑。许注与《说文》一致。”

白公胜虑乱，罢朝而立，到杖策，錣上贯颐。许注：“策，马捶。端有针以刺马，谓之錣。”《说文》：“策，马箠也。”《说文》无“錣”

字，有“鏊”，云：“羊箠也，耑有铁。”段注：“‘錣’即许之‘鏊’字。捶同箠。马箠亦耑有铁，其用同也。”《太平御览》七百四十六引《淮南》(脩务)“良马不待冊錣而行”，引许注：“錣，策端有箴也。”

此言精神之越于外，智虑之荡于内，则不能漏理其形也。许注：“漏，补空也。”《说文》：“漏，以铜受水刻节，昼夜百刻。”双棣按：“‘漏理’之说及‘漏，补空’之训，均未闻。于省吾谓‘漏’为‘满’字之误，满义为充，充理其形也。”

两蛟侠绕其船。许注：“蛟，龙属也。鱼满二千五百斤，蛟来为之主也。”《说文》：“蛟，龙之属也。鱼满三千六百，蛟来为之长。”双棣按：“许注与《说文》合，唯斤数有异。《大藏音义》四十一引许注：‘蛟，龙属也，池鱼满三千六百，则蛟来为之长。’此与《说文》正合。”

佽非谓枻船者曰。许注：“枻，櫂。”《说文》无“枻、櫂”二字。双棣按：“此处皆谓船桨，并用为动词。”

约车申辕。许注：“申，束。”《说文》：“申，神也。七月阴气成，体自申束。”段注：“申者引长，束者约结。”双棣按：“申、束之训，盖相反成义。颜师古注《汉书》多次用‘申，束也’、‘申，谓约束之’等语，盖即本诸许注。或曰，申为绅之借。《说文》‘绅，大带也。’郑注《内则》曰：‘绅，大带，所以自绅约也。’引申之为约束。”

故大人之行，不掩以绳，至所极而已矣。许注：“掩，犹惮也。”《说文》：“掩，敛也。小上曰掩。”双棣按：“此句义为对于大人之行，不可以常规要求，能达到目的即可。此‘掩’字当有‘取’义，《方言》六：‘掩，取也，自关而东曰取。’《广雅·释诂一》：‘掩，取也。’许以‘惮’注，《说文》‘惮，忌难也。一曰难也。’《广雅·释诂一》：‘惮，强也。’‘掩’本无‘惮’字之义，故曰‘犹’。”

景公谓太仆曰：“子之道何能？”对曰：“能动地。”许注：“动，震。”《说文》：“动，作也。”双棣按：“段玉裁‘震’字注：‘引申之凡动谓之震。’动、震义同。《尔雅·释诂》：‘震，动也。’《公羊传·文公九年》：‘地震者何？动地也。’此皆许注所本。”

蹇重举白而进之，曰：“请浮君。”许注：“浮，犹罚也。以酒罚君也。”《说文》：“浮，泛也。”双棣按：“浮训罚，盖以双声，《礼记·投壶》：‘若是者浮。’孔疏：‘浮，亦罚也。’《小尔雅·广言》：‘浮，罚也。’”

文侯受觞而饮釂不献。许注：“釂，尽。”《说文》：“釂，饮酒尽也。”双棣按：“《说文》为字书，释‘釂’为饮酒尽。《淮南》有‘受觞而饮釂’，故注不必再出‘饮酒’二字。”

孔子观桓公之庙，有器焉，谓之宥卮。许注：“宥，在坐右。”《说文》：“宥，宽也。”双棣按：“《淮南》‘宥’借作‘右’。故许以‘在坐右’释之。《荀子·宥坐》：‘此盖为宥坐之器。’杨注：‘宥与右同。言人君可置于坐右以为戒也。’”

王若欲久持之，则塞民于兑。许注：“兑，耳目鼻口也。《老子》曰‘塞其兑’是也。”《说文》：“兑，说也。”段玉裁注：“说者，今之悦字。”双棣按：“耳目鼻口，人之孔穴也。《老子》河上公注：‘兑，目也。’许注与河上注同。”

于是乃去其瞀而载之木，解其剑而带之笏。许注：“瞀，被发也。木，鹙鸟冠也。知天文者冠鹙。”王引之谓正文及注“木”当作“朮”。《说文》：“瞀，低目谨视也。”又：“秫，稷之黏者。朮，或省禾。”双棣按：“王绍兰、俞樾并曰：瞀为鍪之借。《说文》‘鍪’训‘鍑属’，非此处之义。《说文》：‘兜，兜鍪，首铠也。’《广韵》：‘鍪，兜鍪，首铠。’是也。段玉裁注：‘首铠曰兜鍪，谓其形似鍪也。’许此‘瞀’训‘被发’，盖本之《文子·上礼》‘古者被发而无卷领以王天下’，高诱《氾论》训‘鍪’为‘放发’，盖又本之许注。‘朮’，王引之谓读为‘鹬’，即鹬鸟。《说文》：‘鹬，知天将雨鸟也。’许注之‘鹙’，亦当为‘鹬’字之误。”

诠言

诠言　许注：“诠，就也。”《说文》：“诠，具也。”段注：“然则许意谓诠解。”双棣按：“于大成云：‘《玄应音义》二十三引《淮南》“诠言者，所以譬类人事，相解喻也”，又引《说文》：“诠，具也。”申之曰：“具说事理曰诠。”较释诠为就，于义为长。’于说当是。”

圣人不为名尸，不为谋府，不为事任，不为智主。许注：“尸，主。”《说文》：“尸，陈也。”段注：“凡祭祀之尸训主。《郊特牲》曰‘尸，陈也’，注曰：‘此尸神象，当从主训之，言陈非也。’玉裁谓：祭祀之尸本象神而陈之，而祭者因主之，二义实相因而生也。”

藏无形，行无迹，游无朕。许注：“朕，兆。”《说文》：“朕，我也。阙。”双棣按：“段玉裁谓既云阙，‘我也’乃妄人所补。其解当云‘舟缝也’，引申为凡缝之称，言朕兆者，谓其几甚微，如舟之缝，如龟之坼也。段说似是。唐本《玉篇》引许注：‘朕，兆也’，《文选·魏都赋》李善注引《淮南子》许慎曰：‘朕，兆也。’与此注合。”

王子庆忌死于剑，羿死于桃棓。许注：“棓，大杖，以桃木为之。”《说文》：“棓，棁也。”双棣按：“《说文》：‘棁，木杖也。’二字义同。《慧琳音义》卷四十一、八十四、九十七引许叔重注《淮南子》云：‘棓，大杖也。’与今注同。高承《事物纪原》八引《淮南子·诠言》曰：‘羿死于桃棓。’许慎注云：‘棓，大杖。以桃木为之。以击杀羿。’”

厌文搔法，治官理民者，有司也。许注：“厌，持也。搔，劳也。”《说文》：“厌，笮也。一曰合也。”又：“搔，刮也（大徐作括也）。”双棣按：“马宗霍谓注当作‘厌，劳也；搔，持也’，传写误倒。其说是。厌训疲，训倦；劳亦训疲，训倦，义同。杨树达、于省吾皆谓搔通操，是。搔、操皆为宵部，搔心母，操清母，为旁纽，音近相通。《说文》：‘操，把持也。’‘厌文搔法’，谓劳于文牍、秉持法度也。”

不能使祸不至，信己之不迎也；不能使福必来，信己之不攘也。许注：“攘，却。”《说文》：“攘，推也。”双棣按：“推、却义近。”

福之至也，非其求所成，故通而弗矜。许注：“矜，自伐其功也。”《说文》：“矜，矛柄也。”（段改作矜，是。然古籍作矜，仍之。）

双棣按："矜伐之义，盖出于假借，自古已然。《越语下》：'劳而不矜其功。'"

动之为物，不益则损。（依陶鸿庆、杨树达、马宗霍说乙益损二字）许注："动，有为也。"《说文》："动，作也。"双棣按："为亦作也，乃古之常训。陶方琦曰：'《群书治要》引许注与今注同。'"

不成则毁，不利则病，皆险也。许注："险，言危难，险不可行。"《说文》："险，阻难也。"双棣按："陶方琦云：'《群书治要》引许注：险，言危难。'许注与《说文》义合。"

圣人无思虑，无设储，来者弗迎，去者弗将。许注："将，送。"《说文》："将，帅也。"段注："帅当作衛。行部曰：'衛，将也。'二字互训。"双棣按："《尔雅·释言》：'将，送也。'《说文》：'牂，扶也。'段玉裁注：'《诗》"百两将之"毛传："将，送也。"于牂义为近。'"

章人者，息道者也。许注："章，明也。息，止也。"《说文》："章，乐竟为一章。""息，喘也。"双棣按："章明乃古之基本义，亦古之常训。盖乐竟为一章之引申也。息止亦古之常训，《诗·殷其雷》毛传：'息，止也。'气息、休息之义引申之也。"

功之成也，不足更责；事之败也，不足以弊身。许注："更，偿。"《说文》："更，改也。"双棣按："更偿之训，乃'更，改也'之引申，《广雅·释言》：'更，偿也。'"

人举其疵则怨人，鑑见其丑则善鑑。许注："鑑，镜也。"《说文》："鑑，大盆也。"双棣按："古人初始以鑑盛水照人，后以铜为鑑照之。鑑即镜也。《广雅·释器》：'鑑谓之镜。'段玉裁云：'金有光可照物谓之镜。镜亦曰鑑。'"

约束誓盟，则约定而反无日。许注："反，背叛也。"《说文》："反，覆也。"双棣按："朱骏声《通训定声》：'反，又假借为叛。'高诱《吕览》《战国策》注多次云：'反，叛也。'叛即覆之引申义。"

虽割国之锱锤以事人，而无自恃之道，不足以为全。许注："六两曰锱，倍锱曰锤。"《说文》："锱，六铢也。"又："锤，八铢也。"双棣按："段玉裁曰：'郑注《礼记·儒行》曰："八两曰锱。"《风俗通义》曰："铢六则锤，二锤则锱。"《广雅》曰："八铢为锱。"其说皆乖异，不与许合。唯高注《说山》曰："六铢曰锱，八铢曰锤。"与许说合，与《诠言》注乖异。《说山》之注乃许说之仅存者。'段说甚是。今许注中有高注之掺入者，高注中亦有许注之掺入者，此其一斑也。比较《说文》与许、高之注可知也。"

自负而辞助。许注："自负，自恃。"《说文》："负，恃也。"

崑山之玉瑱，而尘垢弗能污也。许注："崑山，崑崙也。瑱，式也。"《说文》："瑱，以玉充耳也。"《说文》无"崑"字，《新附》有之，云："崑，崑崙，山名。"双棣按："杨树达谓瑱借作缜，缜，致密也。其说似是。《御览》引注作'瑱，镇也'。镇亦缜之借字。许注'式'字，为误字，何由致误，尚待考，'式'与'镇'形、声皆不近。"

圣人无屈奇之服，无瑰异之行。许注："屈，短；奇，长也。"《说文》："屈，无尾也。"又："奇，异也。"双棣按："《玄应音义》引《淮南》'屈奇之服'许叔重曰：'屈，短也。奇，长也。'与今注正同。段玉裁《说文》注曰：'屈，引申为凡短之称。'奇有余义，《汉书·食货志》帅古曰：'长，谓有余也。'余则长，故可训长。"

駎者不贪最先，不恐独后。许注："駎，竞驱也。"《说文》无"駎"字。双棣按："《玉篇》：'駎，竞驰也。'即本之许注。王念孙云：'駎之言逐也。'"

周公殽臑不收于前，钟鼓不解于县。许注："臑，前肩之美也。"《说文》："臑，臂。羊豕曰臑。"段注："许书严人物之辨，人曰臂，羊豕曰臑。人之臂，在羊豕则为臑。"双棣按："许注与《说文》之义相合。"

匹夫百亩一守，不遑啟处，无所移之也。许注："遑，暇。啟，开。"《说文》："啟，教也。"又："启，开也。"《说文》无"遑"字，《新附》有之，云："急也。"双棣按："《诗》毛传、郑笺多言'遑，暇也'，如《四牡》'不遑啟处'毛传：'遑，暇也。'《采薇》'不遑啟处'郑笺：'遑，暇也。'《说文》啟、启义异，后世多以啟为开义，不用启。

许训啟为开，非《淮南》此处之义。《四牡》《采薇》毛、郑皆曰：‘啟，跪也。’《左传》《国语》‘不遑启处’杜预、韦昭注皆曰：‘啟，跪也。’《尔雅·释言》：‘啟，跪也。’郭璞注：‘啟，小跽。’郝懿行义疏：‘啟者，跽之假音也。’马瑞辰《四牡》通释：‘啟，当为跽之假借。’许注当云：‘啟，跪也。’‘开’盖为后人所改，许不致有此误。”

不能御者不可以为仆，无害于为佐。许注：“佐，君位也。”《说文》无“佐”字。双棣按：“佐当作左，即《说文》之‘𠂇’字。古君道尚左，臣道尚右，君以左为上，故君所乘之车，君居左，御者居中。此言君位，即君道尚左之义。《吕览·悔过》高诱注：‘左，君位也。’义与许同。”

两人相斗，一羸在侧，助一人则胜。许注：“羸，劣人也。”《说文》：“羸，瘦也。”双棣按：“说已见前。”

蓼菜成行，瓶瓯有堤。许注：“堤，瓶瓯下安也。”《说文》：“堤，滞也。”双棣按：“《泰族》‘蓼菜成行，甂瓯有菨。’与此文同。菨亦堤之借字。许注‘安’字，刘绩补注本作‘案’。《说文》：‘案，几属。’所谓‘下安’者，下之案座也。桂馥《义证》：‘堤与底义同。’滞义为止，‘下安’之功用亦为止也，故许注为然。”

洗爵而饮，浣而后馈。许注：“馈，进食也。”《说文》：“馈，饷也。”“饷，馈也。”双棣按：“《说文》‘馈、饷’二字为互训。皆谓进食也。正与许注义合。《荀子·正论》杨倞注：‘馈，进食也。’《礼记·曲礼上》孔疏：‘馈，谓进馔也。’”

心有忧者，筐床衽席弗能安也。许注：“衽，柔弱也。”《说文》：“衽，衣裣也。”双棣按：“《淮南》此处非衣裣之义。段玉裁曰：‘假借为衽席。衽席者，今人所谓褥也，语之转。’《礼记·曲礼上》郑玄注：‘衽，卧席也。’朱骏声《通训定声》：‘衽，假借为栠。’《说文》：‘栠，弱皃。’许训柔弱，就衽席之质而言其柔软也。”

菰饭犓牛弗能甘也。许注：“菰，凋胡也。”《说文》无“菰”字，有“苽”字，云：“凋胡，一名蒋。”双棣按：“《广雅·释草》：‘菰，蒋也，其米谓之凋胡。’王念孙疏证：‘菰，与苽同。'《原道》'浸潭苽蒋'作'苽'，高诱注：'苽者，蒋实也，其米曰彫胡。'段玉裁曰：'此犹扶渠实名莲，亦因以为华叶名也。'《淮南》'菰'即《说文》'苽'字。"

凡人之性，乐恬而憎悯，乐佚而憎劳。许注："悯，忧有所在也。"《说文》无"悯"字，有"闵"字，云："吊者在门也。"段玉裁注："引申为凡痛惜之辞。俗作悯。"双棣按："《尔雅·释诂下》：'闵，病也。'郝懿行曰：'闵，又通作悯。'《主术》高诱注：'悯，忧也。'与许注同。"

日月廋而无溉于志。许注："廋，隐也。溉，灌也。"《说文》："溉，一曰灌注也。"《说文》无"廋"字。双棣按："《方言》三：'廋，隐也。'郭璞注：'廋，谓隐匿也。'许注与《方言》同。"

五者无弃，而几乡方矣。许注："方，道也。"《说文》："方，併船也。"双棣按："方道之训，乃方之引申义也，亦古之常训。《吕氏春秋·音初》'乐和而民乡方矣'高诱注：'方，道也。'与许注同。"

争盈爵之间，反生斗。许注："爵，所以饮。"《说文》："爵，礼器也。象爵之形，中有鬯酒，又持之也，所以饮。"双棣按："许注与《说文》同。"

樽之上玄樽，俎之先生鱼。许注："樽，酒器。"《说文》无"樽"字，字作"尊"，云："酒器也。"双棣按："樽乃尊之后起区别字。"

豆之先泰羹。许注："木豆谓之豆。"《说文》："豆，古食肉器也。"双棣按："《尔雅·释器》：'木豆谓之豆。'许注与《尔雅》合。《说文》另有'梪'字，云：'木豆谓之梪。'许以'豆'为泛指，加木专指木豆，以与笾为竹豆，登为瓦豆区别。"

自死而天地无穷亦滔矣。许注："滔，曼长也。"《说文》："滔，水漫漫大皃。"段注："漫漫当作曼曼，许书无漫字。"双棣按："《说文》：'曼，引也。'引而长也。《诗·鲁颂》毛传：'曼，长也。'《淮南》'滔'谓久远也，与《说文》长而大之义近。"

以数杂之寿，忧天下之乱，犹忧河水之少，泣而益之也。许注："杂，匝也。"《说文》："杂，五采相合也。"双棣按："杂借为匝（《说文》作帀),《说文》:‘帀,匊也。’‘匊,帀徧也。’古籍中匊均作周。《吕氏春秋·圜道》‘圜周复杂’高诱注:‘杂,犹匝也。’与许同。”

龟三千岁,浮游不过三日。许注:“浮游,渠略也。”双棣按:“浮游,为蜉蝣之借。《尔雅·释虫》:‘蜉蝣,渠略也。’《诗·蜉蝣》毛传:‘蜉蝣,渠略也。’《大戴礼记·夏小正》:‘浮游者,渠略也。’许与之同。《说文》各字均与之无涉。”

内修极而横祸至者,皆天也,非人也。许注:“极,中。”《说文》:“极,栋也。”双棣按:“栋乃屋之高远中正之处,故引申为中正。《诗·殷武》‘四方之极’郑笺:‘极,中也。商邑之礼翼然可则效,乃四方之中正也。’《淮南》‘内修极’即内在品格中正之义。”

聪明虽用,必反诸神,谓之太冲。许注:“冲,调也。”《说文》:“冲,涌繇也。”双棣按:“太冲之说,见于《庄子·应帝王》,成玄英疏:‘冲,虚也。’段玉裁谓冲虚之释,乃盅之假借。许释冲为调,《说文》:‘调,龢也。’(古籍多用和字)然则太冲即太龢(和)也,极至和谐之境界。《广韵》《集韵》并曰:‘冲,和也。’盖即本之许注。”

兵略

兵略　许注:“兵,防也。防乱之萌,皆在略谋。”《说文》:“兵,械也。”双棣按:“械乃器之总名,非此处之义。兵亦无防之义,此处乃军事、战争之义。何宁《集释》谓古钞本《淮南鸿烈兵略间诂》残卷作‘兵防世乱之萌’,疑也为世之误,又衍一防字。《广雅·释言》:‘兵,防也。’盖据误本许注,许注之误久矣。”

古之用兵者,非利土壤之广而贪金玉之略。许注:“略,获得也。”《说文》:“略,经略土地也。”段注:“引申之规取其地亦曰略地。”双棣按:“《方言》二:‘就室曰搜,于道曰略。略,强取也。’钱绎笺疏引颜师古《汉书》注:‘凡言略地者,皆谓行而取之。’《小尔雅·广诂》:‘略,取也。’许注‘获得’亦即强取之义。此义后多作掠,《说文》无掠字,《新附》有之,曰:‘夺取也。’”

故至于攘天下，害百姓。许注："攘，乱。"《说文》："攘，推也。"双棣按："杨树达曰：'《说文·吅部》云："遐，乱也。"此假推攘字为之。'杨说是。"

夫畜池鱼者，必去猵獭。许注："猵，獭之类。"《说文》："猵，獭属。"双棣按："吴承仕曰：'《政和证类本草》引此文许慎注："猵，獭类。"今本注文误衍之字。'许注与《说文》义同。"

毋扣［抇］坟墓，毋爇五谷。许注："爇，烧。"《说文》："爇，烧也。"

百姓开门而待之，淅米而储之。许注："淅，渍。"《说文》："淅，汰米也。"段注："《孟子》注曰：'淅，渍米也。'凡释米、淅米、渍米、汰米、灡米、淘米、洮米、漉米，异称而同事。"

晚世之兵，君虽无道，莫不设渠壍傅堞而守。许注："傅，守也。堞，城上女墙。"《说文》："傅，相也。"《说文》"堞"作"堞"，云："城上女垣也。"双棣按："许训傅为守，与此处之义不合。渠壍乃守城之具，《氾论》'隆冲以攻，渠幨以守'，银雀山简本《六韬》作'毋冲龙（隆）而功（攻），毋渠詹（幨）而守'。渠幨又作渠荅，《墨子·备城门》：'城上二步一渠，渠立程，丈三尺，冠长三尺，辟长六尺。二步一荅，广七尺，袤十二尺。'渠幨是傅于城上的守城器具，此处之傅字，乃附着之义。段玉裁曰：'亦为今之附近字，如凡言附着是也。'"

音气不戾八风，诎伸不获五度。许注："获，误也。"《说文》："获，猎所获也。"双棣按："朱骏声《通训定声》曰：'获，假借为误。'获误音近，均为牙音声母，铎鱼对转，故可假借。"

是故入小而不偪，处大而不窕。许注："偪，迫。"《说文》无"偪"字。双棣按："《尔雅·释言》：'逼，迫也。'释文：'逼，本作偪。'《慧琳音义》引《尔雅》：'偪，迫也。'段玉裁谓逼、偪二字皆畐之俗字。《说文》：'畐，满也。'徐灏注笺：'畐训为满，故引申为畐近、畐塞之称。'"

夫射，仪度不得则格的不中。许注："格，射之椹质也。的，射准也。”《说文》:“格，木长皃。”《说文》无“的”字，有“旳”字，云:“明也。”段玉裁曰:“旳者，白之明也，故俗字作的。”双棣按:“格无准的义，陈昌齐、蒋礼鸿谓乃招字之误，是也。《吕氏春秋·本生》‘共射其一招，招无不中’，高诱注:‘招，埻的也。’《别类》‘射招者欲中小也’，高诱注:‘招，埻艺也。’《诗·宾之初筵》毛传:‘的，质也。’《礼记·射义》郑玄注:‘的，谓所射之识也。’”

故得道之兵，车不发轫，骑不被鞍。许注:“轫，车下支。”《说文》:“轫，所以碍车也。”双棣按:“许注与《说文》义同。”

鼓不振尘，旗不解卷。许注:“卷，束也。”《说文》:“卷，厀曲也。”双棣按:“卷由膝曲引申为凡屈曲之称，束卷又其引申之义也，可为动词，亦可为名词。”

猎者逐禽，车驰人趋，各尽其力，无刑罚之威，而相为斥闉要遮者，同所利也。许注:“斥，候也。闉，塞也。”《说文》:“厈，卻屋也。”段注:“俗作斥。”《说文》:“闉，闉阇，城曲重门也。”双棣按:“闉为城门外之城，许释为塞，乃借为垔，《说文》:‘垔，塞也。’然此处斥闉连文，当为同义。《孙子·谋攻》‘距闉又三月而后已’，杜佑注:‘积土为山曰闉，以距敌城，观其虚实。’斥闉为候望之义。要遮为拦截之义。若闉释为塞，则与要遮为复。”

同舟而济于江，卒遇风波，百族之子，捷捽招杼船，若左右手。许注:“捷，疾取也。”《说文》:“捷，猎也，军获得也。”双棣按:“捷疾之训，古之常诂。《小尔雅·广诂》:‘捷，疾也。’《吕氏春秋·贵卒》‘可谓捷矣’高诱注:‘捷，疾也。’许注疾下取字或为衍文，或其上脱一字，李哲明谓挩杼字，马宗霍谓当是捽字，似皆可。”

兵有三诋。许注:“诋，要事也。”《说文》:“诋，诃也。”双棣按:“朱骏声《通训定声》谓诋假借为柢。李哲明、吴承仕、于省吾亦谓此处诋为柢之借，是也。《说文》:‘柢，木根也。’《尔雅·释言》:‘柢，本也。’郭璞注:‘谓根本。’兵之要事，亦即其根本也。”

两军相当，鼓錞相望。许注:“錞，錞于，大钟也。”《说文》:“錞（段作鐓），矛戟柲下铜鐏錞也。”双棣按:“錞于省称曰錞。《周礼·鼓人》‘以金錞和鼓’，郑玄注：‘錞，錞于也。圜如碓头，大上小下，乐作鸣之，与鼓相和。’《集韵》：‘錞，錞釪，如钟，以和鼓。’段玉裁谓秘下铜鐏字作镦，錞于字作錞。”

维枹绾而鼓之。许注：“绾，贯。”《说文》：“绾，恶绛也。”双棣按：“朱骏声《通训定声》：‘绾，假借为毌。’《慧琳音义》卷七十六、九十七、九十八引许叔重《淮南子》注：‘绾，贯也。’《玉篇》：‘绾，贯也。’毌即贯之古字。王念孙曰：《淮南》维字为衍文，绾当在枹前，作‘绾枹而鼓之’。王说是。唐本《玉篇》绾字下引《淮南》作‘绾枹而鼓’，引许注：‘绾，贯。’桂馥义证引此文亦如此作。”

畜积给足，士卒殷轸。许注：“殷，众。轸，乘轮多盛貌。”《说文》：“殷，作乐之盛曰殷。”“轸，车后横木也。”双棣按：“殷有盛义，轸无盛义，更非乘轮多盛。殷轸当为文部叠韵联绵字，众盛之貌。《吕氏春秋·慎人》：‘丈夫女子，振振殷殷，无不戴说。’高注：‘振振殷殷，众友之貌。’《史记·苏秦列传》：‘輷輷殷殷，若三军之众。’殷殷，谓众盛之貌。《诗·螽斯》：‘宜尔子孙振振兮。’振振亦众盛也。《平准书》：‘太仓之粟，陈陈相因。’陈陈，亦众盛之义。殷殷振振单言则为殷振，或作殷轸，或作殷赈，或作殷陈，或作隐轸，或作隐赈，其义一也。”

刑德奇賌之数。许注：“奇賌，阴阳奇秘之要，非常之术。”《说文》无“賌”字，有“侅”字，云：“奇侅，非常也。”双棣按：“賌、侅字通。许注与《说文》一致。”

夫论除谨，动静时。许注：“谨，慎也。”《说文》：“谨，慎也。”双棣按：“论字当注而未注，《吕氏春秋·当染》高诱注：‘论，犹择也。’《说文》：‘抡，择也。’此论即抡之假借。”

见敌知难易，发斥不忘遗。许注：“发，有所见。斥，斥度，候视也。”《说文》：“发，射发也。”双棣按：“发现义乃发之远引申义也。《史记·李将军列传》索隐引许慎注《淮南子》曰：‘斥，度，候视也。’刘绩补注本同，今本重一斥字。此斥当用为名词，指候视之人。”

隧路亟，行辎治。许注："隧，道也。亟，言治军隧道疾。"《说文》："亟，敏疾也。"《说文》无"隧"字。双棣按："隧训道，乃古之常训。《礼记·曲礼上》'出入不当门隧'，郑玄注：'隧，道也。'《左传·襄公十八年》'连大车以塞隧而殿'释文：'隧，道也。''亟'谓'敏疾'，许注正释为'疾'，指整治军用道路敏疾。"

此舆之官也。许注："舆，众也。"《说文》："舆，车舆也。"双棣按："舆众之训，于古多有。《左传·成公二年》'无令舆师淹于君地'杜预注：'舆，众也。'《国语·晋语三》'舆人诵之'韦昭注：'舆，众也。'或本之许注。"

楚人地南卷沅湘，北绕颍泗。许注："卷，屈取也。沅、湘，二水名。颍、泗，二水名也。"《说文》："卷，厀曲也。""沅，沅水。出牂柯故且兰，东北入江。湘，湘水。出零陵县阳海山，北入海。颍，颍水。出颍川阳城乾山，东入淮。泗，泗水。受沛水，东入淮。"双棣按："卷引申为凡曲之称，又引申为卷起，屈取即此义之喻。"

西包巴蜀，东裹郯邳。许注："巴、蜀、郯、邳，地名。"《说文》："巴，虫也。或曰食象蛇。""蜀，葵中蚕也。""郯，东海县。帝少昊之后所封。邳，奚仲之后，汤左相仲虺所封国，在鲁薛县。"双棣按："巴、蜀古皆为西南族名，后因以为地名。《山海经·海内经》：'西南有巴国。'《说文》'巴、蜀'皆就字形为说。"

颍汝以为洫。许注："洫，沟。"《说文》："洫，十里为成，成间广八尺深八尺谓之洫。《论语》：'尽力于沟洫。'"又："沟，水渎也，广四尺深四尺。"双棣按："洫与沟浑言不别。"

垣之以邓林，绵之以方城。许注："绵，落也。"《说文》："绵，联微也。"段注："其相连者甚微眇，是曰绵。引申为凡联属之称。"双棣按："《慧琳音义》卷九十引许注《淮南子》曰：'绵，犹络也。'落即络之借，络乃缠绕之义。《广雅·释诂四》：'络，缠也。'《慧琳音义》引《方言》：'自关而东周洛韩魏之间谓绕为络。'"

山高寻云，溪肆无景。许注："肆，极也。"《说文》："肆，极陈也。"双棣按："肆，古籍多作肆。极陈引申为凡极之称。《小尔雅·广言》:‘肆,极也。’”

修铩短鏦,齐为前行。许注:“鏦,小矛也。”《说文》:“鏦,矛也。”双棣按:“《方言》九:‘矛,吴扬江淮南楚五湖之间或谓之鏦。’陶方琦曰:《华严经音义》引《淮南》许注:‘鏦,小矛也。’”

错车卫旁,疾如锥矢。许注:“锥,金蔟箭羽之矢也。”《说文》:“锥,锐也。”双棣按:“王引之谓锥当为鏃字之误。《说文》:‘鏃,矢金镞翦羽谓之鏃。’《淮南》作鏃,则许注与《说文》正相一致。或许本作鏃。作锥者,恐高本,而误与许本相混。”

百姓之随逮肆刑,挽辂首路死者。许注:“肆刑,极刑。辂,輓辇横木也。”《说文》:“肆,极陈也。”又:“辂,车軨前横木也。”双棣按:“许以‘极’训‘肆’,与《说文》‘极陈’义相因。‘辂’许注与《说文》义同。”

上下不相宁,吏民不相憀。许注:“憀,赖。”《说文》:“憀,憀然也。”双棣按:“《玉篇》:‘憀,赖也。’赖者,利也。《史记·高祖本纪》集解引许慎曰:‘赖,利也。’《吕氏春秋·离俗》高诱注:‘赖,利也。’”

伐棘枣以为矜。许注:“棘枣,酸枣也。矜,矛柄。”《说文》:“棘,小枣丛生者。”“矜,矛柄也。”双棣按:“杨树达谓《淮南》当作‘伐樲棘以为矜’,是。《说文》:‘樲,酸小枣也。’《慧琳音义》引《说文》:‘棘,酸枣也。而丛生有刺木也。’樲、棘皆有酸枣之训。《史记》索隐引《淮南》为‘伐樲枣以为矜’,枣字盖棘字之误。”

周锥凿而为刃。许注:“周,内也。”《说文》:“周,密也。”又:“匊,帀遍也。”双棣按:“内犹纳也,使之入也,纳入使致密,亦即合也,《离骚》王逸注:‘周,合也。’”

剡撕筡,奋儋鑺。许注:“撕。剡,锐也。鑺,斫也。”《说文》:“剡,锐利也。”“鑺,大鉏也。”《说文》“撕”作“斲”,云:“斩取也。”双棣按:“李哲明曰:‘剡撕筡当作撕剡筡,故许注先释撕字,撕字注文脱。’李说是。”

至共头而坠。许注:“坠,陨也。”《说文》“坠”作“队”,云:

“从高队也。”双棣按：“段玉裁谓：‘队、坠正俗字，古书多作坠。’《尔雅·释诂》：‘坠，落也。’”

智侔则有数者禽无数。许注：“侔，等。”《说文》：“侔，齐等也。”

若声之与响，若镗之与鞈。许注：“鞈，鼓鞞声。”《说文》：“鼞，鼓声也。”“鼛，鼙声也。鞈，古文鼛，从革。”双棣按：“易顺鼎谓许注鞈当作镗鞈。段玉裁‘鼛’字注亦曰：‘《淮南》注“镗鞈，鼓鼙声。”此谓镗，鼓声；鞈，鼙声也。’与《说文》合。”

故凌人者胜，待人者败，为人杓者死。许注：“杓，所击也。”《说文》：“杓，枓柄也。”双棣按：“于鬯谓杓借为的，《庄子·庚桑楚》‘我其杓之人邪’郭象注：‘杓，为物之标杓也。’释文：‘杓，郭音的。’标杓即标的也。于说是。所击即是标的也。”

若鸟之羽，若蚈之足。许注：“蚈，马蠸也。”《说文》无“蚈”字。双棣按：“《御览》九百四十八引许慎《时则》注曰：‘蚈，马蠸也。’与此注同。《说文》：‘蠸，虫也。’盖虫名，而未言何虫。《尔雅·释虫》：‘蠸，舆父，守瓜。’郭璞注：‘蠸，今瓜中黄甲小虫。’与此处‘蚈’之义不合。《说林》‘善用人者，若蚈之足，众而不相害’，高注：‘蚈，马蚈，幽州谓之秦渠。’王念孙《广雅疏证》谓马蛟，一名马陆，一名百足；蛟之转声为蠲，又转而为蠸为蚈。《说文》‘蠲，马蠲’段注：‘马蠲，亦曰百足虫。茅茨陈朽则多生之。’故而蚈，马蠸，即百足虫也。”

羊肠道，发笱门。许注：“发笱，竹笱，所以捕鱼。”《说文》：“笱，曲竹捕鱼笱也。”双棣按：“王念孙谓‘发笱’当作‘鱼笱’，《御览》引正作‘鱼笱’。”

龙蛇蟠。许注：“蟠，屈也。”《说文》：“蟠，鼠妇也。”段注：“《释虫》：‘蟠，鼠负。’郭朴曰：‘瓮器底虫。’借为蟠曲字。”双棣按：“《广雅·释诂一》：‘蟠，曲也。’李善《文选》注引郑玄曰：‘蟠，屈也。’”

却笠居。许注：“却，偃覆也。笠，登也。”《说文》：“却，卪却也。”“笠，簦无柄也。”双棣按：“此注有误。王念孙谓《淮南》当作

‘篴笠居’，注当作‘偃覆如篴笠’。王谓《淮南》作‘篴笠居’，当是。注之误则无由知。”

推其揜揜，挤其揭揭。许注：“挤，排也。”《说文》：“挤，排也。”

善用间谍。许注：“谍，军之反间也。”《说文》：“谍，军中反间也。”双棣按：“许注与《说文》义同。”

审错规虑，设蔚施伏。许注：“草木盛曰蔚。”《说文》：“蔚，牡蒿也。”双棣按：“王念孙谓《淮南》当作‘设施蔚伏’。是。《文选·西京赋》李贤注引《苍颉篇》：‘蔚，草木盛貌。’《广雅·释训》：‘蔚蔚，茂也。’”

前后不相撚，左右不相干。许注：“撚，揉蹈也。”《说文》：“撚，执也，一曰蹂也。”双棣按：“许注揉，庄本作蹂，揉为借字。许注与《说文》一曰所训相合。段玉裁注曰：‘蹂者，兽足蹂地也。’”

放乎九天之上，蟠乎黄卢之下。许注：“放，寄也。”《说文》：“放，逐也。”双棣按：“杨树达曰：‘放训寄，他无所见。《孟子·离娄下》“放乎四海”赵岐注：“放，至也。”此放字亦当训至。’杨说是。《礼记·祭义》‘推而放诸东海而准’郑玄注：‘放，至也。’”

人丘指之更弹，不若卷手之一挃。许注：“挃，擣也。”《说文》：“挃，获禾声也。”双棣按：“挃通为抶，《说文》：‘抶，刺也。’《说文》：‘擣，手椎也。’段注：‘以手为椎而椎之。’刺与擣义近。《慧琳音义》引许叔重《淮南子》注：‘挃，搏也。’搏亦击也。《广雅·释诂三》：‘搏，击也。’《玉篇》：‘搏，手击也。’或许注作搏，高注作擣。”

万人之更进，不如百人之俱至也。许注：“更，代也。”《说文》：“更，改也。”双棣按：“《说文》：‘代，更也。’《尔雅·释诂下》郝懿行义疏：‘代之言递也，迭也。’此处更进即交替而进之义。”

夫栝淇卫箘簬。许注：“栝，箭栝也。”《说文》：“栝，炊灶木也。”又：“桰，檃也。一曰矢桰，檃弦处。”双棣按：“栝、桰本音读不同，意义迥殊，然古籍多混而为一作栝，栝之古活一读，实即桰之音之义。《淮南》此处之栝，即当是桰字。《释名·释兵》：‘矢，其末曰桰。’桰实亦桰字。刘绩补注本正文及注桰皆作括。段玉裁曰：‘矢桰字经传多用括。’”

载以银锡。许注：“载，饰也。饰箭以银锡。”《说文》：“载，乘也。”双棣按：“刘文典曰：‘《北堂书钞》、《艺文类聚》、《太平御览》引，载并作饰。’于大成曰：‘载当为戴。《说文》：“戴，分物得增益曰戴。”段注云：“引申之，凡加于上皆曰戴。又与载通用，言其上曰戴，言其下曰载也。”’载、戴音近义通，然载自有承载之义，用于使动，乃使之承载，亦即加于其上之义。饰引申有修饰、文饰之义，亦即使某物加于其上也。载饰之训，乃其引申之义也。”

虽有薄缟之幨，腐荷之矰，然犹不能独射也。许注：“缟，细缯也。荷，莲华也。矰，犹矢也。”《说文》：“缟，鲜色也（段改色为卮）。”“荷，芙蕖叶也。”“矰，谁射矢也。”双棣按：“《汉书·地理志》颜师古注：‘缟，鲜支也，即今所谓素也。’《广雅·释诂》：“綮繐、鲜支、縠，绢也。”缟鲜支之训，盖中古以后，北方民族之语。《说文》以形释义，即使汉时已有，许亦不会取之。《文选·为曹洪与魏文帝书》李善注引《尔雅》：‘缯之细者曰缟。’许注‘华’当为‘叶’字形近之误。《淮南》矰字，王念孙谓当作橹；射字，当作穿。又谓注文当为橹，大楯也。今本注文乃后人据误本正文妄改也。王说是。”

虽誂合刃于天下，谁敢在于上者。许注：“誂，卒也。”《说文》：“誂，相呼诱也。”双棣按：“誂与卒然之义甚远，当有误字。”

湫漻如秋，典凝如冬。许注：“典，常。凝，正也。”《说文》：“典，五帝之书也。”“冰，水坚也。凝，俗冰从疑。”双棣按：“典常之训，乃古之常训。义为常道、法则，本义之引申也。凝为水坚，引申为严肃、端庄之义。许注正用其引申义。”

掩节而断割，因资而成功。许注：“掩，覆也。”《说文》：“掩，敛也。”双棣按：“《尔雅·释诂下》：‘覆，审也。’审犹详察也。于省吾曰：掩、按古字通，掩节即按节。”

敦六博，投高壶。许注：“敦者，致也。”《说文》：“敦，怒也，诋也。”双棣按：“王念孙谓致当为投，敦与投同义。吴承仕谓致为𢾅，

《吕览》作投，义与投同。致乃传写之误。”

所谓四义者，便国不负兵，为主不顾身，见难不畏死，决疑不辟罪。许注：“负，程。”《说文》：“负，恃也。”双棣按：“许注误，当依《说文》负释为恃。四义者，后三项皆就将者自身言之，前一项亦当如是。此谓凡利于国者，将者不依仗兵权。”

发必中诠，言必合数，动必顺时，解必中揍。许注：“揍，理。”《说文》无“揍”字。双棣按：“马宗霍谓揍乃腠字之误，故许以理训之。又谓腠古只作奏。马说是。《仪礼·公食大夫礼》‘载体进奏’郑玄注：‘奏，谓皮肤之理也。’《乡饮酒礼》释文：‘奏，本又作腠，理也。’”

搴巨旗，止鸣鼓。许注：“搴，卷取。”《说文》无“搴”字。双棣按：“《玉篇》：‘搴，同摮。出《说文》。’《尔雅·释言》‘芼，摮也。’释文：‘摮，与搴同。摮，取也。’《史记·刘敬叔孙通列传》‘斩将摮旗之士’索隐引许慎曰：‘摮，取也。’《淮南》盖本作摮字，司马贞引许注盖即其《淮南》注也。”

曳梢肆柴，扬尘起埸，所以营其目者。许注：“梢，小柴也。埸，埃。”《说文》：“梢，木也。”“埸，壁间隙也。”双棣按：“《广雅·释木》：‘梢，柴也。’《玉篇》：‘梢，小柴也。’盖即本之许注。陶方琦云：《文选·西都赋》李善注引许慎《淮南子》注：‘埸，埃也。’盖即此注。”

势利不能诱，死亡不能动，此善为充榦者也。许注：“充，盈。榦，强。”《说文》：“充，长也，高也。”“榦，筑墙耑木也。”双棣按：“《广雅·释诂一》：‘充，满也。’盈、满义同。榦，段玉裁谓俗作幹。《文选·辩亡论》李善注引许慎《淮南子》注：‘幹，彊也。’强、彊字通，谓强有力。榦为筑墙夹板，强有力为其引申之义。”

易则用车，险则用骑。许注：“易，平地也。”《说文》：“易，蜥易。”双棣按：“易训平，为易之假借义。《荀子·富国》‘则其道易’杨倞注：‘易，平易可行。’《汉书·晁错传》‘险易异备’颜师古曰：‘易，平也。’”

其后骄溢纵欲，拒谏喜谀，憢悍遂过，不可正喻。许注：“憢，勇急也。”《说文》无“憢”字。双棣按：“陶方琦曰：《慧琳音义》引许叔重《淮南子》注：‘骁，勇急也。’《淮南》字当作骁。陶说是。”

人间

百寻之屋，以突隙之烟焚。许注：“突，灶突也。”《说文》：“突，灶突也。”双棣按：“许注与《说文》义同。《群书治要》引许注与今许注亦同。”

人莫蹪于山，而蹪于垤。许注：“蹪，踬也。垤，蚁封也。”《说文》：“垤，螘封也。”《说文》无“蹪”字。双棣按：“陶方琦曰：‘《群书治要》引许注：“蹪，踬也。垤，螘封也。”’蚁是螘的俗体。《治要》所引与今注合。《原道》高诱注：‘蹪，踬也。’《原道》《说山》高诱注：‘楚人谓踬为蹪。’与许注合，盖高袭用许注。”

患至而后忧之，是由病者已惓而索良医也。许注：“惓，剧。”《说文》无“惓”字。双棣按：“陶方琦曰：‘《群书治要》引许注：“倦，剧也。”二注正同。惓，依《说文》作倦，倦，罢也。’陶说是。”

凡人之举事，莫不先以其知规虑揣度，而后敢以定谋。许注：“揣，商量高下也。”《说文》：“揣，量也。度高曰揣。”双棣按：“许注与《说文》义同。”

荆人鬼，越人机。许注：“机，祥。”《说文》：“机，主发谓之机。”双棣按：“《说文》：‘禨，鬼俗也。《淮南传》曰：吴人鬼，越人禨。’是许注旧本作禨，《列子》卢注、《汉书》颜注及《玉篇》引皆作‘吴人鬼，越人禨’。《吕氏春秋·异宝》作‘荆人畏鬼而越人信机’，与此作荆、作机相同。或此乃高注混入许注者也。《吕览》毕校本、《淮南》庄校本改机为禨，乃不通假借之故。”

兵横行天下而无所绻。许注：“绻，屈。”《说文》无“绻”字。双棣按：“绻当为卷之借。《说文》：‘卷，厀曲也。’引申之则为屈。《诗·卷阿》毛传：‘卷，曲也。’《本经》高注亦曰：‘卷，屈也。’”

围三匝，而阳虎将举剑而伯颐。许注：“伯，迫。”《说文》：“伯，长也。”双棣按：“《淮南》伯字，乃迫字之借，许注以本字破借字。”

顾反取其出之者，以戈推之，攘祛薄腋。许注：“祛，袂。”《说文》：“祛，衣袂也。”双棣按：“许注与《说文》义同。”

司马子反渴而求饮，竖阳谷奉酒而进之。许注：“竖，小使也。”《说文》：“竖，坚立也。”双棣按：“古籍多用竖为僮竖，《周礼·天官·序官》‘内竖’郑玄注：‘竖，未冠者之官名。’《说文》：‘裋，竖使布长襦。’段注：‘竖使谓僮竖也。’许此注小使与《说文》竖使义同。”

郊望禘尝，非求福于鬼神也。许注：“郊，祭天。望，祭日月星辰山川也。禘、尝，祭宗庙也。”《说文》：“郊，距国百里为郊。”“望，出亡在外，望其还也。”“禘，谛祭也。”“尝，口味之也。”双棣按：“郊为郊外，古时祭天于郊外曰郊。《史记·封禅书》：‘古者天子夏亲郊，祀上帝于郊，故曰郊。’《礼记·礼器》郑玄注、《吕览·季春》高诱注皆曰：‘郊，祭天。’与许注合。《广雅·释天》：‘望，祭也。’王念孙疏证：‘望者，遥祭之名。’《史记·五帝本纪》‘望于山川’张守节正义：‘望者，遥望而祭山川也。’《尔雅·释天》：‘秋祭曰尝。’郭璞注：‘尝新谷。’《礼记·少仪》郑玄注：‘尝，谓荐新物于寝庙。’《礼记·郊特牲》孔颖达疏：‘尝，谓秋祭宗庙。’《礼记·曾子问》‘天子尝禘郊社五祀之祭’孔疏：‘尝禘者谓宗庙之祭也。’”

其始成竘然善也，而后果败。许注：“竘，高壮类。”《说文》：“竘，健也。”双棣按：“类，貇字之误。道藏本、景宋本等皆作类字，自茅一桂本始改为貌，庄逵吉本从之，失许注原貌。‘高壮’与‘健’义近。”

臣不敢以死为熙。许注：“熙，戏。”《说文》：“熙，燥也。”双棣按：“《战国策·齐策一》：‘鄙臣不敢以死为戏’姚宏注：‘《淮南子》戏作熙。’《淮南》熙当为娭（今多作嬉）之借字。《说文》：‘娭，戏也。’”

冠履之于人也，寒不能暖，风不能障，暴不能蔽也。许注：“暖，温。”《说文》：“暖，温。”双棣按：“《说文》温为水名。𥁕，仁也。段玉裁曰：‘凡云温和、温柔、温暖者，皆当作此字。’然此字甚明白，何须作注？”

一鼓，民被甲括矢，操弓弩而出。许注：“甲，铠也。括，箭也。”《说文》：“甲，东方之孟，昜气萌动。从木戴孚甲之象。”又：“括，絜也。”双棣按：“人之有铠甲，犹木之有孚甲也，甲训为铠甲，引申之义也。《广雅·释器》：‘甲，铠也。’《书·说命》伪孔传、《仪礼·既夕礼》郑笺皆曰：‘甲，铠也。’贾公彦《周礼·司甲》疏：‘古用皮谓之甲，今用金谓之铠。’许以《淮南》括为桰之借字。《说文》：‘桰，檃也。一曰矢桰，檃弦处。’段注：‘矢桰字经传多用括。’《释名·释兵》：‘矢，其末曰桰。’然《淮南》‘括’当依《说文》本字解之，‘絜也’即‘结、束’之义。‘被甲、括矢’相对为文，括亦当为动词。”

再鼓，负辇粟而至。许注：“服，驾牛。辇，檐。”双棣按：“正文作负，注文作服，必有一误。《玄应音义》《慧琳音义》多次出现‘负揵’一词，‘负揵’即‘负辇’也。盖注文负误为服，后人便妄加驾牛以释之。王念孙曰：《太平御览》引此作‘服揵（当作揵）载粟而至’，《慧琳音义》引《淮南》作‘揵载粟米而至’。‘揵与辇同。’陶方琦亦曰：揵与辇义同。《玄应音义》曰：‘揵，今皆作辇。’《玄应音义》引《淮南子》许慎注：‘揵，擔之也。’《慧琳音义》引许叔重注《淮南子》曰：‘揵，擔也。’与此许注同。王、陶说是。此檐通擔。”

圣人之思修，愚人之思叕。许注：“叕，短。”《说文》：“叕，缀联也。”双棣按：“卢文弨《方言校且》谓《淮南》叕当与䂌同，《方言》十三：‘䂌，短也。’《玉篇》：‘䂌，吴人呼短物也。’马宗霍谓以叕为声者，多有短义。”

庄王以讨有罪，遣卒戍陈。许注：“戍，守也。”《说文》：“戍，守边也。”双棣按：“引申为凡守之称。《诗·扬之水》‘不与我戍申’毛传：‘戍，守也。’”

费无忌复于荆平王。许注：“复，白也。”《说文》：“复，往来也。”双棣按：“此处白为报白、禀白之义，正是往来义之引申。《小尔雅·广言》：‘复，白也。’宋翔凤训纂：‘谒、复，皆自下白上之词也。’《吕氏春秋·勿躬》‘管子复于桓公’高诱注：‘复，白也。’”

百射重戒，祸乃不滋。许注：“射，象。”《说文》：“射，弓弩发于身而中于远也。”双棣按：“吴承仕曰：‘象当为豫，形坏作象也。豫、射同部声近，故注以豫训射。《说山》：“巧者善度，知者善豫。”注云：“豫，备也。”《晋语》：“戒莫如豫。”韦注云：“豫，备也。”此文百射与重戒对文，盖事豫则立，不豫则废之义。’吴说是。此以声训为释。《荀子·大略》：‘先患虑患谓之豫，豫则祸不生。’正与《淮南》义合。”

积怨成祸，若痈疽之必溃也，所浼者多矣。许注：“浼，污也。”《说文》：“浼，汙也。”双棣按：“汙、污同字。”

郈昭伯怒，伤之鲁昭公曰。许注：“伤，毁谮也。”《说文》：“伤，创也。”双棣按：“毁谮乃创伤义之引申。《吕氏春秋·举难》‘人伤尧以不慈之名’高诱注：‘伤，毁也。’《察微》‘伤之于昭公’高注：‘伤，犹谮也。’”

故师之所处，生以棘楚。许注：“楚，人荆也。”《说文》：“楚，丛木，一名荆也。”双棣按：“许注与《说文》义同。”

且塘有万穴，塞其一，鱼何遽无由出？许注：“塘，隄也。”《说文》无“塘”字，《新附》有，曰：“隄也。”双棣按：“《说文》以唐为塘，曰：‘隄，唐也。’段玉裁曰：‘凡陂塘字古皆作唐。’塘别又作溏。《慧琳音义》卷六十七两引许叔重《淮南子》注云：‘溏，亦隄也。’与许此注合。”

夫墙之坏也于隙，剑之折也必有啮。许注：“啮，缺。”《说文》：“啮，噬也。”双棣按：“啮噬引申之，则有啮缺之训。《脩务》：‘今剑或绝侧羸文，啮缺卷鋌，而称以顷襄之剑，则贵人争带之。’啮缺连文，其义同也。”

而羽翮之既成也，则奋翼挥䎕，凌乎浮云。许注：“䎕，六翮之末也。”《说文》无“䎕”字。双棣按：“《广雅·释器》：‘䎕，羽也。’王念孙疏证：‘轊与轊同。轊者，微末之名，犹车轴两端谓之轊。’《玉篇》：‘轊，六翮之末也。’盖即本之许注。”

解其橐笥，拖其衣被。许注：“拖，夺也。”《说文》无“拖”字。双棣按：“拖，依《说文》，字当作拕，段玉裁曰：‘《易》“终朝三褫之”，郑本作拕，假拕为褫也。’《说文》：‘褫，夺衣也。’段注：‘《淮南书》曰：“秦牛缺遇盗，拕其衣。”拕者，褫之假借字。’段说是。”

秦皇挟录图，见其传曰：“亡秦者，胡也。”许注：“挟，铺也。”双棣按：“吴承仕曰：‘挟当为披，注云“披，铺也。”《广雅》：“披，张也。铺，陈也。”披、铺义通。声纽亦近，故注以铺训披。’《文选·三都赋序》‘可得披图而校’吕延济注：‘披，开也。’此正是‘披图’连文，开亦即铺陈之义。”

又利越之犀角、象齿、翡翠、珠玑。许注：“翡，赤雀；翠，青雀。员者为珠，颛者为玑。”《说文》：“翡，赤羽雀也。”“翠，青羽雀也。”“珠，蚌之阴精。”“玑，珠不圜者。”双棣按：“颛当为颡形声俱近之误，《说文》：‘颡，面不正也。’以面不正说珠不圆。”

一军守九嶷之塞。许注：“九嶷，在零陵也。”《说文》：“嶷，九嶷山，舜所葬，在零陵营道也。”

妇人不得剡麻考缕。许注：“考，成。”《说文》：“考，老也。”双棣按：“考成之训，乃其引申之义。《尔雅·释诂下》：‘考，成也。’《诗·考槃》‘考槃在涧’毛传：‘考，成也。’”

夫鹊先识岁之多风也，去高木而巢扶枝。许注：“扶，旁。”《说文》：“扶，左也。”双棣按：“陶方琦曰：‘《初学记》、《御览》、《事类赋》引许注：“扶，傍也。”旁当作傍。《说文》：“傍，近也。”谓近枝也。《太平广记》引《淮南》“去乔木，巢傍枝。”亦作傍。’段玉裁谓旁为傍之假借字。皆是也。”

乃使马圉往说之。许注：“圉，养马者。”《说文》：“圉，囹圉，所以拘辠人。一曰圉人，掌马者。”双棣按：“许注与一曰合。段玉裁谓圉为养马者之训，乃圄字假借、引申之义也。”

故交画不畅，连环不解。许注：“畅，申。”《说文》无“畅”字，有“暘”字，云：“不生也。”段注：“今之畅盖即此字之隶变。”双棣按：“《说文》：‘蕩，草茂也。’段注：‘《孟子》、《史记》草木暘茂字皆作暘，俗又作畅。’暘、蕩当为一字，相反引申而成义。暘茂则有通达之义。《说林》‘交画不畅’高诱注：‘畅，达也。’许注为申，申亦伸展畅通之义。《广雅·释诂四》：‘申，伸也。’又《释诂三》：‘伸，展也。’许高注不同而义相通。”

申茮、杜茝，美人之所怀服也，及渐之于滫，则不能保其芳矣。许注：“滫，臭汁也。”《说文》：“滫，久泔也。”双棣按：“段谓久泔则臰臭蔑。许注与《说文》义合。陶方琦云：原本《玉篇》引许注作‘滫，臭汁也。’”

故田子方隐一老马，而魏国载之。许注：“隐，哀。”《说文》：“隐，蔽也。”双棣按：“杨树达曰：隐当借为㥯，《说文》：‘㥯，痛也。’杨说是。哀亦哀痛、哀伤之义。《广雅·释诂二》：‘哀，痛也。’”

武王荫暍人于樾下。许注：“樾下，众树之虚也。”《说文》无“樾”字。双棣按：“虚当作阴。《北堂书钞》一百五十八引《淮南子》：‘廿直越下之休也。’许注：‘楚谓两树交会，其阴曰越。’《玉篇·木部》：‘楚谓两树交阴之下曰樾。’越与樾同。”

子发辨击剧而劳佚齐。许注：“辨，次第也。齐，同。”《说文》：“辨，判也。”双棣按：“萧旭谓击与懯通，《说文》：‘懯，惰也。’似是。然辨即用《说文》辨别之义。剧，急也，疾也。辨懯剧，即分辨疲惫程度，而使劳逸齐等。”

如此不报，无以立务于天下。许注：“务，势。”双棣按：“王引之云：务当为矜之误。《列子·说符篇》作立慬，张湛注：慬，勇也。刘台拱曰：正文及许注务当作慬，势当作勇。王、刘说皆是，慬与矜声近义通，矜误为务，而勇误为势，遂不可读。王鎣本依刘绩校语改务为慬，恐亦非《淮南》之旧。”

此其后，子发盘罪威王而出奔。许注：“盘，辟。发得罪，辟于威王也。”《说文》：“槃，承槃也。盘，籀文从皿。”双棣按：“许所见本，‘盤’盖作‘般’字，故以‘辟’释之。《说文》：‘般，辟也。’般罪威王而出奔，即避罪威王而出奔也（许注申之为‘辟于威王’，可见许注之辟为避）。后人改般为盤，而义晦。俞樾谓盤本作服，服形近误为般，又误为盤。服，负也。服罪即负罪也。亦可备一说。”

怨之憯于骨髓。许注：“憯，痛。”《说文》：“憯，痛也。”双棣按：“许注与《说文》同。”

泰族

奚仲不能旅，鲁般不能造。许注：“旅，部旅也。”《说文》：“旅，军之五百人为旅。”双棣按：“许注虽与《说文》合，然非此处之义。旅恐是误字，注亦后人据误字而加。俞樾谓旅为放之误，《广雅·释诂》：‘放，效也。’似是。《庄子·在宥》释文：‘放，效也。’《御览》引此正作放。”

宋人有以象为其君为楮叶者。许注：“象，象牙也。”《说文》：“象，长鼻牙，南越大兽。”双棣按：“许以象牙注象，谓此处指其牙也。”

祷祠而求福，雩兑而请雨。许注：“兑，说也。”《说文》：“兑，说也。”双棣按：“许注与《说文》同。”

夫蛟龙伏寝于渊，而卵剖于陵。许注：“蛟龙，鳖［蛟］属也。”《说文》：“蛟，龙之属也。”双棣按：“陶方琦云：‘鳖乃龙之误文。《史记》集解一百二十八、《开元占经》一百二十引许注：“蛟龙，龙属也。”’《说文》：‘蛟，龙之属也。’许注与《说文》义同。”

静漠恬淡，讼缪胸中。许注：“讼，容也。缪，静也。”《说文》：“讼，争也。”又：“缪，枲之十絜也。”双棣按：“王引之曰：讼乃说字之误，说古悦字。缪与穆同，穆亦和悦也。说缪胸中者，所谓不改其乐也。《文子·精诚篇》正作悦穆胸中。陶方琦曰：唐本《玉篇》引许注：讼，容也。缪，静也。与今本同。《吕氏春秋·似顺》‘夫顺令以取容者。’高诱注：‘容，说也。’‘说’即‘悦’也。‘讼’与‘容’通。‘讼’非误字。‘缪’与‘穆’通。”

韩之战，以其死力报，非券之所[能]责也。许注：“券，契也。”《说文》：“券，契也。”双棣按：“许注与《说文》同。”

田渔皆让长，而斑白不戴负。许注：“斑白，头有白发。”《说文》：“辩，驳文也。”段玉裁注：“斑者，辩之俗，今乃斑行而辩废矣。”双棣按：“驳文，谓色驳杂不纯，头有白发，亦谓黑白不纯，义相近。”

时搜振旅以习用兵也。许注：“搜，简车马也。”《说文》：“搜，众意也。一曰求也。”双棣按：“《群书治要》引《淮南》搜作蒐，引许注‘蒐，简车马也’。与今注同。《左传·宣公十四年》：‘告于诸侯，蒐焉而还。’杜注：‘蒐，简阅车马。’《桓公六年》：‘秋大阅，简车马。’《公羊传·昭公八年》：‘蒐者何？简车徒也。’搜古多作蒐。”

乃澄列金木水火土之性。许注：“澄，清也。”《说文》：“澂，清也。”段注：“澂、澄古今字。”王筠曰：“澄者，澂之俗字。”

既入大麓。许注：“林属于山曰麓。”《说文》：“麓，守山林吏也。一曰林属于山为麓。”双棣按：“许注与《说文》一曰义同。”

夔之初作乐也。许注：“夔，尧典乐臣也。”《说文》：“夔，神魖也。如龙一足。”双棣按：“《说文》释‘夔’之本义，许注就《淮南》作注，《淮南》此处为人名，故许云然。”

汤之初作囿也，以奉宗庙鲜犒之具。许注：“生肉为鲜，干肉为犒。”《说文》：“鲜，鱼名，出貉国。”《说文》无“犒”字。双棣按：“鲜谓生肉，盖鱻假借引申之义也。段玉裁曰：‘《周礼·𩀧人》“辨鱼物，为鱻薨”郑司农曰：“鲜，生也。薨，干也。”自汉人始以鲜代鱻，《周礼》经作鱻，注作鲜是也。’《周礼·庖人》郑玄引郑司农云：‘鲜，生肉。’《书·益稷》孔传：‘鸟兽新杀曰鲜。’段引《庖人》郑司农曰：‘薨，谓干肉。’《说文》及各种字书均无犒字，盖即槁字之俗。《𩀧人》郑注：‘薨，本又作槁。’《说文》槁为木枯之义，枯则干，故有干义也。”

骖欲驰，服欲步。许注：“骖，骓。服，车中马也。”《说文》：“骖，驾三马也。”“服，用也。一曰车右騑，所以舟旋。”双棣按：

“《说文》‘騑，骖也，旁马也。’骖与騑同义。段玉裁《说文》注曰：‘古者夹辕曰服马，其旁曰骖马。’又曰：‘此析言之，许意谓浑言皆得名服马也。’《吕氏春秋·执一》高诱注：‘在中曰服，在边曰騑。’《淮南·览冥》高诱注：‘在中为服，在旁为骖。’与许注同。”

王乔、赤松去尘埃之间，离群慝之纷。许注：“慝，恶也。”《说文》无“慝”字。双棣按：“慝恶之训乃古之常诂，《诗·民劳》毛传：‘慝，恶也，’《周礼·小行人》郑玄注：‘慝，恶也。’”

陈簠簋，列樽俎。许注：“器方中者为簠，圆中者为簋。”《说文》：“簠，黍稷圜器也。”“簋，黍稷方器也。”双棣按：“许此注与《说文》不合，而与郑玄《周礼·舍人》注合，郑曰：‘方曰簠，圆曰簋，盛黍稷稻粱器。’一人之说法不一，陆德明亦然。《仪礼·聘礼》释文：‘外圆内方曰簠，内圆外方曰簋。’《诗·权舆》释文：‘外方内圆曰簠，内方外圆曰簋。’区分内外，乃唐人为之，汉魏注家未见。窃疑许注中之‘中’字为后人以为不合《说文》而据释文妄加之。实许注是而《说文》未必是，今所见西周铜器，皆方簠圆簋。或曰：簠盛稻粱，簋盛黍稷。统言则不别。”

库兵动而戎马惊。许注：“戎马，兵马也。”《说文》：“戎，兵也。”双棣按：“许注以‘兵马’释‘戎马’，正与《说文》释‘戎’字合。”

穷谷之污，生以青苔。许注：“青苔，水垢也。”《说文》：“菭，水青衣也。”段玉裁云“菭，今作苔。”双棣按：“刘文典谓《文选注》引《淮南》作‘苍苔’，引高注作‘水衣也’。《艺文类聚》卷八十二引《淮南》作‘穷谷之污，生青苔’。盖是许本作‘青苔’，高本作‘苍苔’。《说文》：‘垢，浊也。’许注与《说文》不一。或许注误，或传写之讹。”

茨其所决而高之，使得循势而行。许注：“茨，积土填满也。”《说文》：“茨，茅盖屋。”双棣按：“《释名·释宫室》：‘茨，次也，次比草为之也。’此即‘积’之义。《小雅·甫田》‘如茨如梁’，毛传：‘茨，积也。’《广雅·释诂一》：‘茨，积也。’许《说文》，义亦为‘积’，字从艸，故以草为训。”

乘衰而流。许注："衰，下也。"《说文》："衰，艸雨衣也。"双棣按："俞樾云：'衰乃等衰之衰。水之从高流下，必有次弟，故曰乘衰而流。'俞说是。此衰是依次衰减之义，水顺势而流，故许注云'下也'。许所用，衰之引申义也。"

虽有腐髊流渐，弗能污也。许注："腐髊，骨也。渐，水也。"《说文》："渐，水，出丹阳黟南蛮中东入海。"双棣按："此似与《说文》合，实误也。《淮南》'渐'字，当为'澌'字之误。《御览》引作'澌'。'腐髊'与'流澌'相对，作'渐'非其义。《论衡·实知》：'沟有流壍，泽有枯骨。'孙诒让云：'壍当作澌。'《四讳》：'出见负豕于涂，腐澌于沟，不以为凶。'郑玄《曲礼》'庶人曰死'注：'死之言澌也，精神澌尽也。'黄晖校释：'澌，死人也。'《说文》：'澌，水索也。'《方言》：'澌，索也。'郭璞注：'尽也。'段玉裁曰：'许说其本义，杨说其引申之义也。索训尽者，乃󠄁索之假借字。入室搜索，有尽意也。'经典'索'多作'索'。"

文公树米，曾子架羊。许注："架，连架，所以备之也。"《说文》无"架"字。双棣按："杨树达引孙诒让曰：'架为迦之假也。《说文》：迦，迦互，令不得行也。'杨谓孙说至碻。余谓架为驾之借。《说文》：'驾，马在轭中也。辂，籀文。'《新语·辅政》：'文公种米，曾子驾羊。'《说苑·杂言》：'文公种米，曾子驾羊。'《尸子》卷下：'羊不任驾盐车，椽不可为楣栋。'《世说新语·尤悔》余嘉锡笺疏：'种田当树谷，驾车当用牛，此愚夫愚妇之所知也，而文公、曾子不知，然不可谓之不智，何者？君子之学务其大者远者。'"

饿于乾谿，食莽饮水。许注："莽，草。"《说文》："莽，南昌谓犬善逐兔茻中为莽。""茻，众艸也。"双棣按："'茻'，经传多以'莽'为之，假借也。《玄应音义》卷十一引《说文》：'众艸曰莽也。'与今《说文》同。《方言》十：'莽，草也。南楚曰莽。'"

子囊北而全楚。许注："北，逐走。"《说文》："北，乖也，从二人相背。"双棣按："许注'逐'或为衍文，或为误字。《吕氏春秋·首时》'追北千里'高诱注云：'北，走也。'《战国策·宋卫策》'将出而还，与北同’高诱注：‘北，退走也。’段玉裁曰：‘军奔曰北，引申之义也，谓背而走也。’”

北不可以为庸。许注：“庸，常也。”《说文》：“庸，用也。”双棣按：“《尔雅·释诂》：‘庸，常也。’郝懿行义疏：‘庸者，用之常也。’”

朱弦漏越。许注：“朱弦，练丝。漏，穿。越，琴瑟两头也。”《说文》：“漏，以铜受水，刻节，昼夜百节。从水扇，取扇下之义。”“越，度也。”双棣按：“《说文》：‘琴，禁也，神农所作。洞越，练朱五弦。’段玉裁注：‘洞当作迵，迵者，通达也。越谓琴瑟底之孔。迵孔者，琴腹中空而为二孔通达也。练朱五弦者，盖练者其质，朱者其色。’段说是。许以‘练丝’释‘朱弦’，释其质也。《说文》：‘扇，屋穿水下也。’段玉裁云：‘今字皆假漏为扇。’《慧琳音义》卷十八、四十七、六十六引《淮南》许注皆曰：‘漏，穿也。’与今注同。‘屋穿水下’，亦‘穿’义也。‘朱弦漏越’，《礼记·乐记》作‘朱弦而疏越’，《尚书大传卷一》作‘朱弦达越’，《大戴礼记·礼三本》作‘朱弦而通越’，《史记·礼书》作‘朱弦洞越’，‘疏、达、通’与‘漏’义近，皆通透之义。朱骏声《通训定声》谓‘越’借为‘穴，取其孔洞之义’。《礼记》郑玄注、《史记》集解引郑玄注皆曰：‘越，瑟底孔也。’《仪礼·乡射礼》‘执越内弦’郑玄注：‘越，瑟下孔，所以发越其声也。’‘琴瑟底之孔’乃‘越’之引申之义。许注‘琴瑟两头’，盖亦指其孔也。”

知械机而空衰也。许注：“空，质也。”《说文》：“空，窍也。”双棣按：“蒋礼鸿曰：‘空与砊义同。《庄子·人间》：“德厚信砊。”《释文》云：“简文云：悫实貌。”空字重言则曰空空，《吕氏春秋·下贤》“空空乎其不为巧故也”，高注：“空空，悫也。”字又作悾悾，《广雅·释训》：“悾悾，诚也。”王氏《疏证》曰：“《论语·泰伯》：‘悾悾而不信。’包咸注云：‘悾悾，悫也。’《大戴礼·王言》：‘大夫忠而士信、民敦、工朴、商悫，女憧，妇空空。’空与悾通。”许氏训空为质，质与诚悫亦一义。’蒋说似是，然《说文》无‘砊’字。朱骏声《通训定声》谓‘空借为悫，空、悫一声之转’。空、悫皆溪母，空东部，壼屋部，阳入对转。《说文》：‘壼，谨也。’此假借也。”

胜晋黄池，非不捷也。许注：“军之所获曰捷。”《说文》：“捷，猎也，军获得也。”双棣按：“许注与《说文》义合。”

原蚕一岁再收。许注：“原，再也。”《说文》：“原，水泉本也。”双棣按：“《周礼·夏官·马质》：‘禁原蚕者。’郑玄注云：‘原，再也。’《尔雅·释诂》：‘原，再也。’为许、郑注所本。《齐民要术·种桑柘》引《淮南子》曰：‘原蚕一岁再登。’《种谷》引《范胜之书》：‘薄田不能粪者，以原蚕矢杂禾种种之，则禾不虫。’‘原’无‘再’义，或为假借。”

離先稻熟，而农夫耨之。许注：“稻米随而生者为離，与稻相似。”《说文》：“離，離黄，仓更也。”双棣按：“《说文》離为鸟名。《淮南》之‘離’，《说文》作‘秜’，云：‘稻今年落来年自生谓之秜。’段玉裁注：‘疑離即秜，《玉篇》《广韵》“秜”皆力脂切，则音同也。……按，離、秜、旅一声之转，皆谓不种而自生者也。’《淮南》用借字，许注以字释之。”

要略

以翔虚无之轸。许注：“轸，道畛也。”《说文》：“轸，车后横木也。”双棣按：“《说文》：‘畛，井田间陌也。’段玉裁注：‘径、畛、涂、道、路，皆可谓之陌阡。’桂馥义证：‘畷、畛，皆道也。’许注‘道畛’，谓‘轸’与‘畛’通，皆道也。此处谓界域也。”

欲一言而寤。许注：“寤，觉。”《说文》：“寤，寐觉而有言曰寤。”段玉裁注：“铉本‘言’作‘信’，误。释玄应引《仓颉篇》：‘觉而有言曰寤。’《左传》季寤字子言，是其证。《周南》毛传：‘寤，觉也。’《卫风》郑笺同。言其大略而已。”双棣按：“段说是。《慧琳音义》卷十四引《说文》亦作‘寐觉而有言曰寤’。”

执其大指，以内洽五藏。许注：“洽，润。”《说文》：“洽，霑也。”双棣按：“《尚书·大禹谟》：‘好生之德，洽于民心。’孔疏：‘洽于民心，言润泽多也。’‘霑、润’义同。”

应待万方，览耦百变。许注：“耦，通也。”《说文》：“耦，耕广五寸为伐，二伐为耦。”双棣按：“吴承仕、马宗霍谓许注‘通’当是‘遇’之误，其说是。《释名》：‘耦，遇也。’‘遇’亦训‘偶’，《尔雅·释言》：‘遇，偶也。’马宗霍谓‘耦’当训‘合’亦是。《尔雅·释言》：‘偶，合也。’许注训‘遇’，‘遇’亦‘合’也。《吕氏春秋·遇合》高诱注：‘遇，合也。’览耦，即取合也。”

嬴埒有无之精。许注：“嬴，绕帀也。埒，摩烦也。”《说文》：“嬴，帝少皞之姓也。”“埒，庳垣也。”双棣按：“嬴通营，《说文》：‘营，帀居也。’段玉裁注：‘帀居谓围绕而居。’故营有周匝围绕之义。埒与捋通，《说文》：‘捋，取易也。’段玉裁注：‘诗薄言捋之，传曰：捋，取也。此捋之本义也。’‘捋’引申之则有抚摩、摩揗之义，即许注之‘摩烦’也。”

览取挢掇。许注：“挢，取也。掇，拾也。”《说文》：“挢，举手也。”“掇，拾取也。”双棣按：“《慧琳音义》卷四十七引许注：‘挢，取也。’与此同。《广雅·释诂一》：‘挢，取也。’即本许注。此引申之义也。《说文》训‘举手’，盖因从‘乔’声之故。”

浸想宵类。许注：“浸，微视也。宵，物似也。类，众也。”“浸”《说文》作“濅”，隶变作“浸”，云：“浸，浸水。”“宵，夜也。”“类，种类相似，唯犬为甚。”双棣按：“浸无微视之义，当有讹误。应训渍渐而深，《吕氏春秋·本味》‘浸渊之草’高诱注：‘浸渊，深渊也。’宵通肖，段玉裁云：‘有假宵为肖者，汉志人宵天地之貌是也。’《说文》：‘肖，骨肉相似也。’与许注相合。类无众义，当与肖同义，训为似，段玉裁云：‘类，本谓犬相似，引申假借为凡相似之称。’此‘众’或为‘象’之形误。”

比类其喜怒，与昼宵寒暑。许注：“宵，夜。”《说文》：“宵，夜也。”

樽流遁之观，节养性之和。许注：“樽，止也。”《说文》无“樽”字，本作“尊”，云：“酒器也。”双棣按：“杨树达曰：‘樽假为剸，《说文》：“剸，减也。”经传通作撙。剸与节义近。’杨说是。段玉裁

《说文注》云：‘剸撙古今字，盖隶变也。’《管子·五辅》：‘节饮食，撙衣服，则财用足。’亦撙、节对言，与此同。止与减义相因。”

提实责名。许注：“提，挈也。”《说文》：“提，挈也。”

应感而不匮者也。许注：“匮，乏。”《说文》：“匮，匣也。”段玉裁注：“匮之义引申为竭。《大雅》‘孝子不匮，永锡尔类’，传曰：匮，竭也。凡物渌藏之则有若无，实若虚，故匮之引申为竭，为乏。”

擘画人事之终始者也。许注：“擘，分。”《说文》：“擘，扐也。”双棣按：“《说文》：‘扐，裂也。’此‘裂’即分裂、破裂之义。许此注径以分训之。《玄应音义》卷二十二引《广雅》：‘擘，分也。’即当本之许注。”

所以箴缕縩繺之间。许注：“縩，绡煞也。”《说文》无“縩、繺”二字。双棣按：“马宗霍谓注文‘縩’下脱‘繺’字，煞为杀之俗字，繺即緅字，《广韵》：‘䙂，衣衸缝也。’绡煞疑即谓绡衣之缝。朱骏声《说文通训定声》谓‘䌨’字亦作‘縩’，《说文》：‘䌨，残帛也。’‘绡，生丝也。’许注以绡释縩，谓丝帛也。縩繺即丝帛之缝隙也。”

櫼楔唲齵之郤。许注：“櫼，蒒也。楔，塞也。”《说文》：“櫼，楔也。”“楔，櫼也。”双棣按：“吴承仕曰：‘蒒当作薛，薛即橃字之假。《考工记》：“牙得，则无槷而固。”郑司农曰：“槷，橃也。”是其义。’段玉裁《说文注》：‘槷、橃皆假借字，橃即楔之假借也。’许慎‘櫼’当以‘楔’注之，与《说文》合。许注‘楔，塞也’，读‘楔’为动词，‘塞’即塞住，亦即以楔楔入。”

接径直施。许注：“施，邪。”《说文》：“施，旗貌。”双棣按：“《韩非子·解老》：‘所谓貌施也者，邪道也。’《史记·屈原贾生列传》：‘庚子日施兮。’索隐：‘施，犹西斜也，《汉书》作斜。’徐锴《系传》：‘施，旗之逶迤也。’‘施’之‘邪’义，正‘逶迤’之引申也。”

懈堕结细，说捍抟囷。许注：“抟，圆也。囷，苇也。”《说文》：“抟，圜也。”“囷，廪之圜者。”双棣按：“圆与圜通，《楚辞·九辩》

王逸注：‘楚人名圆为抟也。’段玉裁《说文注》：‘抟，以手圜之也。’吴承仕谓许注‘芼’当为‘䓒’字之误，䓒训结。《缪称》：‘情先动，动无不得，无不得则无䓒，发䓒而后快。’此‘䓒’即积结之义。参前《缪称》注。”

而以明事埒者也。许注：“埒，兆朕也。”《说文》：“埒，庳垣也。”双棣按：“埒由庳垣引申为界限之义，再引申为形迹。王引之曰：‘埒为界畔之名。’《精神》云：‘游敖于无形埒之野。’再引申为形迹、迹象，《缪称》：‘道之有篇章形埒者，非智者也。’许注：‘形埒，兆朕也。’埒即形埒，王念孙《广雅疏证》：‘形之言形埒也。’故许彼注与此注同。”

标举终始之坛也。许注：“标，末也。坛，场也。”《说文》：“标，木杪末也。”“坛，祭坛场也。”双棣按：“许注与《说文》同。段玉裁曰：‘标在最上，故引申之义曰标举。’《淮南》‘标’义，用引申之义。马宗霍曰：‘远祖之庙，在应迁之例，坛场之设，远祖之祭于是终，新庙之祭于是始。故《淮南》此文云标举终始之坛矣。’‘坛’亦用其引申之义也。”

所以使学者孳孳以自几也。许注：“几，庶几也。”《说文》：“几，微也，殆也。”双棣按：“庶几犹近也，古之常语。几，近也，《尔雅·释诂下》：‘几，近也。’《缪称》‘句吴其庶乎’许注：‘庶，几也。’王念孙《杂志》云：‘几亦庶也。’《论语·先进》‘回也其庶乎’皇侃曰：‘庶者，庶几。’庶、几同意。许此注亦引申之义也。”

以馆清平之所。许注：“馆，舍。”《说文》：“馆，客舍也。”双棣按：“馆本名词，客舍，引申之为动词，此即用其引申之义也。”

以与天和相婴薄。许注：“婴，绕抱也。”《说文》：“婴，绕也。”段玉裁注：“贝部賏，颈饰也。婴与賏非一字，则解不应同。《文选·孙绰〈天台山赋〉》‘方解缨络’，李引《说文》：‘婴，绕也。’缨与婴通。陆机《赴洛中道作诗》‘世网婴我身’，李引《说文》：‘婴，绕也。’唐初本可据。”双棣按：“马宗霍云：‘许君此注亦训婴为饶抱，正与李引《说文》合，尤其本证，足以佐成段说。’”

此鸿烈之泰族也。许注:“鸿,大也。烈,功也。”《说文》:“鸿,(鸿)鹄也。”“烈,火猛也。”双棣按:“《诗经·小雅·鸿雁》‘鸿雁于飞’毛传:‘大曰鸿,小曰雁。’《豳风·九罭》‘鸿飞遵渚’郑笺:‘鸿,大鸟也。’故引申之为大。高诱《淮南鸿烈解叙》曰:‘鸿,大也。’即此。‘烈’本义为火猛,引申之义为‘功业’,《尔雅·释诂下》:‘烈,业也。’郭璞注:‘烈,谓功业也。’《脩务》‘烈藏庙堂’高诱注:‘烈,功也。’即本许注。”

所以洮汰涤荡至意。许注:“洮汰,润也。”《说文》:“洮,洮水,出陇西临洮。”“汰,淅灡也。”双棣按:“向宗鲁云:‘润当作灡。王念孙《广雅疏证》引正作灡。’向说是。《说文》:‘灡,淅也。’‘淅,汏米也。’段玉裁‘洮’字注:‘又为洮汰、洮米,皆用此字。’易顺鼎引《通俗文》曰:‘淅米谓洮汰。’洮汰与涤荡义同,皆涤除不善者。”

外天地,捭山川。许注:“捭,屏去也。”《说文》:“捭,两手击也。”双棣按:“许注‘屏去’,乃两手击之引申也。击则除之而去也。”

若然者,挟日月而不烑。许注:“挟,至也。烑,光也。”《说文》:“挟,俾持也。”段玉裁注:“俾持,谓俾夹而持之。”《说文》无“烑”字。双棣按:“《诗经·大雅·大明》‘使不挟四方’毛传:‘挟,达也。’达亦至也,夹持则必至也,故引申为至。《尔雅·释言》:‘挟,藏也。’《庄子·齐物论》:‘挟宇宙’成疏:‘挟,怀藏也。’此亦夹持之引申也。‘烑’,《说文》无,吴承仕曰:‘《广韵·宵韵》遥纽下有烑字,注曰:光也。疑即本之《淮南》注。’”

用太公之谋,悉索薄赋。许注:“薄,少也。赋,兵也。”《说文》:“薄,林薄也。”“赋,敛也。”双棣按:“薄引申之义为厚薄之薄,再引申而为少、轻之义。《孟子·梁惠王上》:‘薄税敛。’《韩非子·五蠹》:‘事力劳而供奉薄。’均此义也。兵谓兵赋也。《论语·公冶长》:‘可使治其赋也。’何晏集解引孔曰:‘赋,兵赋也。’朱熹集注曰:‘赋,兵也,古者以田赋出兵,故谓赋为兵。’”

躬擐甲胄。许注:“擐,贯著也。”《说文》:“擐,贯也。”双棣按:

"许注与《说文》同。《广雅·释诂三》:'擐,著也。'王念孙疏证:'擐者,贯之著也。'贯是行为,著是结果。"

殡文王于两楹之间。许注:"殡,大敛也。"《说文》:"殡,死在棺,将迁葬柩,宾遇之。"双棣按:"段玉裁《仪礼·士丧礼》谓'将迁葬柩'当为'肂于西阶'之误。《士丧礼》曰:'主人奉尸敛于棺。'郑玄注:'棺在肂中,敛尸焉,所谓殡也。'贾公彦疏:'以尸入棺曰敛,亦名殡也。'易衣曰小敛,入棺曰大敛。此即许注殡之大敛也。"

以为其礼烦扰而不悦。许注:"悦,易也。"《说文》无"悦"字。双棣按:"王念孙、陈昌齐谓'悦'为'侻'之误。是。'侻、悦'古有互讹者,《荀子·王制》:'进退贵贱则举佞侻。'王先谦集解引郝懿行曰:'侻当为悦(实则为说)。'《本经》'其行侻而顺情'高诱注:'侻,简易也。'高注即本之许注。"

剔河则道九岐。许注:"剔,泄去也。"《说文》:"剔,解骨也。"双棣按:"许注用剔之比喻义,将河道分为九岐,如同解骨然。意在泄去河水,导之入海。"

烧不暇撌。许注:"撌,排去也。"《说文》无"撌"字。双棣按:"古代字书、韵书均无此字,只许此一注。《马王堆帛书·经法·道原》'坚强而不撌',《淮南·原道》作'坚强而不鞼',高诱注:'鞼,折也。'《原道》字当作'撌',古有此字可证。折与排去,义亦相因。"

濡不给扢。许注:"扢,拭也。"《说文》无"扢"字。双棣按:"李善《文选·吴都赋》注引《广雅》曰:'扢,摩也。'摩与拭义近。《说文》:'饰,㕞也。'段玉裁注:'饰、拭古今字。'"

中国之不绝如线。许注:"线,细丝也。"《说文》:"线,缕也。"段玉裁注:"此本谓布线,引申之,丝亦称线。"双棣按:"许注加'细'字,喻其微也,《说文》:'细,微也。'"

好色无辨。许注:"辨,别也。"《说文》:"辧,判也。"桂馥义证:"隶作辨。"双棣按:"《说文》:'判,分也。'郑玄《曲礼》注:'分、辨,皆别也。'钱大昕云:'辨、别声义皆同,古人往往通用。'"

族铸大钟，撞之庭下。许注："族，聚也。"《说文》："族，矢鏠也。束之族族也。"段玉裁注："族族，聚皃。"双棣按："许用引申之义。且族、聚音近相通，二字皆从母，族屋部，聚侯部，阴入对转。族铸，犹聚国之金而铸钟也。"

一朝用三千钟赣。许注："钟，十斛也。赣，赐也。"《说文》："钟，酒器也。"段玉裁注："古者此器盖用以宁酒，故大其下小其颈。自钟倾之而入于尊，自尊勺之而入于觶。故量之大者亦曰钟。"又："赣，赐也。"双棣按："钟为量器，引申之义也。《左传·昭公三年》：'齐旧四量，豆、区、釜、钟。四升为豆，各自其四，以登于釜，釜十则钟。'此为春秋齐制，《淮南》此言正齐景公事，故许注'斛'当为'釜'字之误甚明。杜预'釜十则钟'注：'六斛四斗也。'古书多云'六斛四斗为钟'，正依《左传》推算而得。赣，许注与《说文》同。"

梁丘据、子家哙导于左右。许注："导，谏也。"《说文》："导，(导)引也。"双棣按："许注'谏'字当为误字，谏事乃晏婴，梁丘据等乃谀臣，此一不当训谏也；导亦无谏义，此二不当为谏字；景宋本作'谦'，虽不确，亦可见今本之误。顾广圻谓谏疑为诱之误。或是也。诱与导义近，《诗经·野有死麕》毛传：'诱，道也。'导(道)或向善，或向恶，向恶则为惑。《主术》：'秦穆公以女乐诱之。'高诱注：'诱，惑也。'此则梁丘据等诱惑于齐景公左右也。"

秦国之俗，贪狼强力，寡义而趋利。许注："狼，荒也。"《说文》："狼，似犬，锐头白颊，高前广后。"双棣按："《广雅·释诂三》：'狼，很也。'此狼亦当训为很(今作狠)，凶狠之义。董仲舒《贤良策二》：'至秦则不然，……憎帝王之道，以贪狼为俗。'贪狼犹贪狠也。荒乃误字。"

置之寻常而不塞，布之天下而不窕。许注："窕，缓也。"《说文》："窕，深肆极也。"双棣按："《尔雅·释言》：'窕，肆也。'《广雅·释诂三》：'窕，宽也。'《淮南》多次出现类似语句，《俶真》'处小隘而不塞，横扃天地之间而不窕'，《氾论》'舒之天下而不窕，内之寻常而不塞'，《齐俗》'大则塞而不入，小则窕而不周'，《兵略》'入小而不偪，处大而不窕'。均与'塞、偪'为反对，段玉裁《说文》注：'窕与窘为反对之辞。'又云：'凡此皆可证窕之训宽肆。'宽肆与缓义同。"

（二）传注类书

《文选》李善注，《后汉书》李贤注，玄应、慧琳《一切经音义》及《太平御览》《群书治要》等类书传注引到《淮南》许注之处，前八篇无有相关者，如下：

钧 慧琳《大藏音义》十一引许注："钧，陶法也。"双棣按："《淮南·原道》'钧旋毂转'高诱注：'钧，陶人作瓦器法，下旋转者。一曰天也。'陶方琦云：'高注中前一义即许义，《大藏音义》所引许注当是约文。'《说文》：'钧，三十斤也。'"

霜 《诗·桃夭》正义引许注："楚人谓寡妇曰霜。"（《原道》："妇人不霜。"高诱注："寡妇曰霜也。"）《说文》："霜，丧也。"双棣按："寡妻丧其夫，正如秋天肃杀无生气。'寡妇曰霜'之霜，后加女旁为孀。"

仞 《大藏音义》九十三引《淮南子》许注："八尺曰仞。"《说文》："仞，伸臂一寻八尺。"双棣按："《原道》'夏鲧作三仞之城'高诱注：'八尺曰仞。'陶方琦谓此乃许注羼入高注中者。程瑶田亦谓此当是许注。程氏云：'《淮南·原道》注八尺曰仞，而《览冥》注则云七尺曰仞，其注百仞，亦云七百尺也。是书有许慎、高诱两注，证以《说文》，则八尺是许注杂高注中，证以《吕氏春秋》注，则七尺者诱说也。'"

陗 唐卷子本《玉篇》"陗"字注引《淮南》"陗法刻刑"，引许叔重曰："陗，陖。"《文选·西征赋》注、《群书治要》四十一引《淮南》"陗法刻刑"，引许注："陗，峻也。"《文选·长笛赋》注引《淮南子》曰："岸峭者必阤。"许慎曰："陗，峻也。"《说文》："陗，陖也。"双棣按："'峻'与'陖'同。"

跂 《一切经音义》四十五引许注:"跂,跳也。"《说文》:"跂,足多指也。""蚑,行也。"双棣按:"易顺鼎曰:'《声类》:"蚑,多足虫也。"虫多足曰蚑,足多指曰跂,字义亦相通。'"

鬋 《慧琳音义》三十四引许慎《淮南子》注:"鬋,截发也。"《说文》:"鬋,鬎发也。"双棣按:"许注与《说文》义同。"

澹 《文选·石壁精舍还湖中》李善注引许注:"澹,犹足也。"《说文》:"澹,水摇也。"双棣按:"'澹'义与'赡'同,《说文》无'赡'字,《新附》有之,云:'给也。'许注乃无本字之假借。《史记·太史公自序》'赡足万物'司马贞索隐:'《汉书》作"澹",古今字异也。'此许注'澹犹足也',即用澹之假借义。古'给足'义多用'澹'字。"

憺 《大藏音义》二、七引许注:"憺,满也。"十引许注:"憺,心志满足也。"七十六引许注:"憺,足也。"《说文》:"憺,安也。"双棣按:"'憺'义与'赡'同,《说文》无'赡'字,《新附》有之,云:'给也。'给亦满足也。许注乃无本字之假借。"

怕 《大藏音义》二、七引许注:"怕,静也。"《说文》:"怕,无为也。"双棣按:"'无为'与'静'义近。《广雅·释诂四》:'怕,静也。'即用许注义。"

垠 《文选·西京赋》《七命》李善注引许慎《淮南子》注:"垠锷,端崖也。"唐本《玉篇》引许注:"无垠咢,无形兆端崖之皃也。"《说文》:"垠,地垠咢也。"(依段注本)《一切经音义》七引《说文》:"垠,地圻咢也。"

纮 《一切经音义》二十、八十二引许注:"纮,维也。"《文选·答宾戏》注、《秋怀诗》注引许慎《淮南子》注:"纮,维也。"《说文》:"纮,冠卷维也。"

跖 《文选·高唐赋》注引许慎《淮南子》注:"跖,蹈也。"《舞赋》注引许慎《淮南子》注:"跖,踏也。"《说文》:"跖,楚人谓跳跃曰跖。"双棣按:"《方言》一:'楚曰跖,自关而西,秦晋之间曰跳。'蹈乃跖之引申义。《说文》:'蹈,践也。'王逸《哀郢》:'跖,践也。'

踏或为蹈之误,《说文》无‘踏’字。”

啎 《文选·高唐赋》注引许慎《淮南子》注曰:“啎,逆也。”《说文》:“啎,逆也。”

榛 《大藏音义》六十三、七十五引许慎《淮南子》注:“丛木曰榛。”《说文》:“榛,榛木也。”双棣按:“榛木为丛生灌木,故引申指丛生之木。”

湍 《文选·南都赋》注、《七命》注引许慎《淮南子》注:“湍,水行疾也。”《长笛赋》注引许慎《淮南子》注:“湍,水疾也。”《大藏音义》八十五引许注:“湍,疾水也。濑,浅水也。”《说文》:“湍,疾濑也。”“濑,水流沙上也。”双棣按:“许注与《说文》义合。”

慨 《大藏音义》二十六、一百引许注:“慷慨,不得志也。”《说文》:“慨,忼慨,壮士不得志也。”双棣按:“许注与《说文》义合。”

浔 《文选·应诏乐游苑诗》注、《宣贵妃诔》注、《大藏音义》八十六引许注:“浔,涯也。”《文选·江赋》注引许注:“浔,水涯也。”《一切经音义》八十七引许注:“浔,涯也,旁深也。”《说文》:“浔,旁深也。”双棣按:“涯与厓同,《说文》:‘厓,山边也。’山边亦即水涯也。所谓‘旁深’者,即水涯山边深水之处也。”

碕 《文选·吴都赋》注、《江赋》注引许慎《淮南子》注:“碕,长边也。”《玉篇》“碕”字注引许叔重曰:“长边。”双棣按:“《说文》无‘碕’字。”

轸 《文选·七发》注,《永明十一年策秀才文》注,《一切经音义》十八、七十三,唐本《玉篇》注引许注:“轸,转也。”《说文》:“轸,车后横木也。”又:“紾,转也。”双棣按:“许注‘轸’当是‘紾’之借。”

岬 《文选·吴都赋》李善注引许慎《淮南子》注:“岬,山旁。”《说文》无“岬”字。唐本《玉篇·山部》引许叔重曰:“岬,山旁也。”

舛、踳、僢 《一切经音义》六十五、八十四引许注:“踳,相背也。”六十四、八十九引许注:“舛,相背也。”九十六引许注:“僢,相背也。”《说文》:“舛,对卧也。踳,扬雄作,舛从足春。”双棣按:

“对卧即相背也，踳为舛之异体。《说文》无‘僢’字。”

魑 唐本《玉篇》引许注：“魑，楚人谓剽轻为害之鬼曰魑。”双棣按：“《玄应音义》五引《说文》有‘魑’字，大徐《说文》无，段玉裁补入鬼部之末。”

哺 《玄应音义》引许注：“哺，口中嚼食也。”《大藏音义》十五、十八、三十四、四十一、五十、六十、八十九引许注：“哺，口中嚼食与之也。”《说文》：“哺，哺咀也。”双棣按：“许注与《说文》义合。”

璐 《文选·雪赋》注引许注：“璐，美玉也。”《说文》：“璐，玉也。”双棣按：“许注与《说文》义合。”

洒 《文选·演连珠》注引许注：“洒，犹汛也。”《说文》：“洒，汛也。”双棣按：“许注与《说文》合。”

圈 《一切经音义》三十九引许注：“圈，牢也。”六十八引许注：“圈，兽牢也。”《说文》：“圈，养畜之闲也。”双棣按：“段玉裁《说文》注云：‘畜当作嘼，转写改之也。闲，阑也。牛部曰：“牢，闲养牛马圈也。”是牢与圈得通称也。’”

挐 《文选·吴都赋》注、《慧琳音义》八十引许慎《淮南子》注：“挐，乱也。”《说文》：“挐，牵引也。”（大徐本《说文》“挐、拏”二篆互讹，段玉裁、朱骏声正之。）双棣按：“古多纷挐连文而言乱貌。段玉裁《说文》‘挐’字注：‘《汉霍去病传》“昏，汉匈奴相纷挐”，谓汉与虏相乱也。’《说文》‘牵引’引申则有乱义。”

剞劂 《文选·魏都赋》注引许注：“剞劂，曲刀也。”王逸《哀时命》注：“剞劂，刻镂刀也。”《说文》：“剞，剞剧，曲刀也。”段玉裁注：“剧亦作劂。”双棣按：“许注与《说文》义合。”

媲 《一切经音义》八十七引许注：“媲，偶也。”《说文》：“媲，妃也。”双棣按：“偶、妃义通。《左传·桓公二年》：‘嘉耦曰妃。’”

浇 《文选·招隐诗》注、《永明九年策秀才文》注引许注：“浇，薄也。”《说文》：“浇，沃也。”双棣按：“段玉裁《说文》注云：‘凡酡者，浇之则薄，故其引申之义为薄。’”

擢 《文选·为顾彦先赠妇诗》注、《七启》注、《华严音义》上、《大藏音义》三十三引许注："擢，引也。"《说文》："擢，引也。"双棣按："许注与《说文》合。"

蹀 《文选·南都赋》注引许慎《淮南子》注："蹀，蹈也。"双棣按："《说文》无'蹀'字。"

猥 《文选·赠刘琨并书》注，《大藏音义》九十、九十六、一百引许慎《淮南子》注："猥，揔凡也。"《河阳县作》注引许慎《淮南子》注："猥，凡也。"《桓公九井作》注引许慎《淮南子》注："猥，犹凡也。"《说文》："猥，犬吠也。"双棣按："《说文》用本义，《淮南》注是假借义。"

铩 《文选·蜀都赋》注引许慎《淮南子》注："铩，残也。"《文选·五君咏》注、《于安城答灵运》、《杂体诗》引《淮南子》曰："飞鸟铩羽。"许慎曰："铩，残羽也。"《一切经音义》五、《文选·辨命论》注引许慎《淮南子》注："铩羽，残羽也。"《说文》："铩，铍有镡也。"双棣按："各注大同，训铩为残。段玉裁《说文》'铩'字注：'镡，剑鼻也。'《淮南》'铩羽'之'铩'，用其引申之义也。"

堨 《文选·西都赋》注引许慎《淮南子》注："堨，埃也。"《说文》："堨，壁间隙也。"双棣按："《兵略》'扬尘起堨'许注：'堨，埃。'李善所引盖即此注。"

廊 《文选·西京赋》注引许慎《淮南子》注："廊，屋也。"《大藏音义》六十三引许注："廊，屋下也。"双棣按："《说文》无'廊'字，《新附》有，云：'东西序也。'"

坒 《文选·吴都赋》注引许慎《淮南子》注："坒，相连也。"《说文》："坒，地相次比也。"徐锴系传："若今人言毗田也。"双棣按："许注即《说文》义之引申义。"

堪、舆 《文选·甘泉赋》注引《淮南子》曰："堪舆行雄以知雌。"许慎曰："堪，天道也；舆，地道也。"段玉裁《说文》注："堪言地高处无不胜任也，所谓雄也；舆言地下处无不居纳也，所谓雌也。"《说文》："舆，车舆也。"又："堪，地突也。"段玉裁注："地之突出者曰堪。”双棣按：“《天文》‘堪舆徐行，雄以音知雌’，与选注所注《淮南》小异，今本高氏无注。”

纨 《文选·籍田赋》注、《大藏音义》八十七引许慎《淮南子》注：“纨，素也。”《说文》：“纨，素也。”双棣按：“许注与《说文》义同。”

晏 《文选·羽猎赋》注引许慎《淮南子》注：“晏，无云之处也。”《说文》：“晏，天清也。”双棣按：“许注与《说文》义合。”

策、茵 《文选·西征赋》注引许慎《淮南子》注：“策，杖也；茵，车中蓐。”《说文》：“策，马棰也。”又：“茵，车重席也。”双棣按：“许注与《说文》义合。”

瀷 《文选·江赋》李善注引许慎《淮南子》注：“瀷，凑漏之流也。”《说文》：“瀷，水，出河南密县。”双棣按：“《管子·宙合》‘泉逾瀷而不尽’尹知章注与许此注同。今本许注八篇未见‘瀷’字，高注之《览冥》《本经》各出现一次，高注为‘雨渍疾流者’，与许注不同。”

瀿 《文选·江赋》李善注引《淮南子》曰：“莫鉴于流瀿，而鉴于澄水。”许慎注：“楚人谓水暴溢曰瀿。”双棣按：“段玉裁《说文·泉部》‘䲣，泉水也’注引此文作‘潊’，谓‘潊’即‘䲣’字，泉水暴溢曰䲣也。《说文》无‘瀿’字。瀿乃䲣之或字。《玉篇·水部》：‘瀿，水暴溢也。’正本于许氏《淮南》注。”

綄 《文选·江赋》注引许慎《淮南子》注：“綄，候风也，楚人谓之五两。”双棣按：“《说文》无‘綄’字，《玉篇》：‘綄，候风五两也。’即本于许注。”

装 《文选·长笛赋》注、《七发》注、《赭白马赋》注、《京路夜发》注引许慎《淮南子》注：“装，束也。”《西陵遇风献康乐》注引许慎《淮南子》注：“装，饰也。”《说文》：“装，裹也。”

埏、埴 《文选·长笛赋》注引《淮南子》：“陶人克埏埴。”引许慎曰：“埏，抒也；埴，土为也。”《大藏音义》八十八引许慎《淮南子》注：“埏，抑土为器也。”《说文》：“埴，黏土也。”双棣按：“《老子》十一章：'埏埴以为器。'河上公注：'埏，和也。'《一切经音义》十八'埏埴'注：'埏，柔也。'叶德辉《淮南间诂》：'埏，揉也。'《说文》：'抒，挹也。''挹'非《淮南》本文之义，抒盖柔（揉）字之误。"

挻 《慧琳音义》五十七引《淮南子》"陶人之克挻埴"许慎注："挻，揉也。"《汉书·叙传》萧该音义、《慧琳音义》三十一引《淮南子》许慎注："挻，抑也。"《说文》："挻，长也。"双棣按："许注'挻'，当是'埏'之借。《老子》十一章'埏埴以为器。'然《说文》无'埏'字，《新附》有，云：'八方之地也。'《新附》据《史记》《汉书》及注文，与此处音义皆异。"

螿 《文选·捣衣诗》注引《淮南子》许慎注："寒螿，蝉属也。"双棣按："《说文》无'螿'字。"

铤 《文选·七命》注引许慎《淮南子》注："铤，铜铁璞也。"《大藏音义》二十九引许注："铤，金银铜等未成器，铸作片，名曰铤。"《说文》："铤，铜铁朴也。"双棣按："许注与《说文》义合。"

销 《文选·七命》注引《淮南子》："羊头之销。"引许慎注："销，生铁也。"《说文》："销，铄金也。"双棣按："《说文》'销'为'铄金'，'生铁'即其引申之义。"

徽 唐本《玉篇》、《文选·与满公琰书》注、《文赋》注、《吊魏武帝文》注引许慎《淮南子》注："鼓琴循弦谓之徽。"《广绝交论》注引许慎《淮南子》注："鼓琴循弦谓之徽也。"《说文》："徽，衺幅也。一曰三纠绳也。"双棣按："由三纠绳引申指绳索，又特指拴琴弦的绳索，又指弹奏琴弦。许注即徽之引申义。"

歁 唐本《玉篇·欠部》"歁"字引《淮南》："自（目）视歁如也。"引许叔重注："歁，不满也。"《说文》："歁，食不满也。"

鳞 《文选·对楚王问》注引《淮南子》："孟春之月其虫鳞。"许慎曰："鳞，龙之属也。"《说文》："鳞，鱼甲也。"双棣按："《说文》就字形讲本义，《淮南》注泛指有鳞甲之动物。"

编 《大藏音义》七十七引许注："编犹列也。"《说文》："编，次简也。”段玉裁注：“以丝次弟竹简而排列之曰编。”双棣按：“许注与《说文》义合。《汉书·高帝纪》：‘为编户民。’颜师古注：‘编户者，言列次名籍也。’又《贾谊传》：‘编之徒官。’颜师古注：‘编，次列也。’亦与许注合。”

虎 《文选·广绝交论》引《淮南子》：“虎啸而谷风至。”许慎曰：“虎，阴中阳兽，与风同类也。”《御览》九百二十九引许注：“虎，阴中阳兽，与风同类也。”《说文》：“虎，山兽之君。”

彗 《初学记·天部上》引《淮南子》：“鲸鱼死而彗星出。”《初学记》、《白帖》一引许注：“彗，除旧布新也。”《说文》：“彗，埽竹也。”双棣按：“《礼记·曲礼上》郑玄注：‘彗，竹帚也。’此与《说文》义同。《左传·昭公十七年》：‘彗者，所以除旧布新也。’孔颖达疏：‘彗，埽帚也，其形似彗，故名焉。’此与许注义同。”

鲸 《一切经音义》十九、《御览》九百三十八引许注：“鲸，海中鱼之王也。”《一切经音义》八十一引许注：“鲸鱼，海中最大鱼也。”《说文》：“鱷，海大鱼也。鲸，鱷或从鲸。”双棣按：“许注与《说文》义合。”

木 《开元占经》二十二引许注：“木冒地而生也。”《说文》：“木，冒也。冒地而生，东方之行。”双棣按：“许注与《说文》义合。”

规 《开元占经》二十三引许注：“规，圆也。”《说文》：“规，有法度也。”又：“圜，规也。”双棣按：“圆与圜同。《广雅·释诂三》：‘圜，圆也。’《淮南子·时则》：‘规者，所以员万物也。’规乃画圆之具也。《说文》所云乃引申之义。”

衡 《开元占经》三十引许注：“衡，平也。”《说文》：“衡，牛触，横大木其角。”双棣按：“横放牛角间大木为衡，引申为权衡之衡，权衡取其平，故引申为平。《尚书·太甲上》孔颖达疏：‘称上谓之衡，故衡为平也。’《文选·文赋》李善注：‘衡，平也，平轻重也。’”

绳 《开元占经》三十八引许注：“绳，直也。”《说文》：“绳，索也。”双棣按：“绳本义为绳索，木匠用其取直，故引申为直。《庄子·胠箧》‘毁绝钩绳而弃规矩’成玄英疏：‘绳，直也。’《广雅·释诂三》：‘绳，直也。’王念孙疏证：‘绳与直同义，故准绳亦谓之准直。’”

微 《开元占经》七十四引许注：“微，灭也。”《说文》：“微，隐行也。”双棣按：“‘隐行’引申而为隐匿，再引申为无，灭与之义近。”

夷 《玉烛宝典》四、《开元占经》五引许注：“夷，平也。”《说文》：“夷，平也。”双棣按：“许注与《说文》义同。”

铢 《大藏音义》四十五引《淮南》：“十二粟而重一分，十二分而重一铢。”许注：“铢，十黍之重。”《说文》：“铢，权十絫黍之重也。”（依段注本）段玉裁注：“权，五权也。五权，铢两斤钧秝。厽部曰：絫，十黍之重也。此云：铢，权十絫黍之重也。言十絫黍者，谓百黍也。”双棣按：“《大藏音义》所引《淮南》与今本基本相同，只今本‘重’作‘当’。今本为高注本，与许注不同。段注‘十絫黍’即十絫之黍，十黍为絫，十絫为铢。朱骏声《通训定声》：‘十黍之重为絫，十絫为铢。’《礼记·儒行》孔颖达疏引《算法》：‘十黍为絫，十絫为铢。’许注与《说文》及诸说不合。许注之‘黍’或当为‘絫’，作絫乃合。”

隄 《一切经音义》六十七引许注：“隄，塘限也。”《说文》：“隄，唐也。”双棣按：“塘即唐之后起字。唐本大言也，引申为大，段玉裁注：‘凡陂塘字古皆作唐，取虚而多受之意。’许注与《说文》义合。”

塘 《一切经音义》六十七引许注：“塘，亦隄也。”双棣按：“《广雅·释宫》：‘塘，隄也。’《广雅》即用许注及《说文》义。”

曲 《史记·绛侯周勃世家》索隐引许慎《淮南子》注：“曲，苇薄也。”《汉书·周勃传》颜师古注：“许慎云苇薄为曲也。”《说文》：“曲，或说曲，蚕薄也。”段玉裁注：“其物以萑苇为之。其字俗作苗。”《说文》：“苗，蚕薄也。”双棣按：“《方言》五：‘薄，宋魏陈楚江淮之间谓之苗，自关而西谓之薄，南楚谓之蓬薄。’蓬薄即苇薄也。许注与《说文》义合。”

焦 《五行大义》三引许注：“焦者，火烧物有焦燃之气，夏气同也。”《说文》：“焦，火所伤也。”双棣按：“许注义与《说文》合，仅注义就正文为说尔。”

果、蓏 《齐民要术·种谷》引许慎《淮南子》注：“在树曰果，在地曰蓏。”《说文》：“蓏，在木曰果，在地曰蓏。”双棣按：“许注与《说文》义合。”

雀 《御览》九百四十一引许注：“雀，依屋之雀，本飞鸟也。”《说文》：“雀，依人小鸟。”双棣按：“许注与《说文》义合。陶方琦谓许注‘本’当为‘小’之误，是。”

咸 《五行大义》引许注：“其味咸者，北方物咸。”又云：“咸者，衔也。”《说文》：“咸，衔也，北方味也。”双棣按：“许注与《说文》义合。”

钝 《大藏音义》三十、三十三引许注：“钝，识见暗浊也。”《说文》：“钝，錭也。”双棣按：“许注‘识见暗浊’即迟钝、昏昧之义，乃《说文》‘钝’义之引申也。”

屩 《大藏音义》九十三、九十七引许注：“屩，履也。”《说文》：“屩，履也。”（依系传及段注本）双棣按：“许注与《说文》同。”

輤 唐本《玉篇·车部》引许注：“輤，推也。”《说文》：“輤，反推车令有所付也。”双棣按：“《广韵》：‘輤，推车也。或作揖。’《说文》：‘揖，推捣也。’许注与《说文》之义相合。”

蹲 《一切经音义》八十九引许注：“蹲即踞也。”《说文》：“蹲，踞也。”双棣按：“许注与《说文》同。”

洿 《御览》三百七十一引许注：“洿，澮也。”《说文》：“洿，浊水不流也。一曰窳下也。”双棣按：“《说文》：‘澮，澮澮，水搖皃也。’许注与《说文》义无涉，吴承仕云：‘澮当读为潿。《方言》：“潿，洿也。”澮、潿声近。’陶方琦谓‘澮’是‘洼’之形讹。《说文》：‘洼，一曰窳也。’与‘洿’一曰合。”

枅 《慧琳音义》六十二引许慎《淮南》注：“枅，栌也。”《说文》：“枅，屋栌也。”双棣按：“许注与《说文》义合。”

揵 《慧琳音义》七十九引许叔重注《淮南子》曰：“揵，担也。”《玄应音义》十一引许叔重注《淮南子》曰：“揵，担之也。”双棣按：

“《说文》无‘揵’字。”

篅 《一切经音义》十四、六十二、六十八、七十二引许注：“篅，笹也。”《说文》：“篅，以判竹，圜以盛谷者。”双棣按：“《说文》：‘笹，篅也。’许注与《说文》义合。”

滔 《御览》八十一引《淮南》：“共工振滔鸿水。”引许注：“滔，漫也。”双棣按：“此《淮南》文见《本经》，高注云：‘滔，荡也。’吴承仕谓《御览》引注‘共工，炎帝之后’，与贾逵同，当是许注。吴说是。《说文》：‘滔，水漫漫大貌。’许注与《说文》义合。”

漏 《慧琳音义》五十三引许注：“漏，失也。”又十八、四十七、六十六引许注：“漏，穿也。”六十五引许注：“漏，孔也。”《说文》：“屚（漏），屋穿水入也。”段玉裁注：“今字作‘漏’。”双棣按：“许注‘失’读为泆，《说文》：‘泆，水所荡泆也。’”

籧篨 《大藏音义》八十、八十二引许注：“籧篨，草席也。”《说文》：“籧，籧篨，粗竹席也。”双棣按：“《方言》五：‘自关而西，其粗者谓之籧篨。’《本经》作‘蘧蒢’，高诱注：‘蘧蒢，苇席。’‘蘧蒢’当即‘籧篨’。‘籧篨’或用竹，或用苇，未闻用草者。陶方琦谓许注‘草席’之‘草’乃‘竹’字之形近之误，当是。”

苴 《群书治要》引许注：“苴，草。”《说文》：“苴，履中草。”双棣按：“许注与《说文》义合。”

会 《群书治要》引许注：“会，计。”《说文》：“会，合也。”“计，会也。”双棣按：“合、计义近。”

赘 《一切经音义》八十引许注：“赘，卖子与人作奴婢也。”《说文》：“赘，以物质钱也。”双棣按：“‘卖子与人作奴婢’即‘以物质钱’之一端。《汉书·严助传》颜师古注引如淳曰：‘淮南俗卖子与人作奴婢曰赘。’即用许义。”

机 《北堂书钞》一百五十八引《淮南》“禽兽有机”（今刘绩补注本作“禽兽有艽”），引许注：“机，兽蓐。”双棣按：“机当是讹字，刘本作‘艽’，当是。《广韵》：‘艽，兽蓐也。’当是本于许注。《说文》：‘艽，远荒也。’”

畿 《群书治要》引许注："畿，千里地。同，百里地。"《说文》："畿，天子千里地。"双棣按："《周礼·地官·大司徒》：'制其畿方千里。'《汉书·刑法志》：'封十为畿，畿方千里。'盖《说文》及许注所本。"

同 《群书治要》引许注："同，百里地。"《说文》："同，合会也。"双棣按："《周礼·小司徒》郑玄注引《司马法》曰：'同，方百里。'《淮南子·本经》：'诸侯一同。'高诱注：'方百里为同。'"

冕 《群书治要》引许注："冕，冠也，前旒，冕前珠饰也。"《说文》："冕，大夫以上冠也。邃延垂瑬统纩。""瑬，垂玉也，冕饰。"双棣按："许注与《说文》义合。许注之旒与《说文》之瑬同。"

黈纩 《群书治要》引许注："黈纩，所以塞耳。"双棣按："《说文》无'黈'字，'冕'字说曰'统纩'。'统'下云：'冠冕塞耳者。''黈纩'即'统纩'也。"

挥棁 《意林》引许注："挥，挟；棁，杖也。"《御览》九百五、《事类赋》二十三、《万卷精华》十八引《淮南子》作"袖棁"。《说文："挥，奋也。""挟，俾持也。""棁，木杖。"双棣按："段玉裁注：'俜持，俾夹而持之也。'夹持与奋挥义亦不相近。吴承仕云：'许注当作"袖，挟；棁，杖也。"挟棁于袖，故许注"袖，挟也。"'《急就篇》颜师古注：'棁，小棓也，今俗呼作袖棁。言可藏于怀袖之中也。'许注之'挥'盖因《说山》'挥棁而呼犬'之文而误。许注'棁'义与《说文》同。"

嗛 《一切经音义》九十五引许注："嗛，衔也，口有所衔食也。"《说文》："嗛，口有所衔也。"双棣按："许注与《说文》义同。"

莫邪 《史记·屈原贾生列传》集解引许注曰："莫邪，大戟也。"《说文》："镆，镆釾，大戟也。"（依小徐本）双棣按："许注与《说文》义合。"

驹騟 《群书治要》引许注："驹騟，北地野马。"《说文》："驹，驹騟，北野之良马。"双棣按："许注与《说文》义合。"

舲 唐本《玉篇》引《淮南》云："汤武圣达，不能与越人乘舲舟而浮于江湖。"又引许注:"舲,小船也。"《说文》无"舲"字。双棣按:"《淮南子·俶真》高诱注亦云:'舲,小船也。'与许注同。"

戏 《史记·高祖本纪》正义,《御览》八十二、九百三十二引许注:"戏,大旗也。"《说文》:"戏,三军之偏也。"双棣按:"《说文》:'麾,旌旗,所以指麾也。'段玉裁注:'凡旌旗皆得曰麾,故许以旌旗释麾。俗作麾,假借之字作戏。'此许注用假借义。"

赖 《史记·高祖本纪》集解晋灼引许注曰:"赖,利也。"《说文》:"赖,赢也。"双棣按:"《说文》:'赢,贾有余利也。''赢'亦含有'利'义。《吕氏春秋·离俗》高诱注、《国语·晋语一》韦昭注亦云:'赖,利也。'与许注同。"

凑 《大藏音义》三十引许注:"凑,竞进也。"《说文》:"凑,水上人所会也。"双棣按:"许注与《说文》义甚远。《说文》:'凑,进也。'凑从奏声,可相通借。《精神》高诱注:'凑,竞进也。'与许注同,盖高承用许注。"

羡 唐本《玉篇·次部》引《淮南》许注:"羡,过也。"《说文》:"羡,贪欲也。"双棣按:"过乃贪欲之引申也。"

鵔鸃 《史记·司马相如列传》索隐、《佞幸列传》索隐引许慎《淮南子》注:"鵔鸃,鷩鸟也。"字又作"鵕鸈"。《文选·吴都赋》注引许慎《淮南子》注:"鵕鸈,鷩雉也。"《说文》:"鵔,鵔鸃,鷩也。"双棣按:"许注与《说文》义合。"

酞 《一切经音义》七十七引许叔重《淮南子》注:"酞,肥甘也。"《说文》:"酞,厚酒也。"双棣按:"酞字从酉,特指厚酒,引申之,凡肥厚者皆可称酞。"

曼 《通典》一百四十五引许注:"曼声,长声也。"《说文》:"曼,引也。"段玉裁注:"《鲁颂》毛传曰:曼,长也。"双棣按:"许注即本于毛传。'长'义由'引'义而来。"

俊 《一切经音义》八十八、一百引许注:"才过千人曰俊。"《说文》:"俊,材过千人也。"双棣按:"《泰族》曰:'知过万人者谓之英,千人者谓之俊。'许注及《说文》皆本之《淮南子·泰族》。"

诞 唐本《玉篇》引许注:“诞,谩也。”《大藏音义》六十七引许注:“诞,慢也。”《说文》:“谩,欺也。”双棣按:“慢为谩之借。《说文》:‘诞,词诞也。’段玉裁注:‘此三字有误。《释诂》、毛传皆云:“诞,大也。”’徐锴《系传》:‘诞,妄为大言也。’桂馥义证‘“词诞也”者当为“詷也”。本书“詷,譀也”,既讹为“词”,又加“诞”字。’《玄应音义》十七引《说文》:‘诞,大也,不实也。’《文选·答卢湛》注引孔安国《尚书传》:‘诞,欺也。’许注与古本《说文》义合。”

滢 《大藏音义》八十九引许注:“滢谓小水也。”《说文》:“滢,清水也;一曰窊也。”双棣按:“《玄应音义》七引《说文》:‘滢,小水也。’与许注同。或今本《说文》有误。”

驵 《御览》八百二十八、《白帖》八十三引许注:“驵,市侩。”《说文》:“驵,壮马也。一曰马蹲驵也。”双棣按:“《后汉书·郭太传》注引《说文》:‘驵,会也。’段玉裁《说文》一曰即据此改。段云:‘驵者,本平会买卖马之称,因以为平会凡物之称。会俗作侩。’许注与古本《说文》同。高诱《氾论》注:‘驵,一曰市侩也。’即用许汻说。”

纇 唐本《玉篇》引许注:“纇,丝纇也。”《说文》:“纇,丝结也。”双棣按:“许注与《说文》义合。”

沫 《大藏音义》三十七引许注:“沫,蒙雨也。”《说文》:“沫,水。出蜀西徼外,东南入江。”双棣按:“许注与《说文》义无涉,当有误字。”

诡 《大藏音义》八十九引许慎《淮南子》注:“诡,犹慢也。”又六十二、六十六、六十七引许注:“诡,慢也。”唐本《玉篇》引许注:“诡,谩也。”《说文》:“诡,责也。”双棣按:“《说文》:‘慢,惰也。’又:‘谩,欺也。’许注之‘慢’当为‘谩’之借。‘诡’训‘欺’乃引申之义。”

骁 《大藏音义》十三、九十四引许注:“骁,勇急也。”又七十二:“骁,犹勇也。”《说文》:“骁,良马也。”双棣按:“段玉裁

《说文》注：'引申为勇捷之称。'许注正用其引申之义。"

汱 唐本《玉篇》、《大藏音义》八十四引《淮南子》："深则汱五藏。"唐本《玉篇》、《大藏音义》九十三引许注："汱，达也。"《说文》："汱，淅灡也。"双棣按："《淮南子·说山》作'深则达五藏'，与许本不同。'汱，达'之训未闻，'汱'或有误。"

桴 《御览》七百七十引许注："桴，筏也。"《说文》："桴，眉栋也。"双棣按："段玉裁《说文》注云：'《释宫》："栋谓之桴。"许云眉栋者，《尔雅》浑言之，许析言之。栋前曰眉栋，谓栋之近前若眉者也。'许注'桴，筏'乃用其假借义。《说文》作'泭'，云：'编木以渡也。'《论语·公冶长》：'乘桴浮于海。'亦'桴'借为'泭'。《说山》'乘桴而入胡'高诱注：'桴，筏也。'与许注同。"

顾 《史记·绛侯周勃世家》索隐引许慎《淮南子》注："顾，反也。"《说文》："顾，还视也。"段玉裁注："还视者，返而视也。"双棣按："'顾，反'乃古之常训，即'还视'之引申也。《吕氏春秋·审分》《离谓》等高诱注皆曰：'顾，反也。'"

癙 《御览》七百四十引《淮南子》："狸头止癙。"引许注："癙，寒热病也。"双棣按："《说文》无'癙'字。《尔雅·释诂》：'癙，病也。'《诗·小雅·正月》毛传：'癙，病也。'古籍通用'鼠'字。段玉裁《说文》注：'鼠引申之为病也。'"

措 《史记·梁孝王世家》集解引许注："措，置也。"《说文》："措，置也。"双棣按："许注与《说文》义同。"

蝍蛆 《大藏音义》九十九引许注："蝍蛆，吴公也。"双棣按："《说文》无'蝍、蛆'二字。《广雅·释虫》：'蝍蛆，吴公也。'即本于许注。然亦有谓之蝍蟀、马蚿者，不知今为何物。"

軳 唐本《玉篇》引《淮南》："须臾而軳人之颈。"引许注："軳，戾也。"双棣按："《说文》无'軳'字。今高注本作'伆人之颈'。"

墣 《御览》三十六、三百四十六引许注："墣，块也。"《说文》："墣，块也。"双棣按："许注与《说文》义同。"

皰、疱 《大藏音义》三十七引许注："皰，面气之疮也。"

三十九引许注："皰，面气也。"七十二引许注："疱，面气疮也。"《说文》："疱，面生气也。"双棣按："《说文》无'皰'字，'皰'即'疱'之或体。"

篙 《一切经音义》五十八引许注："篙，刺船竹，长二丈，以铁为镞者也。"又六十一引许注："篙，刺船竹也，长二丈，或用木作。"双棣按："《说文》无'篙'字，《新附》有，云：'所以进船也。'盖即本于许注。"

础 《大藏音义》七十三、九十二引《淮南》："山云蒸，柱础润。"引许注："楚人谓柱碣曰础。"又七十七、九十八引许注："楚人谓柱碣曰础。"双棣按："《说文》无'础'字，《新附》有，云：'礩也。'高诱《淮南子·说山》注：'础，柱下石礩也。'《广雅·释宫》：'础，礩也。'均与许注同。"

嚼 《大藏音义》九十二引许注："嚼，咀也。"双棣按："《说文》：'噍，啮也。嚼，噍或从爵。'啮'义为咬，'嚼'则细咬，程度之差也。"

瓬 《史记·高祖本纪》集解晋灼引许慎曰："瓬，瓮似缾者。"《说文》："瓬，瓮也，似缾者。"双棣按："许注与《说文》义合。"

偷 《大藏音义》四十五引许慎《淮南子》注："偷，薄也。"《说文》："偷，巧黠也。"双棣按："今本《脩务》作'偷'，字同。高诱注：'偷，薄也。'《左传·襄公三十年》杜预注：'偷，薄也。'皆根据许注。"

緪、趹 唐本《玉篇》引《淮南》："緪履趹步。"引许注："緪，敕也。趹，疾也。"《说文》："緪，大索也。一曰急也。""趹，马行皃。"双棣按："《广雅·释诂二》：'敕，理也。'《汉书·郊祀志下》颜师古注：'敕，整也。''緪'之'大索'之义引申可成'整敕'之义；'马行皃'引申之则为'疾'也。"

候 《史记·李将军列传》索隐引许慎《淮南子》注："候，望也。"《说文》："候，伺望也。"双棣按："许注与《说文》义同。"

孚 《开元占经·龙鱼虫蛇占》引许慎《淮南子》注："孚，谓卵自孚也。”《说文》:“孚，卵孚也。”双棣按:“许注与《说文》义同。”

二

比较许注与《说文》字义的关系，大致可以分成这样几种情况。

一、许注与《说文》字义完全相同或相一致，共123字。这又可分为两类，一类是许注与《说文》释义完全相同，一类是许注与《说文》释义一致，用字略有差异。

1. 许注与《说文》释义完全相同，共50字。

缪称

尊 犹中衢而致尊邪。许注:“尊，酒器也。”《说文》:“尊，酒器也。”

諰 不可以昭諰。许注:“諰，诫也。”《说文》:“諰，诫也。”

怚 矜怚生于不足。许注:“怚，骄也。”《说文》:“怚，骄也。”

媵 子产腾辞。许注:“媵，传也。”《说文》:“媵，传也。”

踰 可谓不踰于理乎。许注:“踰，越。”《说文》:“踰，越也。”

铎 吴铎以声自毁。许注:“铎，大铃。”《说文》:“铎，大铃也。”

偶 鲁以偶人葬。许注:“偶人，桐人也。”《说文》:“偶，桐人也。”

把 交拱之木无把之枝。许注:“把，握也。”《说文》:“把，握也。”

齐俗

緆、纨、菅 有诡文繁绣，弱緆罗纨，必有菅屩跐踦、短褐不完者。许注:“緆，细布也。纨，素也。菅，茅也。”《说文》:“緆，细布也。”“纨，素也。”“菅，茅也。”

防 狟狢得埵防。许注:“防，隄也。”《说文》:“防，隄也。”

笄 中国冠笄。许注:“笄，簪。”《说文》:“笄，簪也。”

束 绞组节束。许注:“束，缚也。”《说文》:“束，缚也。”

剖 伐楩柟豫樟而剖梨之。许注:“剖，判。”《说文》:“剖，判也。”

扆 负扆而朝诸侯。许注:“户牖之间谓之扆。”《说文》:“扆，户牖之间谓之扆。”

鹈胡 鹈胡饮水数斗而不足。许注：“鹈胡，污泽鸟。”《说文》：“鴺，鴺胡，污泽也。鹈，鴺或从弟。”

道应

糟 是直圣人之糟粕耳。许注：“糟，酒滓也。”《说文》：“糟，酒滓也。”

踰 子发攻蔡，踰之。许注：“踰，越，胜之也。”《说文》：“踰，越也。”

咫、尺 终日行不离咫尺。许注：“八寸为咫，十寸为尺。”《说文》：“咫，中妇人手长，八寸谓之咫。”又：“尺，十寸也。”

蛟 两蛟侠绕其船。许注：“蛟，龙属也。”《说文》：“蛟，龙之属也。”

诠言

负 自负而辞助。许注：“自负，自恃。”《说文》：“负，恃也。”

兵略

爇 毋扣［扣］坟墓，毋爇五谷。许注：“爇，烧。”《说文》：“爇，烧也。”

谨 夫论除谨，动静时。许注：“谨，慎也。”《说文》：“谨，慎也。”

矜 伐棘枣以为矜。许注：“矜，矛柄。”《说文》：“矜，矛柄也。”

挤 挤其揭揭。许注：“挤，排也。”《说文》：“挤，排也。”

人间

突 以突隙之烟焚。许注：“突，灶突也。”《说文》：“突，灶突也。”

暖 寒不能暖。许注：“暖，温。”《说文》：“暖，温。”

浼 所浼者多矣。许注：“浼，污也。”《说文》：“浼，污也。”

憯 憯于骨髓。许注：“憯，痛。”《说文》：“憯，痛也。”

泰族

兑 雩兑而请雨。许注："兑，说也。"《说文》："兑，说也。"

券 非券之所［能］责也。许注："券，契也。"《说文》："券，契也。"

麓 既入大麓。许注："林属于山曰麓。"《说文》："麓，林属于山为麓。"

戎 戎马惊。许注："戎马，兵马也。"《说文》："戎，兵也。"

要略

宵 与昼宵寒暑。许注："宵，夜。"《说文》："宵，夜也。"

提 提实责名。许注："提，挈也。"《说文》："提，挈也。"

赣 一朝用三千钟赣。许注："赣，赐也。"《说文》："赣，赐也。"

亦有《淮南》或许注用后起字者，共12字。

齐俗

絚、緪 大弦絚则小弦绝矣。许注："絚，急也。"《说文》："緪（絚），一曰急也。"

剃、鬀 而刀可以剃毛。许注："剃，截发也。"《说文》："鬀，鬍发也。"

笏、曶 无皮弁搢笏之服。许注："笏，佩玉也。"《说文》："曶，一曰佩也。"

道应

罔两、蛧蜽 罔两问于景。许注："罔两，水之精物也。"《说文》："蛧，蛧蜽，山川之精物也。"

扶桑、榑桑 扶桑受谢，日照宇宙。许注："扶桑，日所出之木也。"《说文》："榑，榑桑，神木，日所出也。"

诠言

菰、苽 菰饭犓牛弗能安也。许注："菰，凋胡也。"《说文》：

“苽，雕胡，一名蒋。”

樽、尊 酒樽之上玄樽，俎之先生鱼。许注：“樽，酒器。”《说文》：“尊，酒器也。”

豆、梪 豆之先泰羹。许注：“木豆谓之豆。”《说文》：“木梪谓之梪。”

兵略

奇賌、奇侅 刑德奇賌之数。许注：“奇賌，阴阳奇秘之要，非常之术。”《说文》：“侅，奇侅，非常也。”

坠、队 至共头而坠。许注：“坠，陨也。”《说文》“坠”作“队”，云：“从高队也。”

撚 前后不相撚。许注：“撚，揉蹈也。”《说文》：“撚，一曰蹂也。”双棣按：“‘揉’借为‘蹂’。”

泰族

澄、澂 乃澄列金木水火土之性。许注：“澄，清也。”《说文》：“澂，清也。”

2. 许注与《说文》释义一致，用字或多或少有所差异，共73字。

缪称

剟 是故圣人制其剟材。许注：“剟，疏杀也。”《说文》：“剟，刊也。”

眯 故若眯而抚。许注：“眯，草入目也。”《说文》：“眯，艸入目中也。”

跌 若跌而据。许注：“跌，仆。”《说文》：“跌，踼也。”

兰 男子树兰，美而不芳。许注：“兰，芳草。”《说文》：“兰，香草也。”

瑜 碧瑜粪土也。许注：“瑜，玉也。”《说文》：“瑜，瑾瑜，美玉也。”

晏 晖日知晏。许注：“晏，无云也。”《说文》：“晏，天清也。”又：“㬫，星无云也。”

晖日 晖日知晏。许注："晖日，鸩鸟也。"《说文》："鸩，毒鸟也。一曰运日。"《淮南》"晖"一作"运"。

齐俗

鹑 夫虾蟆为鹑。许注："鹑，鷂也。"《说文》："鹑，鷂属也。"

黂 夫胡人见黂。许注："黂，麻子也。"《说文》："萉，枲实也。黂，或从麻贲。"

撜 子路撜溺而受牛谢。许注："撜，举也。"《说文》："抍，上举也。撜，抍或从登。"

蜧 其于以致雨不若黑蜧。许注："黑蜧，神蛇也。潜于神渊，盖能兴云雨。"《说文》："蜦，蛇属，黑色，潜于神渊，能兴风雨。蜧，蜦或从戾。"

箫 若风之过箫。许注："箫，籁。"《说文》："箫，参差管乐。"

羌、僰 羌、氐、僰、翟，婴儿生皆同声。许注："羌，西戎。僰，西夷也。"《说文》："羌，西戎，牧羊人也。"又："僰，犍为蛮夷也。"

埴 若玺之抑埴。许注："埴，泥也。"《说文》："埴，黏土也。"

鬠 三苗鬠首。许注："鬠，以枲束发也。"《说文》："鬠，丧结也。"

踦 男女切踦，肩摩于道。许注："踦，足。"《说文》："踦，一足也。"

翣 葬墙置翣。许注："翣，棺衣饰也。"《说文》："翣，棺羽饰也。"

钁 今知修干戚而笑钁插。许注："钁，斫属。"《说文》："钁，大鉏也。"

旬 驽马十舍，旬亦至之。许注："旬，十日也。"《说文》："旬，徧也。十日为旬。"

揭 为行者相揭以高。许注："揭，举。"《说文》："揭，高举也。"

炀 短褐不掩形，而炀灶口。许注："炀，炙。"《说文》："炀，炙燥也。"

道应

枭 何以异于枭之爱其子也。许注："枭子长，食其母。"《说文》："枭，不孝鸟也。"

爝 爝火甚盛。许注："爝，炬火也。"《说文》："爝，苣火祓也。"

岐 遂成国于岐山之下。许注："岐山，今之美阳北山也，其下有周地，因是以为天下号也。"《说文》："郊，周文王所封，在右扶风美阳中水乡。岐，郊或从山支声。"

捶、钩 大司马捶钩者年八十矣，而不失钩芒。许注："捶，锻击也。钩，钓钩也。"《说文》："捶，以杖击也。"又："钩，曲钩也。"

驺虞 得驺虞、鸡斯之乘。许注："驺虞，白虎黑文而仁，食自死之兽，日行千里。"《说文》："虞，驺虞也。白虎黑文，尾长于身，仁兽也。食自死之肉。"

工 玄玉百工。许注："二玉为一工也。"《说文》："珏，二玉相合为一珏。"双棣按："'工'即'珏'之初文。"

犴 青犴、白虎文皮千合。许注："犴，胡地野犬也。"《说文》："豻，胡地野狗。犴，豻或从犬。"

说 以说于众。许注："说，解。"《说文》："说，说释也。"段注："说释者，解开之意。"

策 到杖策，錣上贯颐。许注："策，马捶。"《说文》："策，马棰也。"

釂 文侯受觞而饮釂不献。许注："釂，尽。"《说文》："釂，饮酒尽也。"

诠言

棓 羿死于桃棓。许注："棓，大杖，以桃木为之。"《说文》："棓，棁也。"又："棁，木杖也。"

险 不成则毁，不利则病，皆险也。许注："险，言危难，险不可行。"《说文》："险，阻难也。"

臑 周公殽臑不收于前。许注："臑，前肩之美也。"《说文》："臑，臂。羊豕曰臑。"

馈 浣而后馈。许注："馈，进食也。"《说文》："馈，饷也。"

溉 日月度而无溉于志。许注："溉，灌也。"《说文》："溉，一曰灌注也。”

爵 争盈爵之间，反生斗。许注：“爵，所以饮。”《说文》：“爵，礼器也。象爵之形，中有鬯酒，又持之也，所以饮。”

兵略

猵 夫畜池鱼者，必去猵獭。许注：“猵，獭之类。”《说文》：“猵，獭属。”

淅 淅米而储之。许注：“淅，渍。”《说文》：“淅，汏米也。”

堞 傅堞而守。许注：“堞，城上女墙。”《说文》“堞”作“壥”，云：“城上女垣也。”

軔 车不发軔。许注：“軔，车下支。”《说文》：“軔，所以碍车也。”

亟 隧路亟，行辎治。许注：“亟，言治军隧道疾。”《说文》：“亟，敏疾也。”

鏦 修铩短鏦。许注：“鏦，小矛也。”《说文》：“鏦，矛也。”

辂 挽辂首路死者。许注：“辂，挽辇横木也。”《说文》：“辂，车軨前横木也。”

棘 伐棘枣以为矜。许注：“棘枣，酸枣也。”《说文》：“棘，小枣丛生者。”

侔 智侔则有数者禽无数。许注：“侔，等。”《说文》：“侔，齐等也。”

剡 剡撕筡。许注：“剡，锐也。”《说文》：“剡，锐利也。”

鞈 若镗之与鞈。许注：“鞈，鼓鞞声。”《说文》：“鼛，鼙声也。鞈，古文鼛。”

笱 鱼笱门。许注：“鱼笱，竹笱，所以捕鱼。”《说文》：“笱，曲竹捕鱼笱也。”

谍 善用间谍。许注：“谍，军之反间也。”《说文》：“谍，军中反间也。”

更 万人之更进。许注：“更，代也。”《说文》：“代，更也。”

栝 夫栝淇卫箘簬。许注：“栝，箭栝也。”《说文》：“桰，一曰矢栝，檃弦处。”

人间

垤　而蹪于垤。许注：“垤，蚁封也。”《说文》：“垤，螘封也。”

揣　以其知规虑揣度。许注：“揣，商量高下也。”《说文》：“揣，量也。度高曰揣。”

袪　攘袪薄腋。许注：“袪，袂。”《说文》：“袪，衣袂也。”

楚　生以棘楚。许注：“楚，大荆也。”《说文》：“楚，丛木，一名荆也。”

翡翠　翡翠、珠玑。许注：“翡，赤雀；翠，青雀。”《说文》：“翡，赤羽雀也。”又：“翠，青羽雀也。”

嶷　九嶷之塞。许注：“九嶷，在零陵也。”《说文》：“嶷，九嶷山，舜所葬，在零陵营道也。”

圉　乃使马圉往说之。许注：“圉，养马者。”《说文》：“圉人，掌马者。”

泰族

骖　骖欲驰。许注：“骖，騑。”《说文》：“骖，驾三马也。”“騑，骖也，旁马也。”

捷　非不捷也。许注：“军之所获曰捷。”《说文》：“捷，猎也，军获得也。”

要略

寤　欲一言而寤。许注：“寤，觉。”《说文》：“寤，寐觉而有言曰寤。”

掇　览取挢掇。许注：“掇，拾也。”《说文》：“掇，拾取也。”

抟　说捍抟囷。许注：“抟，圆也。”《说文》：“抟，圜也。”

标、坛　标举终始之坛也。许注：“标，末也。坛，场也。”《说文》：“标，木杪末也。”又：“坛，祭坛场也。”

婴 以与天和相婴薄。许注："婴，绕抱也。"《说文》："婴，绕也。"

殡 殡文王于两楹之间。许注："殡，大敛也。"《说文》："殡，死在棺，将迁葬柩，宾遇之。"

线 中国之不绝如线。许注："线，细丝也。"《说文》："线，缕也。"

辨 好色无辨。许注："辨，别也。"《说文》："辨，判也。"

八篇之外传注等所引许注与《说文》相合或相一致，共45字。

仞 《大藏音义》九十三引《淮南子》许注："八尺曰仞。"《说文》："仞，伸臂一寻八尺。"

屩 《大藏音义》九十三、九十七引许注："屩，履也。"《说文》："屩，履也。"（依系传及段注本）

陗 唐卷子本《玉篇》"陗"字注引《淮南》"陗法刻刑"，引许叔重曰："陗，陵。"《文选·西征赋》注、《群书治要》四十一引《淮南》"陗法刻刑"，引许注："陗，峻也。"《文选·长笛赋》注引《淮南子》曰："岸峭者必阤。"许慎曰："陗，峻也。"《说文》："陗，陵也。"双棣按："'峻'与'陵'同。"

鬋 《慧琳音义》三十四引许慎《淮南子》注："鬋，截发也。"《说文》："鬋，鬄发也。"

啎 《文选·高唐赋》注引许慎《淮南子》注曰："啎，逆也。"《说文》："啎，逆也。"

浔 《一切经音义》八十七引许注："浔，涯也，旁深也。"《说文》："浔，旁深也。"

舛、踳 《一切经音义》六十五、八十四引许注："踳，相背也。"六十四、八十九引许注："舛，相背也。"《说文》："舛，对卧也。踳，扬雄作，舛从足春。"

哺 《玄应音义》引许注："哺，口中嚼食也。"《大藏音义》十五、十八、三十四、四十一、五十、六十、八十九引许注："哺，口中嚼食与之也。”《说文》:“哺，哺咀也。”

璐 《文选·雪赋》注引许注:“璐，美玉也。”《说文》:“璐，玉也。”

洒 《文选·演连珠》注引许注:“洒，犹汛也。”《说文》:“洒，汛也。”

剞劂 《文选·魏都赋》注引许注:“剞劂，曲刀也。”《说文》:“剞，剞剧，曲刀也。”

擢 《文选·为顾彦先赠妇诗》注、《七启》注、《华严音义》上、《大藏音义》三十三引许注:“擢，引也。”《说文》:“擢，引也。”

纨 《文选·籍田赋》注、《大藏音义》八十七引许慎《淮南子》注:“纨，素也。”《说文》:“纨，素也。”

铤 《文选·七命》注引许慎《淮南子》注:“铤，铜铁璞也。”《大藏音义》二十九引许注:“铤，金银铜等未成器，铸作片，名曰铤。”《说文》:“铤，铜铁朴也。”

鲸 《一切经音义》八十一引许注:“鲸鱼，海中最大鱼也。”《说文》:“鱷，海大鱼也。鲸，鱷或从鲸。”

木 《开元占经》二十三引许注:“木冒地而生也。”《说文》:“木，冒也。冒地而生。”

夷 《玉烛宝典》四、《开元占经》五引许注:“夷，平也。”《说文》:“夷，平也。”

隄 《一切经音义》六十七引许注:“隄，隋限也。”《说文》:“隄，唐也。”

隋 《一切经音义》六十七引许注:“隋，亦隄也。”双棣按:“隋是唐的后起字,《音义》用了后起字，其义与《说文》‘唐’之引申义同。”

曲 《史记·绛侯周勃世家》索隐引许慎《淮南子》注:“曲，苇薄也。”《说文》:“曲，或说曲，蚕薄也。”

果、蓏 《齐民要术·种谷》引许慎《淮南子》注:“在树曰果，在地曰蓏。”《说文》:“蓏，在木曰果，在地曰蓏。”

雀 《御览》九百四十一引许注:“雀，依屋之雀，小(本)飞鸟也。”《说文》:“雀，依人小鸟。”

咸 《五行大义》引许注:“其味咸者，北方物咸。”又:“咸者，衔也。”《说文》:“咸，衔也，北方味也。”

蹲 《一切经音义》八十九引许注:“蹲即踞也。”《说文》:“蹲，踞也。”

枅 《慧琳音义》六十二引许慎《淮南》注:“枅，栌也。”《说文》:“枅，屋栌也。”

篅 《一切经音义》十四、六十二、六十八、七十二引许注:“篅，笹也。”《说文》:“笹，篅也。”

棓 《御览》三百五十七、《事物纪原》八引许慎注云:“棓，大杖。”《说文》:“棓，棁也。”

棁 《意林》引许注:“棁，杖也。”《说文》:“棁，木杖也。”

嗛 《一切经音义》九十五引许注:“嗛，衔也，口有所衔食也。”《说文》:“嗛，口有所衔也。”

莫邪 《史记·屈原贾生列传》集解引许注曰:“莫邪，大戟也。”《说文》:“镆，镆釾，大戟也。”

騊駼 《群书治要》引许注:“騊駼，北地野马。”《说文》:“騊，騊駼，北野之良马。”

鵔鸃 《史记·司马相如列传》索隐、《佞幸列传》索隐引许慎《淮南子》注:“鵔鸃，鷩鸟也。”《说文》:“鵔，鵔鸃，鷩也。”

俊 《一切经音义》八十八、一百引许注:“才过千人曰俊。”《说文》:“俊，材过千人也。”

滢 《大藏音义》八十九引许注:“滢谓小水也。”《说文》:“滢，清水也。”双棣按:“‘清’乃‘小’之误。”

纇 唐本《玉篇》引许注:“纇，丝纇也。”《说文》:“纇，丝结也。”

措 《史记·梁孝王世家》集解引许注:“措，置也。”《说文》:“措，置也。”

墣 《御览》三十六、三百四十六引许注:"墣,块也。"《说文》:"墣,块也。"

瓴 《史记·高祖本纪》集解晋灼引许慎曰:"瓴,瓮似缾者。"《说文》:"瓴,瓮也,似缾者。"

候 《史记·李将军列传》索隐引许慎《淮南子》注:"候,望也。"《说文》:"候,伺望也。"

孚 《开元占经·龙鱼虫蛇占》引许慎《淮南子》注:"孚,谓卵自孚也。"《说文》:"孚,卵孚也。"

慨 《大藏音义》二十六、一百引许注:"慷慨,不得志也。"《说文》:"慨,忼慨,壮士不得志也。"

圈 《一切经音义》三十九引许注:"圈,牢也。"六十八引许注:"圈,兽牢也。"《说文》:"圈,养畜之闲也。"

畿 《群书治要》引许注:"畿,千里地。"《说文》:"畿,天子千里地。"

这种情况主要出现在《淮南》用的是具体的意义,与字形义相一致的时候,共185字。

二、《淮南》许注,用字之引申义、假借义。

1.《淮南》许注,用字之引申等文中义者,共124字。

缪称

即 即鹿无虞。许注:"即,就也。"《说文》:"即,即食也。"双棣按:"'就'是'即食'义的引申义。"

克 盖力优而克不能及也。许注:"克,犹能也。"《说文》:"克,肩也。"段玉裁云:"《释言》曰'克,能也。'引申之义。"

庶 句吴其庶乎。许注:"庶,几也。"《说文》:"庶,屋下众也。"

隆 礼不隆而德有余。许注:"隆,多也。"《说文》:"隆,丰大也。"

自 同材而各自取焉。许注:"自,从也。"《说文》:"自,鼻也。"

羸　小子无谓我老而羸我。许注："羸，劣。"《说文》："羸，瘦也。"

绳　是与俗俪走而内行无绳。许注："绳，所以弹曲［直者］也。"《说文》："绳，索也。"

裁　度伎能而裁使之者，圣人也。许注："裁，制也。"《说文》："裁，制衣也。"

裕　为宽裕者曰勿数挠。许注："裕，饶也。"《说文》："裕，衣物饶也。"

齐俗

齐、齐俗　许注："齐，一也。"《说文》："齐，禾麦吐穗上平也。"

忮　恭敬而忮。许注："忮，害也。"《说文》："忮，很也。"

玺　若玺之抑埴。许注："玺，印也。"《说文》："壐，王者之印也。玺，籀文从玉。"

既　万物之情既矣。许注："既，尽也。"《说文》："既，小食也。"

烈　若事严主烈君。许注："烈，酷也。"《说文》："烈，火猛也。"

拖　胡貉匈奴之国纵体拖发。许注："拖，纵也。"《说文》："拕，曳也。"双棣按："'拖'是'拕'之俗字。"

裾　楚庄王裾衣博袍。许注："裾，裒也。"《说文》："裾，衣裦也。"

仪　夫一仪不可以百发。许注："仪，弩招颜也。"《说文》："仪，度也。"

干　犯邪而干免。许注："干，求也。"《说文》："干，犯也。"

浅　暮行逐利，烦挐浇浅。许注："浅，薄也。"《说文》："浅，不深也。"

纂　车舆衣纂锦。许注："纂，绘。"《说文》："纂，似组而赤。"

道应

疏、队　襄子疏队而击之。许注："疏，分也。队，军二百人为一队。分斯队卒击之。"《说文》:"蔬，通也。""队，从高队也。"

任 将任车以商于齐。许注:"任，载也。《诗》曰:'我任我辇。'"《说文》:"任，保也。"

苦 大疾则苦而不入。许注:"苦，急意也。"《说文》:"苦，大苦，苓也。"

甘 大徐则甘而不固。许注:"甘，缓意也。"《说文》:"甘，美也。"

疏、揖 子佩疏揖，北面立于殿下。许注:"疏，徒跣也。揖，举手也。"《说文》:"疏，通也。""揖，攘也。"

果 今不果往。许注:"果，诚也。"

汜 而航在一汜。许注:"汜，水涯也。"《说文》:"汜，水别复入水也。一曰穷渎也。"

砥 文王砥德修政。许注:"砥，砺也。"《说文》:"厎，柔石也。砥，厎或从石。"

赍 愿以技赍一卒。许注:"赍，备（卒）足。"《说文》:"赍，持遗也。"

窔奥 其比夫不名之地，犹窔奥也。许注:"窔奥，室中也。"《说文》:"奥，宛，室之西南隅。"

景 罔两问于景。许注:"景，日月水光晷也。"《说文》:"景，日光也。"

申 约车申辕。许注:"申，束。"《说文》:"申，神也。七月阴气成，体自申束。"

掩 故大人之行，不掩以绳。许注:"掩，犹惮也。"《说文》:"掩，敛也。"

动 能动地。许注:"动，震。"《说文》:"动，作也。"段玉裁"震"字注:"引申之凡动谓之震。"

兑 塞民于兑。许注:"兑，耳目鼻口也。《老子》曰'塞其兑'是也。"《说文》:"兑，说也。"

诠言

尸　圣人不为名尸。许注："尸，主。"《说文》："尸，陈也。"

朕　游无朕。许注："朕，兆。"《说文》："朕，我也。阙。"双棣按："'我也'后人加。"

攘　信己之不攘也。许注："攘，却。"《说文》："攘，推也。"

动　动之为物，不益则损。许注："动，有为也。"《说文》："动，作也。"

将　来者弗迎，去者弗将。许注："将，送。"《说文》："将，帅也。"

章、息　章人者，息道者也。许注："章，明也。息，止也。"《说文》："章，乐竟为一章。""息，喘也。"

更　不足更责。许注："更，偿。"《说文》："更，改也。"

鑑　鑑见其丑则善鑑。许注："鑑，镜也。"《说文》："鑑，大盆也。"

反　约束誓盟，则约定而反无日。许注："反，背叛也。"《说文》："反，覆也。"

屈、奇　圣人无屈奇之服。许注："屈，短；奇，长也。"《说文》："屈，无尾也。""奇，异也。"

羸　一羸在侧。许注："羸，劣人也。"《说文》："羸，瘦也。"

堤　瓶瓯有堤。许注："堤，瓶瓯下安也。"《说文》："堤，滞也。"

方　而几乡方矣。许注："方，道也。"《说文》："方，併船也。"

滔　天地无穷亦滔矣。许注："滔，曼长也。"《说文》："滔，水漫漫大皃。"

极　内修极而横祸至。许注："极，中。"《说文》："极，栋也。"

冲　谓之太冲。许注："冲，调也。"《说文》："调，和也。"双棣按："'太冲'即'太龢（和）'也。乃阴阳二气调和之谓。"

兵略

略　而贪金玉之略。许注："略，获得也。"《说文》："略，经略土地也。"

偪　入小而不偪。许注："偪，迫。"《说文》："畐，满也。"双棣按：“引申作迫、塞，‘偪、逼’乃‘畐’之俗。”

的 仪度不得则格的不中。许注：“的，射准也。”《说文》：“旳，明也。”双棣按：“‘的’为‘旳’之俗。”

卷 旗不解卷。许注：“卷，束也。”《说文》：“卷，厀曲也。”

斥 相为斥闉要遮。许注：“斥，候也。”《说文》：“㡿，卻屋也。”段注：“俗作斥。”

捷 捷捽招杼船，若左右手。许注：“捷，疾取也。”《说文》：“捷，猎也，军获得也。”

发 发斥不忘遗。许注：“发，有所见。”《说文》：“发，射发也。”

斥 发斥不忘遗。许注：“斥，斥度，候视也。”双棣按：“此‘斥’用作名词。”

舆 此舆之官也。许注：“舆，众也。”《说文》：“舆，车舆也。”

卷 地南卷沅湘。许注：“卷，屈取也。”《说文》：“卷，厀曲也。”

洫 颍汝以为洫。许注：“洫，沟。”双棣按：“‘沟、洫’浑言不别。”

绵 绵之以方城。许注：“绵，落也。”《说文》：“绵，联微也。”双棣按：“‘落’通‘络’，缠绕也。”

肆 溪肆无景。许注：“肆，极也。”《说文》：“隸，极陈也。”

肆 随逮肆刑，挽辂首路死者。许注：“肆刑，极刑。”《说文》：“肆，极陈也。”

憀 吏民不相憀。许注：“憀，赖。”双棣按：“‘憀、赖’同义。”

周 周锥凿而为刃。许注：“周，内也。”《说文》：“周，密也。”

钁 奋儋钁。许注：“钁，斫也。”《说文》：“钁，大鉏也。”

蔚 设蔚施伏。许注：“草木盛曰蔚。”双棣按：“‘蔚施’当作‘施蔚’。”

载 载以银锡。许注：“载，饰也。”《说文》：“载，乘也。”

典凝 湫漻如秋，典凝如冬。许注：“典，常。凝，正也。”双棣按：“‘典凝’为‘凝重’义。‘正’当是‘止’。”

梢 曳梢肆柴。许注：“梢，小柴也。”《说文》：“梢，木也。”

堨 扬尘起堨。许注："堨，埃。"《说文》："堨，壁间隙也。"

充、榦 此善为充榦者也。许注："充，盈。榦，强。"《说文》："充，长也，高也。""榦，筑墙耑木也。"

人间

竖 竖阳谷奉酒而进之。许注："竖，小使也。"双棣按："'小使'即《说文》'裋，竖使布长襦'之'竖使'。"

郊、望、禘、尝 郊望禘尝，非求福于鬼神也。许注："郊，祭天。望，祭日月星辰山川也。禘、尝，祭宗庙也。"

竘 其始成竘然善也，而后果败。许注："竘，高壮类。"《说文》："竘，健也。"

甲 民被甲括矢。许注："甲，铠也。"《说文》："甲，从木戴孚甲之象。"

叕 愚人之思叕。许注："叕，短。"《说文》："叕，缀联也。"

戍 遣卒戍陈。许注："戍，守也。"《说文》："戍，守边也。"

复 费无忌复于荆平王。许注："复，白也。"《说文》："复，往来也。"

伤 伤之鲁昭公曰。许注："伤，毁谮也。"《说文》："伤，创也。"

啮 剑之折也必有啮。许注："啮，缺。"《说文》："啮，噬也。"

考 妇人不得剡麻考缕。许注："考，成。"《说文》："考，老也。"

扶 去高木而巢扶枝。许注："扶，旁。"《说文》："扶，左也。"双棣按："'旁'即'傍'。"

畅 故交画不畅。许注："畅，申。"《说文》："暘，不生也。"双棣按："'畅'是'暘'之隶变字。反义引申。"

滫 及渐之于滫。许注："滫，臭汁也。"《说文》："滫，久泔也。"双棣按："'久泔'则'臭秽'。"

辨、齐 子发辨击剧而劳佚齐。许注："辨，次第也。齐，同。"《说文》："辨，判也。"

泰族

象 宋人有以象为其君为楮叶者。许注："象，象牙也。"《说文》："象，长鼻牙，南越大兽。"

搜 时搜振旅以惯用兵也。许注："搜，简车马也。"《说文》："搜，众意也，一曰求也。"

夔 夔之初作乐也。许注："夔，尧典乐臣也。"《说文》："夔，神魖也，如龙一足。"

鲜 以奉宗庙鲜犒之具。许注："生肉为鲜。"《说文》："鲜，鱼名，出貉国。"

服 服欲步。许注："服，车中马也。"《说文》："服，用也。一曰车右騑。"

茨 茨其所决而高之。许注："茨，积土填满也。"《说文》："茨，茅盖屋也。"

衰 乘衰而流。许注："衰，下也。"《说文》："衰，艸雨衣也。"

北 子囊北而全楚。许注："北，逐走。"《说文》："北，乖也，从二人相背。"

庸 北不可以为庸。许注："庸，常也。"《说文》："庸，用也。"

要略

洽 以内洽五藏。许注："洽，润。"《说文》："洽，沾也。"

攟 览取攟掇。许注："攟，取也。"《说文》："攟，举手也。"

匮 应感而不匮者也。许注："匮，乏。"《说文》："匮，匣也。"

擘 擘画人事之终始者也。许注："擘，分。"《说文》："擘，㧑也。"

楔 櫼楔唲齵之郄。许注："楔，塞也。"《说文》："楔，櫼也。"

施 接径直施。许注："施，邪。"《说文》："施，旗貌。"

埒 而以明事埒者也。许注："埒，兆朕也。"《说文》："埒，庳垣也。"

几 学者孳孳以自几也。许注："几，庶几也。"《说文》："几，微也，殆也。"

馆 以馆清平之所。许注："馆，舍。"《说文》："馆，客舍也。"

鸿、烈 此鸿烈之泰族也。许注："鸿，大也。烈，功也。"《说文》："鸿，鹄也"。又："烈，火猛也。"

捭 捭山川。许注："捭，屏去也。"《说文》："捭，两手击也。"

挟 挟日月而不姚。许注："挟，至也。"《说文》："挟，俾持也。"

薄、赋 悉索薄赋。许注："薄，少也。赋，兵也。"《说文》："薄，林薄也。"又："赋，敛也。"

剔 剔河则道九歧。许注："剔，泄去也。"《说文》："剔，解骨也。"

族 族铸大钟。许注："族，聚也。"《说文》："族，矢缝也。"

窕 布之天下而不窕。许注："窕，缓也。"《说文》："窕，深肆极也。"

2.《淮南》许注，用字之假借义者，共51字。

缪称

碍 洞同覆载而无所碍。许注："碍，挂。"《说文》："碍，止也。"

虞 即鹿无虞。许注："虞，欺也。"《说文》："虞，驺虞也。白虎黑文，尾长于身，仁兽也。食自死之肉。"双棣按："虞之欺义即其假借之义。虞、欺乃古之常训。"

莫 其谢之也，犹未之莫也。许注："莫，勉之也。"《说文》："莫，日且冥也。"双棣按："'莫'为'慔'之借。《说文》：'慔，勉也。'"

陷 满如陷，实如虚。许注："陷，少。"《说文》："陷，高下也。"双棣按："'陷'为'欿'之借。《说文》：'欿，欲得也。'"

齐俗

铢 其兵戈铢而无刃。许注："楚人谓刃顿为铢。"《说文》："铢，权十絫黍之重也。"双棣按："许注'铢'假借为'錭'。《说文》：'錭，钝也。'"

扣、备 扣墓（抽箕）、踰备之姦。许注："扣（抽），掘也。"《说文》："搰，掘也。"许注："备，后垣。"《说文》："坏，一曰瓦未烧。”双棣按：“‘搰’乃‘掯’之借。‘后垣’之训，‘坏’之借也。”

拂　拂之于四达之衢。许注：“拂，扐。”《说文》：“拂，过击也。”双棣按：“‘扐’借为‘搒’，《广雅·释诂》：‘搒，击也。’”

梨　伐楩柟豫樟而剖梨之。许注：“梨，分。”《说文》：“梨，梨果也。”双棣按：“‘梨’为‘剺’之借。”

攓　望我而笑，是攓也。许注：“攓，慢也。”《说文》：“蹇，跛也。”双棣按：“‘蹇’引申为不顺，再引申为简慢。‘攓’为‘蹇’之借。”

培　凿培而遁之。许注：“培，屋后墙。”《说文》：“培，培敦，土田山川也。”双棣按：“‘培’为‘坏’之借。”

道应

荐　而夫子荐贤，丘请从之后。许注：“荐，先也。”《说文》：“荐，兽之所食草。”双棣按：“‘荐’为‘先’之借。”

倦　方倦龟壳而食蛤梨。许注：“楚人谓倨为倦。”双棣按：“借为‘卷’，《说文》：‘卷，厀曲也。’”

浮　请浮君。许注：“浮，犹罚也。以酒罚君也。”《说文》：“浮，泛也。”双棣按：“‘浮’为‘罚’之借。”

宥　谓之宥卮。许注：“宥，在坐右。”《说文》：“宥，宽也。”双棣按：“‘宥’借作‘右’。”

瞀　去其瞀而载之木。许注：“瞀，被发也。”《说文》：“瞀，低目谨视也。”双棣按：“‘瞀’借为‘鍪’，取其形似，谓兜鍪，首铠也。”

诠言

矜　通而不矜。许注：“矜，自伐其功也。”《说文》：“矜，矛柄也。”

衽　筐床衽席弗能安也。许注：“衽，柔弱也。”双棣按：“‘衽’借为‘栠’，《说文》：‘栠，弱皃。’”

杂　数杂之寿。许注：“杂，匝也。”双棣按：“‘杂’通‘匝’。”

浮游　浮游不过三日。许注：“浮游，渠略也。”双棣按：“‘浮游’

乃‘蜉蝣’之借。”

冲 谓之太冲。许注：“冲，调也。”《说文》：“调，和也。”双棣按：‘太冲’即‘太龢（和）’也。乃阴阳二气调和之谓。”

兵略

攮 故至于攮天下，害百姓。许注：“攮，乱。”《说文》：“嵏，乱也。”双棣按：“‘攮’借为‘嵏’。”

获 诎伸不获五度。许注：“获，误也。”双棣按：“‘获’为‘误’之借。”

格 仪度不得则格的不中。许注：“格，射之椹质也。”双棣按：“‘格’乃‘招’之借，‘招’即‘的’字。”

闉 相为斥闉要遮。许注：“闉，塞也。”“闉”借为“垔”，《说文》：“垔，塞也。”双棣按：“‘垔’俗作‘堙、陻’。”

诋 兵有三诋。许注：“诋，要事也。”双棣按：“‘诋’借为‘柢’。”

錞 鼓錞相望。许注：“錞，錞于，大钟也。”《说文》：“錞，矛戟柲下铜鐏也。”

绾 维枹绾而鼓之。许注：“绾，贯。”《说文》：“绾，恶绛也。”双棣按：“‘绾’借为‘毌（贯）’。”

憀 吏民不相憀。许注：“憀，赖。”《说文》：“憀，憀然也。”

杓 为人杓者死。许注：“杓，所击也。”《说文》：“杓，科柄也。”双棣按：“‘杓’为‘的’之借。”

蟠 龙蛇蟠。许注：“蟠，屈也。”《说文》：“蟠，鼠妇也。”双棣按：“‘蟠’读如‘盘’，盘曲也。”

挃 不若卷手之一挃。许注：“挃，捣也。”《说文》：“揿，刺也。”

易 易则用车。许注：“易，平地也。”《说文》：“易，蜥易。”

人间

伯 举剑而伯颐。许注：“伯，迫。”《说文》：“伯，长也。”双棣按："'伯'通'迫'，以正字解之。"

熙 臣不敢以死为熙。许注："熙，戏。"《说文》："媐，戏也。"双棣按："'熙'借为'媐'。"

辇 负辇粟而至。许注："辇，檐。"《说文》："辇，挽车也。"双棣按："'檐'为'擔'之借。"

拖 拖其衣被。许注："拖，夺也。"双棣按："'拖'为'拕'之俗字。'拕'借为'褫'，《说文》：'褫，夺衣也。'"

隐 故田子方隐一老马。许注："隐，哀。"《说文》："殷，痛也。"双棣按："'隐'借为'殷'。"

泰族

讼、缪 讼缪胸中。许注："讼，容也。缪，静也。"双棣按："'讼'与'容'通，说（悦）也。'缪'与'穆'通，静穆也。"

莽 食莽饮水。许注："莽，草。"《说文》："莽，南昌谓犬善逐兔茻中为莽。"又："茻，众草也。"双棣按："'莽'借为'茻'。"

漏 朱弦漏越。许注："漏，穿。"双棣按："'漏'借为'屚'。"

越 朱弦漏越。许注："越，琴瑟两头也。"双棣按："'越'借为'穴'。"

空 知械机而空衰也。许注："空，质也。"双棣按："'空'借为'悫'。"

原 原蚕一岁再收。许注："原，再也。"

离 离先稻熟。许注："稻米随而生者为离，与稻相似。"双棣按："'离'通'穲'。"

要略

轸 以翔虚无之轸。许注："轸，道畛也。"《说文》："轸，车后横木也。"双棣按："'轸'通'畛'。"

嬴、埒 嬴埒有无之精。许注："嬴，绕币也。埒，摩烦也。"双棣按："'嬴'通'营'。'埒'通'捋'。"

宵 浸想宵类。许注："宵，物似也。"《说文》："宵，夜也。"双棣按："'宵'通'肖'。"

樽 樽流遁之观。许注："樽，止也。"双棣按："'樽'通'剸'，即'撙'。"

八篇之外，传注等所引《淮南》许注用字之引申假借文中义者，共67字。

钧 《慧琳音义》十一引许注："钧，陶法也。"

霜 《诗·桃夭》正义引许注："楚人谓寡妇曰霜。"

跂 《一切经音义》四十五引许注："跂，跳也。"

澹 《文选·石壁精舍还湖中》李善注引许注："澹，犹足也。"

憺 《大藏音义》二、七引许注："憺，满也。"十引许注："憺，心志满足也。"七十六引许注："憺，足也。"

怕 《大藏音义》二、七引许注："怕，静也。"

垠 《文选·西京赋》、《七命》李善注引许慎《淮南子》注："垠锷，端崖也。"唐本《玉篇》引许注："无垠咢，无形兆端崖之皃也。"

纮 《一切经音义》二十、八十二引许注："纮，维也。"《文选·答宾戏》注、《秋怀诗》注引许慎《淮南子》注："纮，维也。"《说文》："纮，冠卷维也。"

蹠 《文选·高唐赋》注引许慎《淮南子》注："蹠，蹈也。"

榛 《大藏音义》六十三、七十五引许慎《淮南子》注："丛木曰榛。"

湍 《文选·南都赋》注、《七命》注引许慎《淮南子》注："湍，水行疾也。"

濑 《大藏音义》八十五引许注："濑，浅水也。"

轸 《文选·七发》注，《永明十一年策秀才文》注，《一切经音义》十八、七十三，唐本《玉篇》注引许注："轸，转也。"《说文》："紾，转也。"双棣按："'轸'乃'紾'之借。"

挐 《文选·吴都赋》注、《慧琳音义》八十引许慎《淮南子》注："挐，乱也。"

媲 《一切经音义》八十七引许注："媲，偶也。"

浇 《文选·招隐诗》注、《永明九年策秀才文》注引许注："浇，薄也。"

猥 《文选·赠刘琨并书》注引许慎《淮南子》注："猥，摠凡也。"《河阳县作》注引许慎《淮南子》注："猥，凡也。"

㢠 《大藏音义》十五引《淮南子》许注："㢠，拓也。"

䤼 《文选·蜀都赋》注引许慎《淮南子》注："䤼，残也。"

坒 《文选·吴都赋》注引许慎《淮南子》注："坒，相连也。"

堪、舆 《文选·甘泉赋》注引《淮南子》曰："堪舆行雄以知雌。"许慎曰："堪，天道也；舆，地道也。"

晏 《文选·羽猎赋》注引许慎《淮南子》注："晏，无云之处也。"

策、茵 《文选·西征赋》注引许慎《淮南子》注："策，杖也；茵，车中蓐。"

瀷 《文选·江赋》李善注引许慎《淮南子》注："瀷，凑漏之流也。"

瀿 《文选·江赋》李善注引许慎《淮南子》注："楚人谓水暴溢曰瀿。"

装 《文选·长笛赋》注、《七发》注、《赭白马赋》注、《京路夜发》注引许慎《淮南子》注："装，束也。"

埴 《文选·长笛赋》注引许慎《淮南子》注曰："埴，土为也。"

挻 《慧琳音义》五十七引许慎《淮南子》注："挻，揉也。"

销 《文选·七命》注引许慎《淮南子》注："销，生铁也。"

徽 唐本《玉篇》、《文选·与满公琰书》注、《文赋》注、《吊魏武帝文》注引许慎《淮南子》注："鼓琴循弦谓之徽。"

歁 唐本《玉篇·欠部》引许叔重注："歁，不满也。"

鳞 《文选·对楚王问》注引许慎《淮南子》注："鳞，龙之属也。"

编 《大藏音义》七十七引许注："编犹列也。"

虎 《文选·广绝交论》引许慎《淮南子》注："虎，阴中阳兽。"

彗 《初学记》、《白帖》一引许注："彗，除旧布新也。"

衡 《开元占经》三十引许注："衡，平也。"

绳 《开元占经》三十八引许注:“绳，直也。”

微 《开元占经》七十四引许注:“微，灭也。”

焦 《五行大义》三引许注:“焦者，火烧物有焦燃之气，夏气同也。”

桴 《御览》七百七十引许注:“桴，筏也。”双棣按:“‘桴’乃‘泭’之借。”

钝 《大藏音义》三十、三十三引许注:“钝，识见暗浊也。”

軵 唐本《玉篇·车部》引许注:“軵，推也。”

滔 《御览》八十一引《淮南》:“共工振滔鸿水。”引许注:“滔，漫也。”

漏 《一切经音义》十八、四十七、六十六引许注:“漏，穿也。”《说文》:“屚(漏)，屋穿水入也。”

苴 《群书治要》引许注:“苴，草。”

会 《群书治要》引许注:“会，计。”

赘 《一切经音义》八十引许注:“赘，卖子与人作奴婢也。”

同 《群书治要》引许注:“同，百里地。”

冕 《群书治要》引许注:“冕，冠也。”

旒 《群书治要》引许注:“前旒，冕前珠饰也。”

戏 《史记·高祖本纪》正义，《御览》八十二、九百三十二引许注:“戏，大旗也。”

赖 《史记·高祖本纪》集解晋灼引许慎曰:“赖，利也。”

凑 《大藏音义》三十引许注:“凑，竞进也。”双棣按:‘凑’借为‘奏’。”

羡 唐本《玉篇·次部》引《淮南》许注:“羡，过也。”

醶 《慧琳音义》七十七引许叔重《淮南子》注:“醶，肥甘也。”

曼 《通典》一百四十五引许注:“曼声，长声也。”

诞 唐本《玉篇》引许注:“诞，谩也。”

驵 《御览》八百二十八、《白帖》八十三引许注:“驵，市侩。”

诡 《大藏音义》八十九引许慎《淮南子》注:“诡，犹慢也。”唐本《玉篇》引许注:“诡，谩也。”双棣按:“‘慢’即‘谩’之借。”

骁 《大藏音义》十三、九十四引许注："骁，勇急也。"又七十二："骁，犹勇也。"

顾 《史记·绛侯周勃世家》索隐引许慎《淮南子》注："顾，反也。"

嚼 《大藏音义》九十二引许注："嚼，咀也。"

偷 《大藏音义》四十五引许慎《淮南子》注："偷，薄也。"

緪 唐本《玉篇》引许注："緪，敕也。"

趹 唐本《玉篇》引许注："趹，疾也。"

三、《淮南》或许注中存在因历代传写刊刻产生的讹误者，共36字。

缪称

絙 治国譬若张瑟，大弦絙则小弦绝矣。许注："絙，急也。"《说文》："絙，缓（段谓当为绶）也。"《说文》："緪，大索也。一曰急也。"双棣按："'緪'亦作'縆'，非从亘之'絙'也。《淮南》传写之误。"

齐俗

筐 筐不可以持屋。许注："筐，小簪也。"双棣按："'筐'当为'筳'之误。"

埵 狟狢得埵防，弗去而穴。许注："埵，水埒也。"双棣按："'埵'当作'堎'，'堎'即'塍'之或体。"

道应

淚 淚注而鸢肩。许注："淚，水。"双棣按："'淚'当是'渠'之误，'水'当是'大'之误。"

杓 孔子劲杓国门之关，而不肯以力闻。许注："杓，引也。"双棣按："'杓'乃'扚'形近之误。"

纆 臣有所与供儋缠采薪者九方堙。许注："纆，索也。"双棣按："'缠'乃'纆'之误，《说文》作'縲'，云：'索也。'"

漏 则不能漏理其形也。许注："漏，补空也。"双棣按："'漏'乃误字。"

木 去其瞀而载之木，解其剑而带之笏。许注："木，鹙鸟冠也。"双棣按："'木'当为'朮'之误。'朮'通'鹬'。"

诠言

厌、搔 厌文搔法，治官理民者，有司也。许注："厌，持也。搔，劳也。"双棣按："'持''劳'位置误倒。"

兵略

兵 兵略 许注："兵防也防乱之萌。"双棣按："'也'为'世'之误，下'防'字衍。"

格 仪度不得则格的不中。许注："格，射之椹质也。"双棣按："'格'乃'招'之误。"

殷轸 畜积给足，士卒殷轸。许注："殷众轸，乘轮多盛貌。"双棣按："'众'字衍，'乘轮'乃'委输'之误。'殷轸'为联绵字。"

锥 疾如锥矢。许注："锥，金族箭羽之矢也。"双棣按："'锥'乃'鍭'之误。《说文》：'鍭，矢金镞翦羽谓之鍭。'"

却 却笠居。许注："却，偃覆也。"双棣按："'却'为'簦'之误，注亦误。"

荷 腐荷之矰。许注："荷，莲华也。"双棣按："'华'当是'叶'之误。《说文》：'荷，芙蕖叶也。'"

矰 腐荷之矰。许注："矰，犹矢也。"双棣按："'矰'当为'橹'，许注当作'橹，大楯也'。"

誂 虽誂合刃于天下，谁敢在于上者。许注："誂，卒也。"双棣按："'誂'无'卒'义，当是误字。"

敦 敦六博，投高壶。许注："敦者，致也。"双棣按："'致'为

‘投’或‘毁’之误。”

人间

负 负辇粟而至。许注：“服，驾牛。”双棣按：“正文为‘负’，注文为‘服’，必有一误。”

射 百射重戒，祸乃不滋。许注：“射，象。”双棣按：“‘象’为‘豫’之形坏，射、豫相通。”

挟 秦皇挟录图。许注：“挟，铺也。”双棣按：“‘挟’为‘披’之误，披，铺开也。”

务 无以立务于天下。许注：“务，势。”双棣按：“‘务’当为‘矜’之误，‘势’为‘勇’之误。”

盘 子发盘罪威王而出奔。许注：“盘，辟。”双棣按：“‘盘’当为‘般’,《说文》:‘般，辟也。’”

泰族

旅 奚仲不能旅。许注：“旅，部旅也。”双棣按：“‘旅’乃‘放’之误，仿效也。许注亦误。”

蛟龙 夫蛟龙伏寝于渊。许注：“蛟龙，鳖属也。”《说文》：“蛟，龙之属也。”双棣按：“‘鳖’当为‘龙’之误。”

苔 生以青苔。许注：“青苔，水垢也。”《说文》：“菭，水青衣也。”双棣按：“‘垢’当为‘衣’之误。‘苔’为‘菭’之俗。”

渐 腐鼷流渐，弗能污也。许注：“渐，水也。”双棣按：“‘渐’当为‘澌’之误，许注随之亦误。”

要略

耦 览耦百变。许注：“耦，通也。”双棣按：“‘通’乃‘遇’之误。”

类 浸想宵类。许注：“类，众也。”双棣按：“‘众’乃‘象’之误。”

囷 说捍抟囷。许注："囷，笔也。"双棣按："'笔'字误。"

洮汰 所以洮汰涤荡至意。许注："洮汰，润也。"双棣按："'润'为'濇'之误。"

悦 礼烦扰而不悦。许注："悦，易也。"双棣按："'悦'字误。"

钟 一朝用三千钟赣。许注："钟，十斛也。"双棣按："'斛'为'釜'之误。"

导 梁丘据、子家哙导于左右。许注："导，谏也。"双棣按："'谏'为'诱'之误。"

狼 秦国之俗，贪狼强力。许注："狼，荒也。"双棣按："《淮南》'狼'当是'很'之误。许注'荒'亦为误字。"

八篇之外所引许注有讹字者，共7字。

铢 《大藏音义》四十五引许注："铢，十黍之重。"《说文》："铢，权十絫黍之重也。"双棣按："'黍'当作'絫'。"

洿 《御览》三百七十一引许注："洿，澮也。"双棣按："'澮'当是'洼'之讹。"

籧篨 《大藏音义》八十、八十二引许注："籧篨，草席也。"双棣按："'草'乃'竹'之误。"

挥 《意林》引《淮南》："挥棁而狎犬。"引许注："挥，挟。"双棣按："'挥'乃'袖'之误。"

沫 《大藏音义》三十七引许注："沫，蒙雨也。"双棣按："许注当有误字。"

汏 唐本《玉篇》、《大藏音义》八十四引《淮南子》："深则汏五藏。"唐本《玉篇》、《大藏音义》九十三引许注："汏，达也。"双棣按："'汏'字当误。"

机 《北堂书钞》一百五十八引《淮南》许注："机，兽蓐。"双棣按："'机'乃'艽'之误。"

四、《淮南》及许注所有之字，《说文》所无者，共47字。

缪称

觖 自视犹觖如也。许注："觖，不满也。"《说文》无"觖"字。

陁 岸峭者必陁。许注："陁，落也。"《说文》无"陁"字。

撄 勿挠勿撄。许注："撄，缨。"《说文》无"撄"字。

齐俗

抅 故抅而多责。许注："抅，抅怨也。"《说文》无"抅"字。

跐 必有菅屩跐踦、短褐不完者。许注："跐，偶也。"《说文》无"跐"字。

堁 物或堁之也。许注："堁，坋尘也。"《说文》无"堁"字。

搢 无皮弁搢笏之服。许注："搢，佩紟。"《说文》无"搢"字。

恲 而仁发恲以见容。许注："恲，色也。"《说文》无"恲"字。

袀、袨 尸祝袀袨。许注："袀，纯服。袨，黑斋衣也。"《说文》无"袀、袨"二字。

倕 倕以之斲。许注："倕，尧巧工。"《说文》无"倕"字。

硎 而刃如新剖硎。许注："硎，磨刀石。"《说文》无"硎"字。

攓 望我而笑，是攓也。许注："攓，慢也。"《说文》无"攓"字。

赡 智伯有三晋而欲不赡。许注："赡，足。"《说文》无"赡"字。

道应

菑、渑 菑、渑之水合。许注："菑、渑，齐二水也。"《说文》无"菑、渑"二字。

粕 是直圣人之糟粕耳。许注："粕，已漉之精也。"《说文》无"粕"字，《新附》有之。双棣按："'之精'二字为'粗糟'之误。"

淚 淚注而鸢肩。许注："淚，水。"《说文》无"淚"字。

壳 方倦龟壳而食蛤梨。许注："龟壳，龟甲也。"《说文》无"壳"字。

蟪 蟪蛄不知春秋。许注："蟪蛄，貂蟟。"《说文》无"蟪"字，

《新附》有之。

栧 佽非谓栧船者曰。许注:“栧,棹。”《说文》无“栧、棹”二字。

诠言

崑 崑山之玉瑱。许注:“崑山,崑崙也。”《说文》无“崑”字,《新附》有之。

駎 駎者不贪最先。许注:“駎,竞驱也。”《说文》无“駎”字。

遑 不遑启处。许注:“遑,暇。”《说文》无“遑”字,《新附》有之。

佐 无害于为佐。许注:“佐,君位也。”《说文》无“佐”字。

惛 乐恬而憎惛。许注:“惛,忧有所在也。”《说文》无“惛”字。

廋 日月廋而无溉于志。许注:“廋,隐也。”《说文》无“廋”字。

兵略

隧 隧路亟,行辎治。许注:“隧,道也。”《说文》无“隧”字。

蚈 若蚈之足。许注:“蚈,马蠸也。”《说文》无“蚈”字。

揍 解必中揍。许注:“揍,理。”《说文》无“揍”字。

搴 搴巨旗。许注:“搴,卷取。”《说文》无“搴”字。

憢 憢悍遂过。许注:“憢,勇急也。”《说文》无“憢”字。

人间

蹪 而蹪于垤。许注:“蹪,蹶也。”《说文》无“蹪”字。

惓 是由病者已惓而索良医也。许注:“惓,剧。”《说文》无“惓”字。

绻 兵横行天下而无所绻。许注:“绻,屈。”《说文》无“绻”字。

塘 且塘有万穴。许注:“塘,隄也。”《说文》无“塘”字,《新附》有之。

翭 奋翼挥翭,凌乎浮云。许注:“翭,六翮之末也。”《说文》无

“䅳”字。

樾 武王荫暍人于樾下。许注：“樾下，众树之虚也。”《说文》无“樾”字。

泰族

犞 以奉宗庙鲜犞之具。许注：“干肉为犞。”《说文》无“犞”字。

慝 离群慝之纷。许注：“慝，恶也。”《说文》无“慝”字。

架 曾子架羊。许注：“架，连架，所以备之也。”《说文》无“架”字。

要略

綼、繳 所以箴缕綼繳之间。许注：“綼，绡煞也。”《说文》无“綼、繳”二字。

悦 扰而不悦。许注：“悦，易也。”《说文》无“悦”字。

烑 挟日月而不烑。许注：“烑，光也。”《说文》无“烑”字。

掼 烧不暇掼。许注：“掼，排去也。”《说文》无“掼”字。

扢 濡不给扢。许注：“扢，拭也。”《说文》无“扢”字。

八篇之外许注字《说文》所无者，共18字。

碕 《文选·吴都赋》注、《江赋》注引许慎《淮南子》注：“碕，长边也。”《说文》无“碕”字。

岬 《文选·吴都赋》李善注引许慎《淮南子》注：“岬，山旁。”唐本《玉篇·山部》引许叔重曰：“岬，山旁也。”《说文》无“岬”字。

魖 唐本《玉篇》引许注：“魖，楚人谓剽轻为害之鬼曰魖。”双棣按：“《玄应音义》五引《说文》有‘魖’字，大徐《说文》无，段玉裁补入鬼部之末。”

僢 《一切经音义》九十六引许注：“僢，相背也。”《说文》无“僢”字。

蹀 《文选·南都赋》注引许慎《淮南子》注：“蹀，蹈也。”《说文》无“蹀”字。

廊 《文选·西京赋》注引许慎《淮南子》注：“廊，屋也。”《大藏音义》六十三引许注：“廊，屋下也。”《说文》无“廊”字，《新附》有之。

瀿 《文选·江赋》李善注引许注：“楚人谓水暴溢曰瀿。”《说文》无“瀿”字。

綄 《文选·江赋》注引许慎《淮南子》注：“綄，候风也，楚人谓之五两。”《说文》无“綄”字。

埏 《大藏音义》八十八引许慎《淮南子》注：“埏，抑土为器也。”双棣按：“《说文》无‘埏’字，《新附》有之，非此义，此‘埏’为‘挻’字之俗。”

螀 《文选·捣衣诗》注引《淮南子》许慎注：“寒螀，蝉属也。”《说文》无“螀”字。

揵 《慧琳音义》七十九引许叔重注《淮南子》曰：“揵，担也。”《玄应音义》十一引许叔重注《淮南子》曰：“揵，担之也。”《说文》无“揵”字。

黈纩 《群书治要》引许注：“黈纩，所以塞耳。”《说文》无“黈”字。

舲 唐本《玉篇》引《淮南》：“乘舲舟而浮于江湖。”又引许注：“舲，小船也。”《说文》无“舲”字。

靤 唐本《玉篇》引《淮南》：“须臾而靤人之颈。”引许注：“靤，戾也。”《说文》无“靤”字。

瘧 《御览》七百四十引《淮南子》：“狸头止瘧。”引许注：“瘧，寒热病也。”《说文》无“瘧”字。

蝍蛆 《大藏音义》九十九引许注：“蝍蛆，吴公也。”《说文》无“蝍、蛆”二字。

篙 《一切经音义》五十八引许注：“篙，刺船竹，长二丈，以铁为镞者也。”又六十一引许注：“篙，刺船竹也，长二丈，或用木作。”《说文》无“篙”字，《新附》有之。

础 《大藏音义》七十三、九十二引许注："楚人谓柱碣曰础。"又七十七、九十八引许注："楚人谓柱碣曰础。"《说文》无"础"字，《新附》有之。

《说文》所无者，或因《淮南》及许注用后起字。

兵略

偪 入小而不偪。许注："偪，迫。"双棣按："《说文》无'偪'字。'偪、逼'皆'畐'字之俗。"

的 仪度不得则格的不中。许注："的，射准也。"双棣按："《说文》无'的'字。'的'乃'旳'之俗。"

奇賌 刑德奇賌之数。许注："奇賌，阴阳奇秘之要，非常之术。"双棣按："《说文》无'賌'字，有'侅'，云：'奇侅，非常也。'"

坠 至共头而坠。许注："坠，陨也。"双棣按："《说文》'坠'作'队'，云：'从高队也。'"

皰、疱 《大藏音义》三十七引许注："皰，面气之疮也。"三十九引许注："皰，面气也。"七十二引许注："疱，面气疮也。"《说文》："皰，面生气也。"双棣按："《说文》无'皰、疱'二字，'皰、疱'乃'皰'之俗体。"

五、许注不准确或与《淮南》文义不合，共19字。

缪称

戴 凡行戴情，虽过无怨。许注："戴，心所感也。"《说文》："戴，分物得增益曰戴。"

意、戴 故倡而不和，意而不戴。许注："意，恚声也。戴，嗟。"《说文》："意，志也。""戴，分物得增益曰戴。"

遁 不身遁，斯亦不遁人。许注："遁，隐也。"双棣按："此'遁'义当为'欺'。"

齐俗

跐、踦 必有菅屩跐踦、短褐不完者。许注："跐，偶也。踦，适也。"双棣按："'跐踦'当为叠韵联绵字，参差不偶之义。"

纶 纶组节束。许注："纶，絮也。"《说文》："纶，纠青丝绶也。"

诠言

诠 诠言 许注："诠，就也。"《说文》："诠，具也。"段注："然则许意谓诠解。"

蠰 吾比夫子，犹黄鹄与蠰虫也。许注："蠰虫，虫之幼也。"《说文》："蠰，蟷蠰也。"

启 不遑启处。许注："启，开。"双棣按："《淮南》'启'当为'跪'义。"

兵略

傅 莫不设渠壍傅堞而守。许注："傅，守也。"双棣按："'傅'乃'附着'义。"

殷轸 畜积给足，士卒殷轸。许注："殷众轸，乘轮多盛貌。"双棣按："'殷轸'乃联绵字，不宜单字为释。"

放 放乎九天之上。许注："放，寄也。"双棣按："《淮南》'放'义当为'至'或'置'。"

负 便国不负兵。许注："负，程。"《说文》："负，恃也。"双棣按："'负'义当为'恃'，许注误。"

掩 掩节而断割。许注："掩，覆也。"双棣按："此'掩'义为'按'，即按照、依照。"

人间

括 民被甲括矢。许注："括，箭也。"《说文》："括，絜也。"双棣按："许注误。"

泰族

架 文公树米，曾子架羊。许注："架，连架，所以备之也。"双棣按："'架'借为'驾'，许注误。"

要略

浸 浸想宵类。许注："浸，微视也。"双棣按："'微视'当有误。"

欖 欖楔唲齵之郄。许注："欖，蒒也。"双棣按："'蒒'误，当注'楔也'，与《说文》合。"

六、许注与《说文》不一致者，共4字。

簠、簋 《泰族》："陈簠簋，列樽俎。"许注："器方中者为簠，圆中者为簋。"《说文》："簠，黍稷圜器也。""簋，黍稷方器也。"

锱、锤 《诠言》："割国之锱锤以事人。"许注："六两曰锱，倍锱曰锤。"《说文》："锱，六铢也。"又："锤，八铢也。"

七、《说文》释义为引申义者，共2字。

殳 《齐俗》："播笏杖殳以临朝。"许注："殳，木杖也。"《说文》："殳，以杖殊人也。"

规 《开元占经》二十三引许注："规，圆也。"《说文》："规，有法度也。"

八、其他情况，共2字。

朋 《道应》："大贝百朋。"许注："五贝为一朋也。"《说文》："凤，神鸟也……朋，古文凤。"双棣按："《说文》之'朋'与《淮南》之'朋'为不同之二字。"

缟 《兵略》："薄缟之蟾。"许注："缟，细缯也。"《说文》："缟，鲜色也。"双棣按："段改'色'为'卮'。许注是而《说文》非。"

三

我们考察《淮南》许注，八篇之中共得366条，404字。八篇之外，共得136字。总共540字。通过与《说文》的比较，可以看出，《淮南》许注文义与《说文》字义的关系是复杂的、多层面的，我们在第一部分都做了详细的阐述，在分类中，只能从第一层面着手。至于第二、第三层面的情况，则不再考虑。

《淮南》许注与《说文》释义，八篇中二者完全相同者，如许注："尊，酒器也。"《说文》："尊，酒器也。"许注："踰，越。"《说文》："踰，越也。"如此者共50字，占比超过10%，应该说，比例还是很高的。这些字主要是名物词，或者基本的动作词。二者释义一致而用词略有不同者，有73字，如许注："兰，芳草。"《说文》："兰，香草也。"许注："眯，草入目也。"《说文》："眯，艸入目中也。"亦占有相当大的比例。《淮南》许注与《说文》释义完全相同或基本一致的共123字，占比达到30%，这说明二者关系十分密切，或许注采用《说文》，或《说文》参照《淮南》及许注，或二者互相参用，难以确定。许注据《淮南》文义作注，即用《说文》字之引申假借义，数量亦多。八篇之中许注用字之引申义者，有124字，用字之假借义者，有51字，共175字，占比43%。这符合注释的一般规则。《淮南》及许注传承日久，讹误难免，历代学者多有校正。今考八篇中《淮南》及许注讹误者，共得36字。至于许注不合《淮南》文义者，有19字，恐亦多传写之故，唯无法定其所由致误。还有些是《淮南》及许注有而《说文》无者，共47字，当区分论之。有些字可能是后产生的，有些字可能是许慎认为是俗字而不收，也有可能是许慎疏漏的，到底哪个字属于哪种情况，恐难以确定。八篇之外许注与《说文》字义的关系，与此大体一致，就不再总括说明。另有《淮南》高诱注中与《说文》相合是否高氏袭用许注，我们也暂不做讨论。

《淮南》许注与《说文》字义的关系，清楚地摆在了面前。杨树达先生谓许注《淮南》及作《说文》，美恶之相去，不可以道里计，恐不符合事实，也无法成立。

主要参考文献：

丁福保《说文解字诂林》

张双棣《淮南子校释》所引用文献

宗福邦等《故训汇纂》所引用文献

方勇《子藏·淮南子卷》

玄应、慧琳《一切经音义》

李善《文选》注、李贤《后汉书》注等传注

《群书治要》《太平御览》等类书

附记：

此文初稿写于 1998 年 10 月，2006 年夏曾以部分内容参加长春词汇学研讨会，后于 2009 年整理增订过。近日为了付梓，又略读一过，恐仍有不妥，祈望达人，董而正之。

2019 年冬于海淀博雅西园

《晋书音义》反切考

何超，字令升，唐天宝年间洛阳处士，于天宝初年作《晋书音义》三卷[①]。关于他作《晋书音义》的情况，其表兄杨齐宣在序中说："处士约以优闲，溺于坟史。尝讶晋室之典未昭其音，思欲发挥前人，启迪后进，由是博考诸传，综览群言，研覆异同，撰成《音义》。"他自己在卷首也说："凡所训释，必求典据，庶无墙面，畴敢师心？"又说："仍依陆氏《经典释文》注字，并以朱暎。"我们把《晋书音义》的反切与《经典释文》的反切，做了粗略的对照，觉得很不相同。所以我们觉得他只是采用了《经典释文》注字的体例，并没有采用《经典释文》的反切。我们又拿《晋书音义》的反切和《切韵》的反切做比较，发现它们也有很多不同之处。我们觉得，《晋书音义》的反切代表了当时洛阳一带的读书音。杨序中所说"博考诸传""研覆异同"所根据的标准音，既不是《经典释文》，也不是《切韵》，当是根据的当时实际的读书音。杨序还说："亦足以畅先皇旨趣，为学者司南。"既然是要成为当时读书人的指南，无疑应以当时的读书音为标准。因此，通过对《晋书音义》反切的考证，我们可以了解唐天宝年间洛阳一带的语音系统。这对我们研究汉语语音发展的历史是很宝贵的资料。

我们所根据的版本是中华书局1976年大字标点本。其中错字不少，如：赕，士滥反。士滥反当为土滥反之误。钻，了乱反。了乱反应为子乱反之误。筍，戍尹反。戍尹反应为戍尹反之误。荾，骨维

① 其表兄杨齐宣于天宝六年（747年）为此书作序。

反。骨维反应为胥维反之误。砚，万廉反。万廉反应为方廉反之误。戋，昨千反。昨千反应为昨干反之误。踧，丁六反。丁六反应为子六反之误。抵，诸氏反，之尔反。抵应为抵之误。晰，章热反。晰应为晣之误。寵，力董反。寵应为寵之误。胙，眸误反。眸应为昨之误。如此等等。这些错误，我们在引用时都加以改正了。

下边，我们分声母、韵部、声调三个方面来加以论述。

一、声母

声母方面，我们着重谈两个问题，一个是轻唇音的问题，一个是舌上音的问题。同时，也附带谈一下所反映的其他问题。

钱大昕考证古无轻唇音，已成定论。直到《切韵》时代，轻唇音尚未从重唇音中分化出来。我们考证《晋书音义》的反切，发现轻重唇还是相混。也就是说，直到唐天宝年间，轻唇音尚未从重唇音中分化出来。如：

帮非混切[1]

祊，甫彭反　　鞛，方孔反　　猋，甫遥反　　扁，方典反

榜，方孟反　　贲，方义反　　褊，方缅反　　编，方典反

彬，俯巾反　　斌，府巾反　　虨，甫斤反，方闲反

镳，甫骄反　　藨，甫乔反　　彪，甫尤反，甫休反

熛，甫遥反

滂敷混切

漂，抚昭反　　丕，敷悲反　　駓，敷悲反　　扁，芳莲反

癖，芳辟反　　烹，抚庚反　　缥，敷沼反　　愊，芳逼反

並奉混切

崥，扶鸡反　　愎，符逼反，复逼反　　龛，防介反

毗，房脂反　　辟，房益反　　貔，房脂反　　否，符鄙反

邳，符悲反　　郫，符羁反　　輣，扶萌反　　躃，房益反

---

① 这里采用守温三十六字母的说法，实际上当时并无帮非之分。下文滂敷、並奉、明微同此。

裨，符支反　　圮，符鄙反　　楄，扶然反　　飘，符霄反

瓢，符宵反　　僰，扶北反，符逼反

明微混切

珉，武巾反　　瞒，毋官反　　汩，亡狄反　　濛，亡本反

萌，亡行反　　谩，武安反　　郿，武庚反　　蓩，亡毒反

缪，武彪反　　么，亡可反　　泯，武尽反　　冞，武移反

瞢，武登反，武亘反　　　　縻，武悲反　　媌，武酣反

虻，武庚反　　駂，亡嫁反　　訬，亡少反

从以上反切，我们可以看出，《晋书音义》中轻重唇混切，一律是以轻唇切重唇，没有一例是重唇切轻唇的。这与《经典释文》和《切韵》都不同。《经典释文》和《切韵》虽然于轻重唇混切处绝大部分都是轻唇切重唇，但也有一些重唇切轻唇的情况。如：

《经典释文》：敷，普吴反　　泛，匹剑反　　樊，步干反，畔干反

繁，步干反

《切韵》：芝，匹凡切　　忿、湓，匹问切

我们知道，《切韵》中轻唇切重唇的 91 个小韵里，切开口三等字的有 60 个，占 66%；切开口一二四等字的有 31 个，占 34%。① 我们可以说，《切韵》的轻唇切重唇是以开口三等字为主的。《晋书音义》中轻唇切重唇的情况跟《切韵》有些近似。《晋书音义》中轻唇切重唇共有 59 个，其中切开口三等字的有 36 个，占 61%；切开口二等字的有 9 个，占 15%；切开口四等字的有 5 个，占 9%；切一等字的有 9 个，占 15%。由此我们可以看出，《晋书音义》中轻唇切重唇也是以开口三等为主。

《晋书音义》的反切中，非敷两母虽然没有从重唇音帮滂两母中

---

① 平声 49 个小韵，31 个切开三，4 个切开一，1 个切合一，4 个切开二；上声 28 个小韵，17 个切开三，8 个切开一，3 个切合一；去声 13 个小韵，4 个切开三，3 个切开一，2 个切合一，4 个切开二；入声 10 个小韵，8 个切开三，2 个切开四。凡小韵为重唇切重唇，而其中某字的又音是轻唇切重唇的未统计在内。

分化出来，但我们发现，在东韵、文韵、阳韵中[①]，它们有相混的现象。如：

幅，芳六反（非敷混切，屋韵）

仿，方往反（敷非混切，养韵）

佛，方味反（敷非混切，物韵）

纺，方两反（敷非混切，养韵）

“幅、仿、佛、纺”等字都是合口三等字。从这一现象，我们可以推断，在后来分化为轻唇音的东、钟、微、虞、废、文、元、阳、尤、凡等韵的合口三等字[②]，在轻唇音分化出来之前，唇音的清音之间已经有些紊乱了。轻唇音并不是在重唇音中一对一地分化出来的，也就是说，这些韵的合口三等帮滂（非敷）两母已经相混了。当它们变为轻唇音的时候，一下子都读成 [f]，并未经过 [pf]、[pf ^{h}] 分立的阶段。王力先生曾精辟地指出：“有人认为一经分化，p 和 p^{h} 的合口三等立刻合流 f，而吐气的 f^{h} 根本是不存在的。这话很有道理。”[③]《晋书音义》所反映出来的这种现象，很值得我们注意。

我们还发现一例合口三等唇音字清浊混切的情况：

复，方六反（奉非混切，屋韵）

因为只见这一例，所以我们觉得很可能是错读，或者是方言现象。

罗常培先生在《唐五代西北方音》中说：“非敷两母在这四种藏音里除去四个例外，一律变成 p 音；奉母在《千字文》跟《大乘中宗见解》里也逐渐有变成 p 母的趋势，因此，我觉得轻唇音在那时候已然开始分化了。我在《敦煌写本守温韵学残卷跋》里曾经说：‘守温韵学残卷第三截辨声韵相似归处不同例所举四十九组一百五十三字，皆属非敷两母；若更旁证以归三十字母例中不芳並明末列之夫敷符无四例字，则当时唇音轻重亦似有别。其所以不分立者，盖守温初作

① 举平以赅上去入。

② 举平以赅上去入。

③ 见王力先生《汉语史稿》上册第 112 页。

字母，仅类聚切韵反切上字而参对梵藏体文，于梵藏有华音无者，因皆删汰，于华音有而梵藏无者亦付缺如。’倘使这个推论不错，那么我们就可以设想非敷奉三母在这一系方音里似乎也有了变成 [pfʰ] 或［ f ］的痕迹，因为藏文没有相当的音，才勉强拿 [pʰ] 来替代。”① 敦煌变文当中也出现了非敷奉三母相混的情况。如：

非敷混用

方：妨（275，109）　　府：抚（129）

付：赴（378）　　分：纷（543，544）

方：芳（809）　　付：敷（820）

非奉混用

肥：妃（185）　　纷：氛（461）

逢：锋（203）②

从这些情况看，唐代西北（敦煌）方言中轻唇音似乎已经分化出来，而且都是［ f ］。《晋书音义》的反切所反映的洛阳音是否受到了这种方音的影响，似乎也应该引起我们的注意。

另外，我们在《晋书音义》中还发现了重唇音清浊混切的现象。如：

嚭，否鄙反（滂並混切，旨韵）

番，白干反（滂並混切，寒韵）

鑮，补各反（帮並混切，铎韵）

这种现象也可能是个别字的错读，或者是方言现象。敦煌变文中清浊相混的现象不限于唇音，舌音与齿音中也有。当时西北（敦煌）方言中浊音已经开始清化，洛阳音是否会受到它的一些影响呢？

钱大昕考证古无舌上音，也已成定论。《切韵》时代舌上音尚未从舌头音中分化出来。罗常培先生考证了《切韵》和《广韵》的反切，发现《切韵》里舌音类隔切比《广韵》中多。如：

---

① 见罗常培先生《唐五代西北方音》第 18 页。

② 见《敦煌变文集》。字后括号中的数字为《敦煌变文集》页码。

降韵　　戇，《切韵》丁降反　　《广韵》陟降切

陷韵　　鮎，《切韵》都陷反　　《广韵》陟陷切

觉韵　　斲，《切韵》丁角反　　《广韵》竹角切

语韵　　女，《切韵》乃据反　　《广韵》尼剧切

侯韵　　糯，《切韵》女沟反　　《广韵》奴钩切、奴沟切[1]

罗先生还在《广韵》反切的又音中发现了端系和知系混切的现象。如：

传，线韵，直恋切，又丁恋切；线韵，知恋切。

长，阳韵，直良切，又丁丈切；养韵，知丈切。

噣，候韵，都豆切，又丁救切；宥韵，陟救切。

缀，祭韵，陟卫切，又丁劣切；薛韵，陟劣切。

涂，鱼韵，直鱼切，又直胡切；模韵，同都切。

掉，觉韵，女角切，又杖吊切；啸韵，徒吊切。

糯，虞韵，人朱切，又女侯切；侯韵，奴钩切。

桡，宵韵，如招切，又女教切；效韵，奴教切[2]。

罗常培先生认为"《切韵》舌音洪细尚未深辨，端知两系混切乃与陆词旧法为近"。[3]实际上，罗先生认为《切韵》时代舌头音和舌上音是不分的。

王力先生又举出大量例证来证明《切韵》时代舌头、舌上不分。如：

端知不分

桩，都江切　　罩，都教切　　臛，丁全切　　贮，丁吕切

鬍，陟贿切　　窡，丁滑切　　剒，丁力切

透彻混切

---

① 参见罗常培先生《十韵汇编叙例》。

② 罗常培先生《中国音韵学沿革讲义》，转引自王力先生《汉语音韵学》第201—202页。

③ 参见罗常培先生《中国音韵学沿革讲义》。

橕，他孟切　　歠，丑历切　　篨，丑戾切

定澄混切

玚，徒杏切　　湛，徒减切

泥娘混切

奶，奴蟹切　　獿，奴巧切　　絮，奴下切　　胗，乃亚切

赁，乃禁切①

王力先生还在陈澧《切韵考》中发现了不少这样的情况，今本《广韵》端系字，《切韵考》用知系字为切，列于知系；今本《广韵》知系字，《切韵考》用端系字为切，列于端系。而且这些知系、端系字正好互补。这种现象说明《切韵》的端知两系是不分的。陈澧之所以把它们分开，主要是受了传统的三十六字母的影响。

据此可知，《切韵》时代，舌上音尚未从舌头音中分化出来是可信的。

王力先生考证玄应《一切经音义》的反切，认为直到唐初，舌上音尚未从舌头音中分化出来。②

我们考证《晋书音义》的反切，发现舌头音、舌上音混切的现象极少，在所有的反切中总计有十余例，如下：

（一）晫、涿、啄、琢、倬，丁角反　　罩，都考反

鵽，丁刮反　　戇，丁降反

淖，乃孝反、奴教反　　孎，奴解反

挠，奴效反

（二）铚，陟栗反、丁乙反　　斵，陟角反、丁角反

茶，丈加反、大家反　　赧，女版反、奴版反

前一类，我们可以认为是古音的残留。这些字在《经典释文》和《切韵》中都是舌头、舌上不分的。后一类，我们可以按又音来处理。

---

① 见王力先生《汉语语音史》上卷第四章（稿本）。

② 见王力先生《玄应〈一切经音义〉反切考》，《武汉师范学院学报（哲学社会科学版）》1980年第3期。

也就是说，舌头音、舌上音分开之后，一个音变成了两个音，这种又音的现象，在《广韵》中是大量存在的。

《晋书音义》的反切中，舌头音、舌上音分用却是大量的。如：

端不与知混

耽，丁含反　　氐，当兮反　　堆，都回反　　滇，都贤反

诋，都礼反　　塠，都回反　　锻，丁乱反　　傥，当亮反

抵，丁礼反　　儋，都甘反　　栋，丁送反　　櫈，等邓反

蔕，都计反　　纨，都敢反　　断，丁乱反　　钉，丁定反

当，丁浪反　　谠，都朗反　　兜，当侯反　　咄，当没反

透不与彻混

珽，他鼎反　　鲐，他来反　　闛，他唐反　　祧，他尧反

腆，他典反　　弢，他劳反　　饕，吐高反　　佻，吐彫反

慝，吐得反　　眺，吐鸟反　　毯，吐敢反　　琠，他殄反

蜕，託卧反　　剔，他历反　　忲，他盖反　　帑，他朗反

漯，他合反　　暾，他昆反　　透，他候反　　推，他回反

定不与澄混

憝，徒对反　　殄，徒典反　　纛，徒到反　　涂，度都反

驼，徒合反　　沌，徒损反　　跳，徒聊反　　遯，徒困反

绨，徒奚反　　盾，徒损反　　髫，大聊反　　耊，田结反

彤，徒冬反　　沓，徒合反　　惰，徒卧反　　袒，徒旱反

窴，堂见反　　惵，徒协反　　佟，徒冬反　　队，徒对反

泥不与娘混

愞，乃乱反　　傉，内沃反　　槈，奴豆反　　娆，奴鸟反

涅，奴结反　　祢，乃礼反　　泥，奴戾反　　馁，奴罪反

晛，乃见反　　懦，乃乱反　　麐，奴昆反　　耐，乃代反

砮，奴古反　　孥，音奴　　　囊，奴当反　　鼐，乃代反

煖，乃管反

知不与端混

踬，陟利反　　磔，竹客反　　挚，张立反　　竺，陟六反

郲，陟输反　　咤，陟讶反　　贮，张吕反　　铚，陟栗反
胝，竹尸反　　缀，张卫反　　嘲，张交反　　豬，贮鱼反
辀，张留反　　徵，张里反　　窋，竹律反　　屯，陟伦反
肘，陟柳反　　挝，陟瓜反　　邅，张连反

彻不与透混

郴，丑林反　　鬯，敕亮反　　坼，丑格反　　郗，丑脂反
绑，丑林反　　魑，丑之反　　螭，丑之反　　抶，丑栗反
侦，丑郑反　　觇，敕艳反　　摴，敕居反　　稸，丑六反
摅，敕居反　　赪，敕贞反

澄不与定混

幢，宅江反　　枨，直庚反　　籀，直救反　　椽，直缘反
瞪，丈证反　　锤，直垂反　　绸，直牛反　　重，直龙反
浈，丈耕反　　稚，直利反　　坻，直夷反　　怼，直类反
纼，丈忍反　　橦，直江反　　褫，池尔反　　鸩，直禁反
槌，直追反　　晁，直遥反

娘不与泥混

恧，女六反　　驫，女辄反　　聂，尼辄反　　貀，女滑反
挐，女余反　　呐，女劣反　　儜，女耕反　　酿，女亮反
铙，女交反　　腻，女利反　　纽，女九反　　昵，尼质反
衄，女六反　　衵，女日反

以上可以看出，《晋书音义》中的反切，端知两系分得很清楚，可见中唐（天宝初年）洛阳音里舌上音已经完全从舌头音中分化出来。

另外，还有一些现象，暂录于下，更待详考。

从邪相混

雋，似转反　泀，疾胤反　吮，徐兖反　烬，疾刃反，徐刃反

神禅相混

贳，时夜反

精心相混

揟，子如反　　子鱼反

精清相混

湫，子小反　　愡，作弄反

精从相混

渍，子赐反　　皁，作早反　　从，即容反

端定相混

磾，堂奚反

章禅相混

朱，音铢、音殊

章精相混

浃，之叶反

禅邪相混

寺，时志反

床从相混

噌，疾陵反

山审相混

[illegible]，山六反

章知相混

掇，之劣反　　质，音至

影喻三相混

溎，于往反

二、韵部

韵部方面，主要谈两个问题，一个是韵部的分合，一个是唇音开合口互切。另外，附带也谈一谈声母对被切字等呼的影响。

由于《晋书音义》中的反切不十分丰富，有些没有系联的韵，我们不宜轻易确定其是独用，还是并于他韵，因此我们没有列出整个的韵部系统，只就有系联的韵谈谈它们合并的情况。

阴声韵、阳声韵如下：

（一）支脂之微混切[①]

1. 支脂混切

樏，力轨反

2. 支之混切

螭，丑之反　　笞，丑支反　　䶵，直市反

3. 支微混切

戏，音希

4. 脂之混切

郗，丑之反　　砥，音旨、音止

5. 脂微混切

馗，渠违反　　䴡，力尾反

（二）鱼虞混切

貙，敕俱反　敕居反

（三）佳皆（夬）混切

1. 佳夬混切

璯，苦卖反[②]　　柴，音寨

2. 皆夬混切

芥，古迈反　　虿，丑芥反　　噶，於介反　　哙，苦怪反

（四）灰泰混切

耒，卢会反

（五）真谆臻欣混切

1. 真谆混切

頵，懿伦反　　囷，去伦反　　湣，眉陨反

2. 真臻混切

莘，所巾反

① 以下举平以赅上去。

②“卖”误为“买”，今订正。

3. 真欣混切

虨，甫斤反　　鄞，牛巾反[①]　　龇，初谨反[②]

（六）文魂混切

褞，于门反　　辒，于粉反

（七）山删混切

虨（虨），布蛮、补间二反[③]

（八）元先仙混切

1. 元仙混切

绻，去院反

2. 先仙混切

扁，芳莲反　　缐，息练反

（九）宵肴混切

苞，皮表反

（十）阳唐混切

攘，人当反　　傥，当亮反

（十一）庚耕混切

萌，亡行反

（十二）尤幽混切

彪，甫尤反　又甫休反　　愀，兹纠反

（十三）覃谈混切

惔，徒含反　　聃，他含反

（十四）盐添混切

嗛，力冉反

（十五）咸衔混切

舰，胡黯反　　槛，胡黯反　　黯，乌槛反

---

①鄞，《广韵》语巾切，又语斤切。《晋书音义》音银，又牛巾反。

②“龇”为“榇”的上声字。

③“虨，《广韵》方闲切，大徐本《说文》布还切。

（十六）严凡混切

氾，符严反　　汎，敷剑反　　氾，敷剑反

（十七）谈闲混切

啖，徒槛反

（十八）盐咸混切

黶，乙减反

入声韵如下：

（一）屋沃混切

鹜，亡毒反　　梏，古屋反

（二）物没混切

呐，女郁反

（三）鎋黠混切

刮，古滑反

（四）屑薛混切

契，私列反　　臬，鱼列反

（五）陌麦混切

濩，乌获反　　咋，壮伯反

（六）昔锡混切

碛，苍历反

（七）合盍混切

腊，卢合反　　蹋，徒合反

（八）叶业混切

怯，去叶反

（九）洽狎混切

萐，所甲反

（十）洽合混切

歃，山合反

我们发现《晋书音义》中反切的唇音字开合口的界限不是很清楚，常常有混用的情况。如：

魂韵：垦，康本反

寒韵：番，白干反　　谩，武安反　　濹，莫旱反

歌韵：么，亡可反　　匹，普可反　　磨，莫贺反

曷韵：秣，莫割反　　沫，末葛反

这是因为唇音声母的发音部位在双唇，而合口呼又是圆唇元音。即使唇音声母后面没有圆唇元音，也常常让人误会是合口呼。反过来，唇音声母后边有圆唇元音的，也往往使人觉得跟没有圆唇元音差不多。所以，有人就认为唇音字无所谓开合口。比如李荣先生在《切韵音系》里说：“开合韵之唇音字无所谓开合口，可开可合。所以开合韵之唇音字，有时用开口字作反切下字，有时用合口字作反切下字。反过来，开合韵之非唇音字，无论开口合口，都可以拿唇音字作反切下字。”[①]

《晋书音义》中唇音字开合口互切的现象跟《切韵》是一致的。《韵镜》和《七音略》于唇音字的开合口也往往是混乱的。以《韵镜》中的唇音字为例：

第一开	应为合口	
第二开合	应为合口	
第三开合	应为开口	
第四开合	应为开口	
第十二开合	应为合口	
第十四合	灰贿队为合口	皆骇怪夬应为开口
第十六合	应为开口	
第二十四合	桓缓换末为合口	其余各韵应为开口
第二十六合	应为开口	
第三十一开	唐荡宕铎为开口	阳养漾药应为合口
第三十八合	应为开口	
第四十合	应为开口	

① 见李荣先生《切韵音系》第130页。

《切韵考》也常常把开口三等字误入为合口三等，而把合口三等字归于开口三等。如阳韵合口三等字，《切韵考》于平上声为开三，于去入声多为合三。[①]

另外，在《晋书音义》中还发现了几例不同等相混切的现象。如：

攘，人当反　　以开一切开三

傥，当亮反　　以开三切开一

歃，山合反　　以开一切开二

反切下字与被切字不同等，为什么能成切？我们再考察一下反切上字，发现反切上字跟被切字的等是相同的，“攘、人”同为开口三等，“傥、当”同为开口一等，“歃、山”同为开口二等。所以我们认为，被切字与反切下字不同等而成切，正是受了反切上字的影响。这一现象在《切韵》中也有。如：

湩，都陇切　　凤，冯贡切　　虵，夷柯切　　韡，希波切

防，扶浪切　　敬，居孟切　　栘，成西切[②]

三、声调

《晋书音义》的反切和《切韵》的反切一样，平声未分阴阳，浊上没有变去。

平声未分阴阳例：

（一）以阴切阳

椎，直追反　　枨，直庚反　　囊，奴当反　　狸，里之反

蟠，薄官反　　霾，莫皆反　　箝，巨淹反　　彤，徒冬反

斄，力之反　　浑，户昆反　　檀，徒丹反

（二）以阳切阴

熹，许其反　　枭，古尧反　　耽，丁含反　　悛，此缘反

戕，疾良反　　悝，苦回反　　钊，指遥反　　缯，才陵反

① 参见王力先生《汉语语音史》卷下第六章（稿本）。

② 参见李荣先生《切韵音系》第101—102页。

幡，孚袁反　　该，古来反

浊上没有变去例：

（一）清上切浊上

簿，裴古反　　阜，作早反　　竖，殊主反　　祜，下古反

沌，徒损反　　盾，徒损反　　岘，胡典反　　跪，去委反

浣，胡管反

（二）以浊上切清上

弛，式是反　　圃，博户反　　匙，息践反　　枳，诸氏反

揃，子善反　　嶋，都皓反

附记：这是1980年在王力先生指导下写成的一篇文章，今放于此，以作纪念。

2020年大雪后一日

后　记

这本集子，收录二十篇文章，有些是曾经发表过的，也有几篇是不曾发表的。这本集子，汇集几个方面的内容，包括对王力先生成就特别是词汇学理论和实践的介绍，对古汉语词汇及古汉语字典编纂的论述，对《吕氏春秋》《淮南子》有关问题的讨论等；时间跨度比较大，在1980年至2020年的四十年之间。这些文章，都是此期间学习的一些体会，因此取名曰《问学杂著》。发表过的文章基本都是原样照录，没做什么改动。

语文出版社愿意出版这种集子，应该感谢他们。

张双棣

2021年3月于海淀博雅西园